Deutsch in ...
5

Herausgegeben von: Peter Kohrs

Erarbeitet von: Johannes Diekhans, Michael Fuchs,
Peter Kohrs, Walter Leimeier

Best.-Nr. 28901 2

Ferdinand Schöningh, Paderborn

(Verlag Ferdinand Schöningh, Jühenplatz 1, D-4790 Paderborn)

Printed in Germany. Gesamtherstellung Ferdinand Schöningh.

Druck 5 4 3 2 1 Jahr 96 95 94 93 92

ISBN-Nr. 3-506-28901-2

Inhaltsverzeichnis

T: Arbeit mit Texten
S: Schriftlicher Sprachgebrauch
M: Mündlicher Sprachgebrauch
R: Rechtschreibung
N: Nachdenken über Sprachen

Schwerpunkte werden durch fettgedruckte Buchstaben angezeigt.

Lesen – eine andere Welt erleben

T
S
M

Von Schelmen und Narren

T
S
M

Erzählen will gelernt sein

T
S
M

An Texten basteln

Wo holt sich die Erde die himmlischen Kleider?

Diskussion in Klasse 5 a: Wo fahren wir hin?

Der Wilde Westen...

Rechtschreibklippen: S-Laute

Familienbilder

Wünsche – Träume – Wirklichkeiten

Ein Besuch im Zoo – Informationen einholen und weitergeben

Lesen – eine andere Welt erleben

Michael Ende
Die unendliche Geschichte

Der folgende Text ist ein Auszug aus Michael Endes Märchenroman. Die Helden des Romans sind der 10jährige Bastian Balthasar Bux und der Indianerjunge Atréju. Die beiden Jungen verknüpfen die beiden Welten, nämlich die Wirklichkeit und das Land Phantásien, das Reich der Kindlichen Kaiserin. Bastian entdeckt in einem Antiquariat ein Buch mit dem Titel *„Die unendliche Geschichte"*. Er zieht sich damit auf den unbenutzten Speicher seiner Schule zurück und beginnt dort zu lesen. Dabei gerät er immer intensiver in den „Sog" des Buches hinein, bis schließlich der Ruf aus dem Reich der Phantasie zu ihm dringt und er am Geschehen dieser Welt teilnimmt. Bastian ist aufgerufen, Phantásien, das Reich der Kindlichen Kaiserin, vor dem Zugriff des Bösen und damit vor dem Untergang zu bewahren.
Er nimmt in dem folgenden Textauszug teil an einem Gespräch zwischen der Kindlichen Kaiserin und dem Indianerjungen Atréju.

Bastian erschrak.

In diesem Augenblick war ihm etwas geschehen, das er noch nie erlebt hatte.

Bis jetzt hatte er sich alles, was da in der Unendlichen Geschichte erzählt wurde, ganz deutlich vorstellen können. Einige seltsame Dinge waren ja allerdings beim Lesen dieses Buches vorgekommen, das war nicht zu leugnen, aber sicherlich konnte man sie irgendwie erklären. Er hatte sich Atréju, wie er auf dem Glücksdrachen ritt, und das Labyrinth und den Elfenbeinturm so deutlich wie möglich ausgemalt. Aber bis zu diesem Augenblick waren es eben doch bloß seine eigenen Vorstellungen gewesen.

Als er jedoch zu der Stelle kam, wo von der Kindlichen Kaiserin die Rede war, da hatte er für den Bruchteil einer Sekunde – nur so lang, wie das Zucken eines Blitzes dauert – ihr Gesicht vor sich gesehen. Und zwar nicht nur in seinen Gedanken, sondern mit seinen Augen! Es war keine Einbildung gewesen, dessen war Bastian ganz sicher. Er hatte sogar Einzelheiten wahrgenommen, die in der Beschreibung überhaupt nicht vorkamen, zum Beispiel ihre Augenbrauen, die sich als zwei feine, wie mit Tusche gemalte Bögen über ihren goldfarbenen Augen wölbten – oder daß sie seltsam langgezogene Ohrläppchen hatte – oder die besondere Neigung ihres Kopfes auf dem zarten Hals.

Bastian wußte mit Sicherheit, daß er nie in seinem Leben etwas Schöneres gesehen hatte als dieses Gesicht. Und im gleichen Augenblick hatte er auch gewußt, wie sie hieß: Mondenkind. Es gab überhaupt nicht den geringsten Zweifel, daß dies ihr Name war.

Und Mondenkind hatte ihn angeblickt – ihn, Bastian Balthasar Bux!

Sie hatte ihn angeblickt mit einem Ausdruck, den er sich nicht zu deuten wußte. War auch sie überrascht gewesen? Hatte ihr Blick eine Bitte enthalten? Oder Sehnsucht? Oder – ja, was nur?

[...]

„Darf ich dich noch etwas fragen?“ nahm Atréju das Gespräch wieder auf.

Sie nickte lächelnd.

„Warum kannst du nur gesund werden, wenn du einen neuen Namen bekommst?“

„Nur der richtige Name gibt allen Wesen und Dingen ihre Wirklichkeit“, sagte sie. „Der falsche Name macht alles unwirklich. Das ist es, was die Lüge tut.“

„Vielleicht weiß der Retter den richtigen Namen noch nicht, den er dir geben soll.“

„Doch“, antwortete sie, „er weiß ihn.“

Wieder saßen beide schweigend.

„Ja“, sagte Bastian, „ich weiß ihn. Ich hab' ihn gleich gewußt, als ich dich gesehen habe. Aber ich weiß nicht, was ich tun muß.“

Atréju blickte auf.

„Vielleicht möchte er kommen und weiß nur nicht, wie er es anstellen soll.“

„Er braucht nichts zu tun“, antwortete die Kindliche Kaiserin, „als mich bei meinem neuen Namen zu rufen, den nur er weiß. Das würde schon genügen.“

Bastians Herz begann wild zu klopfen. Sollte er es einfach ausprobieren? Aber wenn es dann nicht gelang? Wenn er sich überhaupt täuschte? Wenn die beiden gar nicht von ihm redeten, sondern von einem ganz anderen Retter? Woher wollte er denn wissen, ob sie wirklich ihn meinten?

„Ich frage mich“, begann Atréju schließlich von neuem, „ob es möglich ist, daß er noch immer nicht versteht, daß er und kein anderer gemeint ist?“

„Nein“, sagte die Kindliche Kaiserin, „so töricht kann er nicht sein nach allen Zeichen, die er empfangen hat.“

„Ich probier's einfach aus!“ sagte Bastian. Aber er brachte das Wort nicht über die Lippen.

Was, wenn es tatsächlich gelang? Dann würde er irgendwie nach Phantásien kommen. Aber wie? Vielleicht mußte er auch eine Verwandlung über sich ergehen lassen. Was würde dann aus ihm werden? Vielleicht tat es weh, oder er würde ohnmächtig? Und wollte er denn überhaupt nach Phantásien? Er wollte zu Atréju und der Kindlichen Kaiserin, aber er wollte durchaus nicht zu all diesen Ungeheuern, von denen es da wimmelte.

„Vielleicht“, meinte Atréju, „mangelt es ihm an Mut?“

„Mut“ fragte die Kindliche Kaiserin, „kostet es denn Mut, meinen Namen auszusprechen?“

„Dann“, sagte Atréju, „weiß ich nur noch einen Grund, der ihn zurückhalten könnte.“

„Welchen?“

Atréju zögerte, ehe er ihn aussprach:

„Er will ganz einfach nicht. Es liegt ihm nichts an dir und an Phantásien. Wir sind ihm gleichgültig.“

Die Kindliche Kaiserin blickte Atréju groß an.

„Nein! Nein!“ rief Bastian, „das dürft ihr nicht glauben! Das ist es bestimmt nicht! Ach bitte, bitte, denkt nicht so was von mir! Hört ihr mich nicht? So ist es nicht, Atréju!“

„Er hat mir versprochen, zu kommen“, sagte die Kindliche Kaiserin, „ich habe es in seinen Augen gelesen.“

„Ja, das ist wahr“, rief Bastian, „und ich komm' auch gleich, ich muß mir nur nochmal alles gründlich überlegen. Es ist nicht so einfach.“

Atréju senkte den Kopf, wieder warteten beide schweigend lange Zeit. Aber der Retter erschien nicht, und nicht das kleinste Anzeichen deutete darauf hin, daß er sich ihnen wenigstens bemerkbar zu machen versuchte.

Bastian stellte sich vor, wie es wäre, wenn er plötzlich vor ihnen stünde – in all seiner Dickheit, mit seinen X-Beinen und seinem käsigen Gesicht. Er konnte förmlich die Enttäuschung im Gesicht der Kindlichen Kaiserin sehen, wenn sie zu ihm sagen würde:

„Was willst *du* denn hier?“

Und Atréju würde vielleicht sogar lachen.

Bei dieser Vorstellung schoß Bastian die Schamröte ins Gesicht.

Natürlich, sie erwarteten irgendeinen Helden, einen Prinzen oder so was. Er durfte sich ihnen nicht zeigen. Das war ganz unmöglich. Lieber wollte er alles aushalten – nur das nicht!

- Als Bastian das Buch liest, geschieht etwas mit ihm. Beschreibe sein Verhalten.
  - Wie reagiert er?
  - Welche Einzelheiten der Welt Phantásiens nimmt er wahr?
  - Wie wird er zunächst allmählich und danach immer intensiver in die Welt Phantásiens hineingezogen?

20.25 Nord — Der zehnjährige Bastian stibitzt einem Archivar ein Buch mit dem Titel **»Die unendliche Geschichte«**, dessen Held Atréju (Noah Hathaway) mit Pferd und fliegendem Drachen Abenteuer erlebt. **Nur ein Erdenkind** erfährt Bastian, könne die Bewohner des Landes Phantasien retten

- Sprecht über Bastians Vorstellungen am Ende des Textauszugs.
- Welche Bedeutung hat „der richtige Name“ für die Kindliche Kaiserin und für die Welt Phantásiens?
- Erklärt die beiden Farben des Textes. Nehmt auch den Vorspann zu Hilfe.
- Vielleicht kennen einige von euch das Buch. Manche haben vielleicht auch die Verfilmung des Romans gesehen. Erzählt euren Mitschülern.
- Ist euch selbst beim Lesen schon einmal Ähnliches passiert wie Bastian? Erzählt, bei welcher Geschichte dies der Fall war.

Es war einmal – War es einmal?

Aus Märchen der Brüder Grimm

Die Brüder Jacob (1785–1863) und Wilhelm Grimm (1786–1859), meistens „Brüder Grimm“ benannt, lebten und arbeiteten ihr ganzes Leben lang gemeinsam. Beide besuchten das Gymnasium in Kassel und studierten dann gemeinsam Rechtswissenschaften. Ihr besonderes Interesse galt den alten Märchen, wie sie damals im Volk erzählt wurden. Sie sammelten solche Geschichten und schrieben sie auf. Ihr berühmt gewordenes Buch heißt „Kinder- und Hausmärchen“.
Die beiden Brüder sammelten auch Sagen und veröffentlichten bedeutende wissenschaftliche Werke. 1852 begannen sie mit der Zusammenstellung eines „Deutschen Wörterbuches“. Nach ihrem Tode wurde ihre Arbeit fortgeführt. Das bedeutende Werk wurde erst 1961 mit dem 32. Band abgeschlossen.

Es war einmal mitten im Winter, und die Schneeflocken fielen wie Federn vom Himmel herab, da saß eine Königin an einem Fenster, das einen Rahmen von schwarzem Ebenholz hatte, und nähte. Und wie sie so nähte und nach dem Schnee aufblickte, stach sie sich mit der Nadel in den Finger, und es fielen drei Tropfen Blut in den Schnee. Und weil das Rote im weißen Schnee so schön aussah, dachte sie bei sich: Hätt ich ein Kind so weiß wie Schnee, so rot wie Blut und so schwarz wie das Holz an dem Rahmen. Bald darauf bekam sie ein Töchterlein, das war so weiß wie Schnee, so rot wie Blut und so schwarzhaarig wie Ebenholz.

„Rucke di guck, rucke di guck,
Kein Blut ist im Schuck:
Der Schuck ist nicht zu klein,
Die rechte Braut, die führt er heim.“

Da gingen sie zusammen herab, und der König erwachte und die Königin und der ganze Hofstaat und sahen einander mit großen Augen an. Und die Pferde im Hof standen auf und rüttelten sich: die Jagdhunde sprangen und wedelten: die Tauben auf dem Dache zogen das Köpfchen unterm Flügel hervor, sahen umher und flogen ins Feld: die Fliegen an den Wänden krochen weiter: das Feuer in der Küche erhob sich, flackerte und kochte das Essen: der Braten fing an zu brutzeln: und der Koch gab dem Jungen eine Ohrfeige, daß er schrie: und die Magd rupfte das Huhn fertig. Und da wurde die Hochzeit [...] in aller Pracht gefeiert, und sie lebten vergnügt bis an ihr Ende.

„Königstochter, jüngste,
Mach mir auf,
Weißt du nicht, was gestern
Du zu mir gesagt
Bei dem kühlen Brunnenwasser?
Königstochter, jüngste,
Mach mir auf.“

Dar wöör maal eens en Fischer un syne Fru, de waanden tosamen in'n Pißputt, dicht an der See, un de Fischer güng alle Dage hen un angeld: un he angeld un angeld. So seet he ook eens by de Angel un seeg jümmer in dat blanke Water henin: un he seet un seet.
Do güng de Angel to Grund, deep ünner, un as he se heruphaald, so haald he enen grooten Butt heruut. Do säd de Butt to em: „Hör mal, Fischer, ik bidd dy, laat my lewen, ik bün keen rechten Butt, ik bün'n verwünschten Prins. Wat helpt dy dat, dat du my doot maakst? Ik würr dy doch nich recht smecken: sett my wedder in dat Water un laat my swemmen.“ – „Nu“, säd de Mann, „du bruukst nich so veel Wöörd to maken, enen Butt, de spreken kann, hadd ik doch wol swemmen laten.“ Mit des sett't he em wedder in dat blanke Water, do güng de Butt to Grund un leet enen langen Strypen Bloot achter sik.

- Die Textstellen und Bilder gehören zu Märchen der Brüder Jacob und Wilhelm Grimm.
  Erzählt kurz die Märchen.

- Sicher könnt ihr die Sammlung bekannter Textstellen aus Märchen um weitere Beispiele ergänzen; denkt vor allem an Reime.

- Wählt zu Hause ein Märchen aus, das euch besonders gut gefällt. Lest es sorgfältig, und erzählt es dann im Unterricht euren Mitschülern.
  Es kann ein Märchen der Brüder Grimm, ein Märchen von Wilhelm Hauff oder Christian Andersen sein; es könnte auch ein afrikanisches, russisches oder orientalisches Märchen sein.

- Hier sind ein Paar Tips, die euch beim Erzählen in der Klasse helfen können.
  - Mach dir klar, für welche Zuhörer du erzählst.
  - Erzähle so, daß dir deine Zuhörer gespannt zuhören.
  - Mache dir zu Hause ein paar Notizen, aber erzähle möglichst frei.
  - Stelle Gefühle und Gedanken der Hauptpersonen dar.
  - Erzähle das Wichtigste.
  - Wecke bei deinen Zuhörern Neugierde und Interesse. Erzähle spannend; nimm deshalb den Höhepunkt oder den Schlußteil nicht vorweg.

- Informiert euch über die Brüder Grimm (S. 12). Schreibt die wichtigsten Aussagen stichwortartig auf, zum Beispiel:
  - Jacob ist ein Jahr älter als sein Bruder Wilhelm
  - lebenslange gemeinsame Arbeit

  ...

- Informiert euch auch darüber, welche weiteren berühmten Märchensammlungen es noch gibt.

Brüder Grimm
Jorinde und Joringel

Es war einmal ein altes Schloß mitten in einem großen, dicken Wald, darinnen wohnte eine alte Frau ganz allein, das war eine Erzzauberin. Am Tage machte sie sich zur Katze oder zur Nachteule, des Abends aber wurde sie wieder ordentlich wie ein Mensch gestaltet. Sie konnte das Wild und die Vögel herbeilocken, und dann schlachtete sie's, kochte und briet es. Wenn jemand auf hundert Schritte dem Schloß nahe kam, so mußte er stille stehen und konnte sich nicht von der Stelle bewegen, bis sie ihn lossprach; wenn aber eine keusche Jungfrau in diesen Kreis kam, so verwandelte sie dieselbe in einen Vogel und sperrte sie dann in einen Korb ein und trug den Korb in eine Kammer des Schlosses. Sie hatte wohl siebentausend solcher Körbe mit so raren Vögeln im Schlosse.
Nun war einmal eine Jungfrau, die hieß Jorinde; sie war schöner als alle anderen Mädchen. Die und dann ein gar schöner Jüngling, namens Joringel, hatten sich zusammen versprochen. Sie waren in den Brauttagen, und sie hatten ihr größtes Vergnügen eins am andern. Damit sie nun einsmalen vertraut zusammen reden könnten, gingen sie in den Wald spazieren. „Hüte

dich", sagte Joringel, „daß du nicht so nahe ans Schloß kommst." Es war ein schöner Abend, die Sonne schien zwischen den Stämmen der Bäume hell ins dunkle Grün des Waldes, und die Turteltaube sang kläglich auf den alten Maibuchen.

Jorinde weinte zuweilen, setzte sich hin im Sonnenschein und klagte; Joringel klagte auch. Sie waren so bestürzt, als wenn sie hätten sterben sollen; sie sahen sich um, waren irre und wußten nicht, wohin sie nach Hause gehen sollten. Noch halb stand die Sonne über dem Berg, und halb war sie unter. Joringel sah durchs Gebüsch und sah die alte Mauer des Schlosses nah bei sich; er erschrak und wurde todbang. Jorinde sang:

„Mein Vöglein mit dem Ringlein rot
Singt Leide, Leide, Leide;
Es singt dem Täubelein seinen Tod,
Singt Leide, Lei – zucküht, zicküht, zicküht."

Joringel sah nach Jorinde. Jorinde war in eine Nachtigall verwandelt, die sang „Zicküht, zicküht". Eine Nachteule mit glühenden Augen flog dreimal um sie herum und schrie dreimal „Schu, hu, hu, hu". Joringel konnte sich nicht regen; er stand da wie ein Stein, konnte nicht weinen, nicht reden, nicht Hand noch Fuß regen. Nun war die Sonne unter; die Eule flog in einen Strauch, und gleich darauf kam eine alte, krumme Frau aus diesem hervor, gelb und mager; große, rote Augen, krumme Nase, die mit der Spitze ans Kinn reichte. Sie murmelte, fing die Nachtigall und trug sie auf der Hand fort. Joringel konnte nichts sagen, nicht von der Stelle kommen; die Nachtigall war fort. Endlich kam das Weib wieder und sagte mit dumpfer Stimme: „Grüß dich, Zachiel, wenn's Möndel ins Körbel scheint, bind los, Zachiel, zu guter Stund." Da wurde Joringel los. Er fiel vor dem Weib auf die Knie und bat, sie möchte ihm seine Jorinde wiedergeben, aber sie sagte, er sollte sie nie wiederhaben, und ging fort. Er rief, er weinte, er jammerte, aber alles umsonst. „Uu, was soll mir geschehen?" Joringel ging fort und kam endlich in ein fremdes Dorf; da hütete er die Schafe lange Zeit. Oft ging er rund um das Schloß herum, aber nicht zu nahe dabei. Endlich träumte er einmal des Nachts, er fände eine blutrote Blume, in deren Mitte eine schöne, große Perle war. Die Blume brach er ab, ging damit zum Schlosse; alles, was er mit der Blume berührte, ward von der Zauberei frei; auch träumte er, er hätte seine Jorinde dadurch wiederbekommen. Des Morgens, als er erwachte, fing er an durch Berg und Tal zu suchen, ob er eine solche Blume fände; er suchte bis an den neunten Tag, da fand er die blutrote Blume am Morgen früh. In der Mitte war ein großer Tautropfen, so groß wie die schönste Perle. Diese Blume trug er Tag und Nacht bis zum Schloß. Wie er auf hundert Schritt nahe bis zum Schloß kam, da ward er nicht fest, sondern ging fort bis ans Tor. Joringel freute sich hoch, berührte die Pforte mit der Blume, und sie sprang auf. Er ging hinein, durch den Hof, horchte, wo er die vielen Vögel vernähme; endlich hörte er's. Er ging und fand den Saal, darauf war die Zauberin und fütterte die Vögel in den siebentausend Körben. Wie sie den Joringel sah, ward sie bös, sehr bös, schalt, spie Gift und Galle gegen ihn aus, aber sie konnte auf zwei Schritte nicht an ihn kommen. Er kehrte sich nicht an sie und ging, besah die Körbe mit den Vögeln; da waren aber viele hundert Nachtigallen, wie sollte er nun seine Jorinde wiederfinden? Indem er so zusah, merkte er, daß die Alte heimlich ein Körbchen mit einem Vogel wegnahm und damit nach der Türe ging. Flugs sprang er hinzu, berührte das Körbchen mit der Blume und auch das alte Weib; nun konnte sie nichts mehr zaubern, und Jorinde stand da, hatte ihn um den Hals gefaßt, so schön wie sie ehemals war. Da machte er auch alle die andern Vögel wieder zu Jungfrauen, und da ging er mit seiner Jorinde nach Hause, und sie lebten lange vergnügt zusammen.

- Sprecht über dieses Märchen.
  - Was ist an der Handlung märchenhaft?
  - Wie ist die Handlung aufgebaut, wie sind die Personen dargestellt?
  - Wie kommen Jorinde und Joringel zu ihrem „Märchenglück“, und wie ergeht es der bösen Zauberin? Welche weiteren typischen Merkmale von Märchen erkennst du wieder?
- Welche Textteile würden zu den Ausschnitten auf S. 12 und 13 passen?
- Vergleiche mit anderen dir bekannten Märchen. Wo gibt es Ähnlichkeiten?
- Erfindet selbst ein Märchen. Denkt euch vorher Figuren aus (böse und gute). Was sollen die Figuren erleben? Welche Gefahren oder Aufgaben kommen auf sie zu? Von welchen Zauberkräften werden sie bedroht? Wie wird das Böse besiegt?

  Dies wäre ein möglicher Anfang:
  Es war einmal ein Mädchen mit Namen Rosalie, das lebte mit Vater, Mutter und Geschwistern in der Nähe eines großen Waldes. Die Leute waren sehr arm. Mitten im Wald lebte ein finsterer Zauberer, der den armen Leuten immer wieder das Leben schwer machte. Eines Tages...

  Tips für das schriftliche Erzählen könnt ihr auf Seite 54/55 nachlesen.
- Ihr könntet auch ein <u>Märchenquiz</u> veranstalten. Ein solches Ratespiel ließe sich auch als Mannschaftsquiz aufziehen. Es geht so:
  Jeder schreibt sich zu einem Märchen ein paar Stichworte auf, z.B. Personen, Orte, bestimmte Worte, die im Märchen vorkommen.
  Die anderen müssen das Märchen herausfinden; aber Achtung: Ihr dürft es nicht zu einfach machen.
  Hier ein Beispiel: Fischer, Prinz
  Lösung: Das Märchen „Vom Fischer und seiner Frau“
- Ein weiteres Märchen der Brüder Grimm findest du auf der Seite 227.
  ⇒ Ein orientalisches Märchen steht auf Seite 276/277.

Jay Williams

Petronella

deutsch von Hans Georg Lenzen

Im Königreich der Himmelblauen Berge wurden den Königen und Königinnen regelmäßig drei Prinzen geboren. Der älteste Prinz bekam immer den Namen Michael, der mittlere Prinz bekam immer den Namen Georg und der jüngste hieß immer Peter. Wenn sie erwachsen waren, zogen sie immer in die Welt hinaus, um ihr Glück zu suchen. Was mit dem ältesten Prinzen und mit dem mittleren Prinzen geschah, hat niemand herausbekommen. Aber der jüngste Prinz rettete immer eine Prinzessin, brachte sie mit nach Hause und übernahm später die Regierung des Königreiches. So war es immer gewesen. Und soweit man denken konnte, würde es auch immer so sein.

Bis jetzt... ‚Jetzt', das war die Zeit von König Peter dem Neunundzwanzigsten und seiner Königin Blühblume. Der älteste Prinz war bereits geboren, auch der mittlere Prinz. Aber da geschah es: der jüngste Prinz wurde ein Mädchen.

„Mein Fehler ist es nicht, ich bin ganz sicher", sagte die Königin. „Es muß irgendwas sein, was ich gegessen habe."

„Na ja", sagte der König verdrießlich, „Peter kann sie nicht heißen. Wir werden sie wohl Petronella nennen müssen. Und was man sonst noch machen kann – ich hab keine Ahnung."

Da war auch nichts zu machen. Die Jahre vergingen, und für die Prinzen kam die Zeit, auszuziehen und ihr Glück zu suchen. Michael und Georg sagten dem König und der Königin Lebewohl und bestiegen ihre Pferde. Dann kam Petronella. Sie hatte Reisekleider angelegt, trug ein Schwert an der Seite und hatte ihre Tasche gepackt.

„Wenn ihr glaubt", sagte sie, „daß ich zuhause hockenbleibe, dann habt ihr euch getäuscht. Ich zieh auch hinaus, um mein Glück zu suchen!"

„Unmöglich", sagte der König.

„Was werden die Leute sagen!" jammerte die Königin.

„Hör mal", sagte Prinz Michael, „nun sei doch vernünftig, Pet. Bleib hier und warte. Früher oder später kommt ein Prinz vorbei."

Petronella lächelte. Sie war ein großes hübsches Mädchen mit hellblondem Haar, und wenn sie so lächelte, dann wußte man, daß sie sich Mühe gab, ruhig zu bleiben.

„Ich geh mit euch", sagte sie. „Ich werde einen Prinzen finden, – und wenn ich ihn persönlich vor irgendwas retten muß. Und dabei bleibt's."

Die Stallmeister führten ihr Pferd heraus, und sie sagte ihren Eltern Lebewohl. Und schon saß sie im Sattel und sprengte hinaus, hinter den beiden Brüdern her.

Sie ritten ins Flachland unterhalb der Himmelblauen Berge. Nach vielen Tagen kamen sie an einen großen, dunklen Wald. Sie erreichten eine Stelle, wo die Straße sich in drei Straßen gabelte, und davor saß ein kleiner, runzliger Mann, der ganz mit Staub und Spinnweben bedeckt war.

Prinz Michael sagte von oben herab: „Wohin führen die drei Straßen, alter Mann?"

„Die Straße rechts führt zur Stadt Gratz", sagte der alte Mann. „Die Straße in der Mitte führt zum Schloß Blitz. Die Straße links führt zum Haus des Zauberers Albion. – Und das war eine."

„Was heißt das: „Und das war eine?" fragte Prinz Georg.

„Das heißt", sagte der alte Mann, „daß ich an diesem Platz sitzen muß, ohne mich zu rühren, und daß ich jedem, der vorbeikommt, eine Frage beantworten muß. – Und das war die zweite."

Petronellas freundliches Herz rührte sich. „Kann ich dir irgendwie helfen?" fragte sie.

Der alte Mann sprang auf die Füße. Der Staub fiel in Wolken von ihm ab.

„Du hast mir schon geholfen", sagte er. „Das war die Frage, die mich erlöst. Zweiundsechzig Jahre hab ich hier gesessen und gewartet, daß jemand kommt und mir diese Frage stellt." Er schnippte mit den Fingern vor Freude. „Zum Dank will ich dir alles sagen, was du wissen willst."

„Wo kann ich einen Prinzen finden?" fragte Petronella sofort.

„Es gibt einen im Haus des Zauberers Albion", antwortete der alte Mann.

„Aha", sagte Petronella. „Dann geh ich dahin."

„Dann werd ich dich jetzt verlassen", sagte ihr ältester Bruder Michael, „denn ich reite zum Schloß Blitz und versuche, dort mein Glück zu finden."

„Alles Gute!" sagte Prinz Georg. „Ich reite zur Stadt Gratz. Ich hab das Gefühl, daß ich dort mein Glück finde."

Sie umarmten ihre Schwester und ritten davon.

Petronella betrachtete nachdenklich den alten Mann, der sich die Spinnweben und den Staub aus dem Bart kämmte. „Kann ich dich noch was fragen?" fragte sie.

„Natürlich. Was du willst."

„Angenommen, ich wollte den Prinzen aus der Gewalt des Zauberers retten, wie soll ich das anfangen? Weißt du, in solchen Sachen hab' ich überhaupt keine Erfahrung."

Der alte Mann kaute auf einer Bartsträhne.

„Alles weiß ich auch nicht", sagte er nach einer Weile. „Ich weiß aber, daß es da drei magische Geheimnisse gibt; wenn du die Albion entlocken kannst – die werden dir helfen."

„Und wie muß ich das anstellen?" fragte Petronella.

„Du mußt sagen, daß du für ihn arbeiten willst. Er wird dir drei Aufgaben stellen; wenn du sie löst, kannst du dir jedesmal eine Belohnung ausbitten. Wünsch dir einen Kamm für dein Haar, einen Spiegel zum Hineinsehen und einen Ring für deinen Finger."

„Und dann?"

„Das weiß ich auch nicht. Nur soviel weiß ich: wenn du den Prinzen rettest, kannst du diese Dinge brauchen, um dem Zauberer zu entkommen."

„Das hört sich gar nicht so einfach an", seufzte Petronella.

„Nichts, was wir wirklich wollen, ist einfach", sagte der Mann.

„Sieh mich an – ich wollte meine Freiheit, und ich hab zweiundsechzig Jahre darauf warten müssen.“
Petronella sagte ihm Lebewohl. Sie bestieg ihr Pferd und galoppierte auf der dritten Straße weiter.
Die Straße endete bei einem niedrigen, weitläufigen Haus mit rotem Dach. Das Haus sah behaglich aus, es war von Gärten und Stallungen umgeben und von Bäumen, die voller Früchte hingen. Auf dem Rasen stand ein Sessel, darin saß ein schöner junger Mann, der hielt sein Gesicht in die Sonne und seine Augen geschlossen.
Petronella band ihr Pferd am Tor fest und ging über den Rasen.
„Ist dies das Haus des Zauberers Albion?“ fragte sie.
Der junge Mann blinzelte überrascht zu ihr auf.
„Ich glaube schon“, sagte er. „Ja, ich bin sicher.“
„Und wer bist du?“
Der junge Mann gähnte und reckte sich. „Ich bin Prinz Ferdinand von Feuerzack“, antwortete er. „Könntest du etwas zur Seite gehen? Ich möchte gern braun werden, und du stehst mir in der Sonne.“
Petronella schnaubte. „Das hört sich ja gar nicht sehr nach einem Prinzen an.“
„Komisch“, sagte der junge Mann und schloß die Augen. „Das sagt mein Vater auch immer.“
In diesem Augenblick öffnete sich die Tür des Hauses, und heraus trat ein Mann, der war ganz in Purpur und Silber gekleidet. Er stand da, hoch und hager und so finster wie eine Wolke voller Donnerwetter. Sein Gesicht war streng, aber voller Weisheit. Petronella wußte sofort: das konnte nur der Zauberer sein.
Er verneigte sich höflich vor ihr. „Was kann ich für dich tun?“
„Ich will für Euch arbeiten“, sagte Petronella rundheraus.
Albion nickte. „Ich kann dich nicht zurückweisen“, sagte er. „Aber ich muß dich warnen – es wird gefährlich sein. Heute abend werde ich dir eine Aufgabe stellen. Wenn du sie erfüllst, werde ich dich belohnen. Versagst du aber, dann mußt du sterben.“
Petronella sah den Prinzen an und seufzte. „Wenn ich muß, dann muß ich eben“, sagte sie. „In Ordnung.“
Am Abend saßen sie alle zusammen beim Abendbrot in der gemütlichen Küche des Zauberers. Dann brachte Albion Petronella zu einem steinernen Haus und riegelte die Tür auf. Darin waren sieben große schwarze Hunde.
„Du mußt die ganze Nacht bei meinen Hunden wachen“, sagte er.
Petronella ging hinein, und Albion schloß und verriegelte die Tür.
Die Hunde begannen zu knurren und zu bellen und fletschten ihre Zähne. Aber Petronella war eine wirkliche Prinzessin. Sie nahm ihren ganzen Mut zusammen. Sie wich nicht zurück, sondern trat den Hunden entgegen und sprach sie mit sanfter Stimme an. Die Hunde hörten auf zu knurren und beschnüffelten sie. Petronella konnte ihnen sogar die Köpfe kraulen.
„Ich seh schon, was los ist“, sagte sie. „Ihr fühlt euch einsam hier. Ich werd' euch Gesellschaft leisten.“

So saß sie die ganze Nacht auf dem Boden, sprach mit den Hunden und streichelte sie, und die Hunde lagen dicht neben ihr und hechelten leise.
Am Morgen kam Albion und ließ sie heraus. „Oh", sagte er, „ich sehe, du bist tapfer. Wenn du vor den Hunden zurückgewichen wärst, hätten sie dich in Stücke gerissen. Nun sag mir, was du als Belohnung willst."
„Ich möchte einen Kamm für mein Haar", sagte Petronella.
Der Zauberer gab ihr einen Kamm, der war aus schwarzem Holz geschnitzt.
Prinz Ferdinand lag schon wieder in der Sonne und versuchte, ein Kreuzworträtsel zu lösen. Petronella sagte leise zu ihm: „Das tu ich alles nur für dich!"
„Das ist aber nett", sagte der Prinz. „Was ist, ‚selbstsüchtig' mit neun Buchstaben?"
„Das bist du!" sagte Petronella heftig. Sie ging zum Zauberer. „Ich möchte noch einmal für Euch arbeiten", sagte sie.
An diesem Abend brachte Albion sie in einen Stall, darin standen sieben große weiße Pferde.
„Heute nacht", sagte er, „sollst du bei meinen Rössern Wache halten."
Er ging hinaus und verriegelte die Tür. Gleich bäumten sich die Pferde auf und wieherten. Sie schlugen mit ihren eisenbeschlagenen Hufen nach ihr.
Aber Petronella war eine echte Prinzessin. Sie sah sich die Pferde genauer an und bemerkte, daß ihnen die Rippen herausstanden. Ihre Felle waren struppig und ihre Mähnen und Schweife voller Kletten. „Ich seh schon, was los ist", sagte sie. „Ihr seid hungrig und schmutzig."
Sie brachte den Pferden so viel Heu, wie sie fressen konnten und fing an, sie zu bürsten. Die ganze Nacht über fütterte und striegelte sie die Tiere, und sie standen ruhig an ihren Plätzen.
Am Morgen ließ Albion sie heraus. „Du bist ebenso freundlich wie tapfer", sagte er. „Wenn du vor ihnen zurückgewichen wärst, hätten sie dich unter ihren Hufen zertrampelt. Was verlangst du diesmal als Belohnung?"
„Ich möchte einen Spiegel zum Hineinsehen", antwortete Petronella.
Der Zauberer gab ihr einen Spiegel, der war aus grauem Silber.
Sie sah zu Prinz Ferdinand hinüber, der machte auf dem Rasen Freiübungen, im Sitzen. Er war wirklich ein schöner Prinz. Petronella sagte dem Zauberer: „Ich möchte noch einmal für Euch arbeiten."
An diesem Abend brachte Albion sie hinauf in einen Verschlag über den Ställen. Da hockten auf langen Stangen sieben große graue Falken.
„Heute nacht", sagte er, „sollst du bei meinen Falken wachen."
Kaum war Petronella eingeschlossen, da schlugen die Falken mit den Schwingen und kreischten.
Petronella lachte. „Das nennt ihr Vogelgesang?" sagte sie. „Hört mal zu!"
Sie fing an zu singen, mit weicher Stimme. Die Falken wurden still. Die ganze Nacht über sang sie den Falken vor, und die saßen auf ihren Stangen wie gefiederte Statuen und hörten zu.
Am Morgen sagte Albion: „Du bist so begabt, wie du freundlich und tapfer bist. Wenn du vor ihnen davongelaufen wärst, sie hätten dich ohne Erbarmen mit ihren Krallen und Schnäbeln zerhackt. Was willst du jetzt als Belohnung?"
„Ich möchte einen Ring für meinen Finger", sagte Petronella.

Tomi Ungerer

Der Zauberer gab ihr einen Ring, der war aus einem einzigen Diamanten gemacht.

Petronella schlief den ganzen Tag und die ganze folgende Nacht, denn sie war sehr müde. Dann aber schlich sie frühmorgens in die Kammer des Prinzen Ferdinand. Der Prinz schlief noch tief. Er trug einen roten Pyjama.

„Wach auf“, flüsterte Petronella. „Ich will dich befreien.“

Ferdinand regte sich und starrte sie verschlafen an.

„Wie spät ist es denn?“

„Das ist doch gleich“, sagte Petronella. „Nun komm schon!“

„Aber ich bin noch so müde“, sagte Ferdinand mißmutig. „Und es ist so schön hier.“

Petronella schüttelte den Kopf. „Als Prinz bist du wirklich nichts Besonderes“, sagte sie grimmig, „aber für mich der erste, den ich kriegen konnte. Komm schon.“

Sie nahm ihn bei der Hand und zerrte ihn aus dem Bett. Sie zog ihn die Treppe hinunter. Sein Pferd und ihr Pferd standen in verschiedenen Ställen; sie sattelte schnell beide. Sie gab dem Prinzen einen Schubs, damit er in den Sattel kam. Dann sprang sie auf ihr Pferd, griff nach den Zügeln beider Pferde, und schnell wie der Wind galoppierten sie davon.

Sie waren noch nicht weit gekommen, da hörten sie ein gewaltiges Stampfen hinter sich. Petronella sah sich um. Eine dunkle Wolke stieg hinter ihnen auf, und darunter sah sie den Zauberer. Er stampfte mit Riesenschritten daher, schneller, als die Pferde rennen konnten.

„Was machen wir jetzt?“ schrie sie.

„Weiß ich doch nicht!“ sagte der Prinz mürrisch. „Ich bin von der Reiterei ganz durcheinandergeschüttelt.“

Petronella nahm verzweifelt ihren Kamm. „Der alte Mann hat mir gesagt, der würde mir helfen“, sagte sie. Und weil sie nicht wußte, was sie damit anstellen sollte, warf sie den Kamm auf die Erde. Sofort war zwischen ihr und dem Zauberer ein dichter Wald gewachsen. Die Stämme waren so dick, daß sich niemand hindurchzwängen konnte.

Petronella und der Prinz ritten weiter. Aber der Zauberer verwandelte sich in eine Axt und fing an zu hacken. Schnell wie der Blitz hackte er nach rechts und links, und die Bäume fielen nur so vor ihm nieder. Bald hatte er sich seinen Weg durch den Wald geschlagen, und Petronella hörte wieder, wie er mit Riesenschritten hinter ihnen herstampfte.

Sie zügelte ihr Pferd. Sie zog den Spiegel heraus und warf ihn auf die Erde. Sofort entstand ein weiter See hinter ihr, grau und glitzernd.

Sie ritten weiter, so schnell sie konnten. Aber der Zauberer sprang ins Wasser, verwandelte sich in einen Lachs, durchschwamm den See und sprang an der anderen Seite an Land. Petronella hörte ihn bald wieder stampf-stampf-stampf hinter ihnen herlaufen. Diesmal warf sie den Ring zur Erde. Der Ring verwandelte sich überhaupt nicht, er lag nur da und funkelte.

Der Zauberer kam immer näher. Er sprang über den Ring. Aber mitten im Sprung öffnete sich der Ring, schnappte den Zauberer und preßte seine Arme dicht an den Leib, in einem magischen Zaubergriff, aus dem er nicht entkommen konnte.

„So", sagte Prinz Ferdinand. „Jetzt ist es aus mit ihm."

Petronella sah ihn ärgerlich an. Dann blickte sie wieder zu dem Zauberer hinüber, der in dem Ring festsaß.

„Hör mal", sagte sie. „Ich kann ihn doch nicht einfach hier liegen lassen. Er verhungert ja."

Sie stieg vom Pferd und ging zu ihm. „Wenn ich Euch losmache", sagte sie, „versprecht Ihr dann, den Prinzen freizulassen?"

Albion blickte erstaunt auf. „Freizulassen?" sagte er. „Was redest du da? Ich bin froh, wenn ich ihn los bin!"

Jetzt war Petronella an der Reihe, ein erstauntes Gesicht zu machen. „Das versteh ich nicht," sagte sie. „Habt ihr ihn denn nicht als Gefangenen festgehalten?"

„Ganz und gar nicht!" sagte Albion. „Er kam zu Besuch, für ein Wochenende. Aber dann hat er gesagt: ‚Es ist so schön hier, kann ich noch ein, zwei Tage hierbleiben?' Und da ich ein höflicher Mensch bin, sagte ich nur: ‚Natürlich.' Aber er blieb und blieb. Ich wollte nicht grob werden, und einfach hinauswerfen konnte ich ihn auch nicht. Ich weiß nicht, was ich gemacht hätte, wenn du ihn nicht mitgeschleppt hättest."

„Aber", sagte Petronella, „aber – warum seid Ihr denn so schnell hinter ihm hergelaufen?"

„Ich bin nicht hinter ihm hergelaufen", sagte der Zauberer, „sondern hinter dir. Du bist genau das Mädchen, nach dem ich schon lange suche. Du bist tapfer, freundlich und du hast Talent – und schön bist du auch."

„Oh", sagte Petronella.

„*So* ist das", sagte sie.

„Hm", sagte sie. „Und wie bring ich dich denn nun aus dem Ring heraus?"

„Gib mir einen Kuß."

Das tat sie. Der Ring gab Albion frei und blitzte wieder an Petronellas Finger.

„Ich weiß zwar nicht, was meine Eltern sagen, wenn ich mit dir nach Hause komme und nicht mit einem Prinzen", sagte sie.

„Gehen wir hin, dann hören wir's", sagte der Zauberer gutgelaunt.

Er bestieg das eine Pferd und Petronella das andere. Und dann trabten sie Seite an Seite davon, und Prinz Ferdinand von Feuerzack konnte zusehen, wie er nach Hause kam.

- Was ist in diesem (modernen) Märchen anders als in üblichen Märchen? Was ist ähnlich?
- Sprecht über die Handlung, die Einteilung in drei Handlungsabschnitte, die einzelnen Personen, den Anfangs- und Schlußteil, die Zeitform.
- Welche Einzelheiten wirken besonders überraschend und ungewohnt für ein „Märchen"?
- Sprecht über die Hauptperson Petronella. Wie verhält sie sich? Überlegt, ob ihre Verhaltensweisen denen eines Mädchens unserer Tage entsprechen könnten.

Jutta Richter

Ich pfeife auf den Königssohn

(Für Lena)

Dornröschen war ein schönes Kind
und schlief einhundert Jahre.
Schneewittchen biß vom Apfel ab
und lag tot auf der Bahre.
Und wie das so im Märchen ist,
hat sie ein Prinz dann wachgeküßt.

Ich pfeife auf den Königssohn
ich schlafe nicht, ich lebe schon!
Und wer's nicht glaubt, der sollte gehn,
der wird mich nie verstehn.

Ein Mädchen sollte Strümpfe stopfen,
kochen, backen, sticken.
Sie sollte hübsch und artig sein
und einen Mann entzücken.
Und wie das so im Leben ist,
man wartet und wird wachgeküßt.

Ich pfeife auf den Königssohn,
ich schlafe nicht, ich lebe schon.
Und wer's nicht glaubt, der sollte gehn,
der wird mich nie verstehn.

Du meine Tochter, glaube nicht,
Was solche Märchen sagen.
Sieh dort im Spiegel dein Gesicht,
du mußt dein Leben wagen.
Geh tapfer vor und nie zurück,
vertraue dir und deinem Glück.

Und pfeife auf den Königssohn,
und schlafe nicht, du lebst ja schon!
Wer das nicht glaubt, den lasse gehn,
der wird dich nie verstehn.

- Erkläre die Widmung „Für Lena“. Was will die Verfasserin Lena mit auf den Weg geben?
- Vergleiche das Gedicht mit der Erzählung „Petronella“.

Kirsten Boie

Hänsel und Lisa

Vor dem Schlafengehen soll Lisa noch auf den Topf.

„Nein!“, sagt Lisa.

„Papa erzählt dir auch ein Märchen, du kleine Maus“, sagt Jenny.

„Doch“, sagt Lisa.

„Es waren einmal ein Junge und ein Mädchen, die hießen Hänsel und Gretel“, sagt Papa.

„Nein!“ schreit Lisa. „Heißt nicht Gretel! Heißt Lisa!“

„Meinetwegen“, sagt Papa. „Also, die hießen Hänsel und Lisa, und eines Tages sind sie allein in den Wald gegangen.“

„Mit'm Dreirad“, sagt Lisa.

„Nein, Lisa, das geht doch nicht, du!“ sagt Jenny.

„Doch!“ sagt Lisa. „Do-hoch!“

„Nun laß sie mal!“ sagt Papa. „Ja, gut, die sind mit dem Dreirad in den Wald gefahren. Und als sie hochgeguckt haben, rums!, da war es auf einmal dunkel geworden.“

„Nein!“ sagt Lisa. „Nicht dunkel!“

„Doch!“ sagt Jenny energisch. „Wenn es hell war, geht doch das ganze Märchen nicht weiter, und das willst du doch nicht, was, Lisamaus?“

„Doch!“ sagt Lisa. „Hell! War hell!“

Papa seufzt, „Okay, okay“, sagt er, „Also, es war hell im Wald, aber trotzdem haben Hänsel und Lisa sich mit ihrem Dreirad verlaufen. Da hatten sie keine Ahnung, wie sie nach Hause zurückkommen sollten, sie wußten den Weg nicht mehr...“

„Doch!“ schreit Lisa. „Doch, doch, doch!“

„Ja, ja, ist schon gut!“ sagt Papa. „Es war hell, und sie wußten den Weg noch, klar, aber trotzdem haben sie plötzlich ein Licht gesehen, und weißt du, wo das herkam? Aus einem Fenster, und das Fenster war in einem Haus, und das Haus...“

„Nein!“ schreit Lisa und tritt mit dem Fuß gegen den Topf. „Ist kein Haus! Ist Bagger!“

„Ja, natürlich“, sagt Papa, „wie konnte ich das so durcheinanderbringen! Das Licht kam aus einem Bagger, und der war ganz aus Lebkuchen und Keksen und Schokolade.“

„Ja“, sagt Lisa.

„Und als die Kinder ihr Dreirad gerade an dem Bagger abgestellt hatten und anfangen wollten, an den Keksen zu knabbern, da ist plötzlich die Tür aufgegangen, und weißt du, wer da rausgeguckt hat? Eine alte, böse Hexe.“

„Nein!“ sagt Lisa. „Baggerführer rausgeguckt, Baggerführer!“

„Ja, klar, der Baggerführer“, sagt Papa ungeduldig.

„Aber der Baggerführer war in diesem Fall eben eine alte, böse Hexe.“

„Nein!“ sagt Lisa. „War lieb!“

„Jajaja!“ sagt Papa. „Also die Tür ist aufgegangen, und die alte, liebe Baggerführerhexe hat rausgeguckt. Und dann hat sie zu den Kindern gesagt: Ihr lieben Kinderlein! Ihr seid wohl hungrig? Kommt mal rein in meinen Bagger, da könnt ihr viele Kekse essen.“

„Ja“, sagt Lisa.

„Aber als sie drin waren“, sagt Papa, „da hat die Baggerführerhexe plötzlich zu Hänsel gesagt: So, Hänsel, jetzt will ich dich in meinen heißen Ofen stecken.“

„Nein!“ schreit Lisa. „Hat sie nicht, hat sie nicht!“

„Hat sie doch, hat sie doch, und ätschibätschi!“ sagt Jenny.

„Nein, nein, nein!“ schreit Lisa.

„Aber die Lisa“, sagt Papa schnell, „die hat der Hexe einfach einen Schubs gegeben, daß sie umgekippt ist.“

„Ja“, sagt Lisa zufrieden. „Hexe aua macht?“

„Nein, nicht doll, du kannst ganz beruhigt sein“, sagt Papa. „Aber Hänsel und Lisa sind jedenfalls ganz schnell nach Hause gefahren zu ihrer Mama und zu ihrem Papa. Die haben sich vielleicht gefreut, daß ihre Kinder wieder da waren!“

„Ja“, sagt Lisa. „Gibt Kekse?“

„Klar“, sagt Papa. „Sie haben sich alle ins Wohnzimmer gesetzt und Kekse gegessen.“

„Gibt Kakao?“ fragt Lisa.

„Klar doch“, sagt Papa. „Auch Kakao.“

„Aus der Lasse?“ fragt Lisa.

„Logisch“, sagt Papa. „Alle haben sie aus der Flasche getrunken, die Mama und der Papa und Hänsel und Lisa. Und sie hatten es ganz gemütlich, und damit ist das Märchen aus.“

„Das war aber nicht richtig, du, Papa“, sagt Jenny.

„Fertig a-a“, sagt Lisa.

Papa seufzt. „Ab morgen gibt's wieder Windeln“, sagt er.

- Wie geht der Vater beim Erzählen auf seine kleine Zuhörerin ein?
- Erkläre Lisas und Jennys Verhalten.
- Vielleicht habt ihr schon einmal ähnliche Erfahrungen gemacht, wenn ihr euren kleinen Geschwistern ein Märchen erzählt.
- Ihr habt zwei veränderte Märchen kennengelernt. Deshalb könntet ihr selbst einmal versuchen, ein Märchen zu ändern. Es gibt mehrere Möglichkeiten:
  - die Handlung in die heutige Zeit verlegen
  - Personen verändern, zum Beispiel aus einer bösen Hexe eine gutmütige alte Dame machen
  - unterschiedliche Märchenhandlungen und -figuren zusammenmixen, zum Beispiel: Rotkäppchen besucht die sieben Zwerge, unterwegs begegnet es den sieben Geißlein...
  - ...
- Auch das folgende ist eine Möglichkeit, ein Märchen zu verändern. Schreibe weiter.

Elke Kahlert / Friedrich Kohlsaat

Jetzt rede ich. Endlich die Wahrheit über den Wolf und die sieben Geißlein

(Unser fliegender Reporter Ronald Eichelhäher sprach mit Herrn Wolf)

Reporter: Herr Wolf, wir freuen uns, daß Sie sich bereit erklärt haben zu reden. Die Geschichte hat ja damals viel Staub aufgewirbelt. Nun endlich sollen unsere Leser die volle Wahrheit über Sie und die sieben Geißlein erfahren. Also, Herr Wolf, wie war es wirklich?

Wolf: An der dummen Geschichte ist ja eigentlich überhaupt nichts dran. Es gab damals zwei Reporter, die mich schwer verleumdet haben. Sie wissen es vielleicht, es handelt sich um zwei Brüder, Grimm hießen sie.
Den Namen werde ich mein Lebtag nicht vergessen, denn die haben mir die ganze Sache eingebrockt.
Es war alles reine Sensationsmache, denn daß ich versucht haben soll, sieben Geißlein zu ermorden, also, ich bitte Sie, Herr Eichenhäher, sehe ich wie ein Mörder aus?
Reporter: Nein, nein, Herr Wolf, aber bitte sprechen Sie weiter.
Wolf: ...

Karlhans Frank
Das Letzte vom alten Märchenerzähler

„Erzähle uns eine Geschichte“,
baten die Kinder den alten Märchenerzähler.
Da fing er an: „Es war einmal...“

„Halt! Halt!“ riefen die Kinder.
„Wir wollen nicht wissen, was war.
Wir wollen wissen, was ist!“

„Dann müßt ihr eure Geschichten selber erleben“,
sagte der alte Märchenerzähler.

Sagenhaftes

Die Eggester Steine

Die alten Heiden, welche einst unser Vaterland bewohnten, waren beinahe alle vom starken Kaiser Karl besiegt und gezwungen worden, sich taufen zu lassen. Herzog Wittekind war mit den Seinen allein noch übrig. Aber auch er konnte sich nicht lange mehr halten, und seine Macht wurde alle Tage schwächer. Da erschien ihm einmal bei Nacht der Teufel und versprach ihm, einen Heidentempel zu bauen, der so gewaltig sein solle, daß ihn der starke Karl wohl müßte stehen lassen. Um dieses Heiligtum sollten sich dann alle, die noch den alten Göttern treu wären, in fester Einigkeit scharen. Selbst viele, ja die meisten der Neubekehrten würden wieder umkehren, da in ihrem Herzen der christliche Glaube nur erst schwache Wurzel getrieben habe. Und dafür, versicherte der Teufel, wolle er nichts anders, als daß nur Wittekind und die Seinen dem väterlichen Glauben nimmer entsagten! Mit Freuden willigte der Herzog ein, und der Teufel versprach dagegen, den Bau in der nächsten Vollmondnacht zu vollenden. Von dieser Zeit an waren Wittekinds Waffen gegen Kaiser Karl wunderbarerweise glücklich, und sein

Anhang vermehrte sich von Tag zu Tag. So kam die Zeit des Vollmonds, und der Teufel begann sein Werk. Ungeheure Felsen schleppte er aus aller Welt Enden zusammen und türmte sie zu Gewölben und Hallen von ungeheuerem Umfange übereinander. Aber als nun der Riesentempel beinahe ganz vollendet dastand, da hat es Gott dem Wittekind plötzlich ins Herz gegeben, daß er seinen argen Wahn erkannte. Eiligst ging er hin in des starken Karls Lager und ließ sich reumütig taufen. Da das der Teufel gewahr wurde, fuhr er in großer Wut über den Tempel her und riß Säulen und Wände und Giebel mit entsetzlicher Kraft auseinander, die Felsen hierhin und dorthin zerstreuend. Das sind die Eggester Steine, die noch jetzt, grau und verwittert, am Eingange in den Teutoburger Wald zu sehen sind.

Externsteine bei Holzhausen

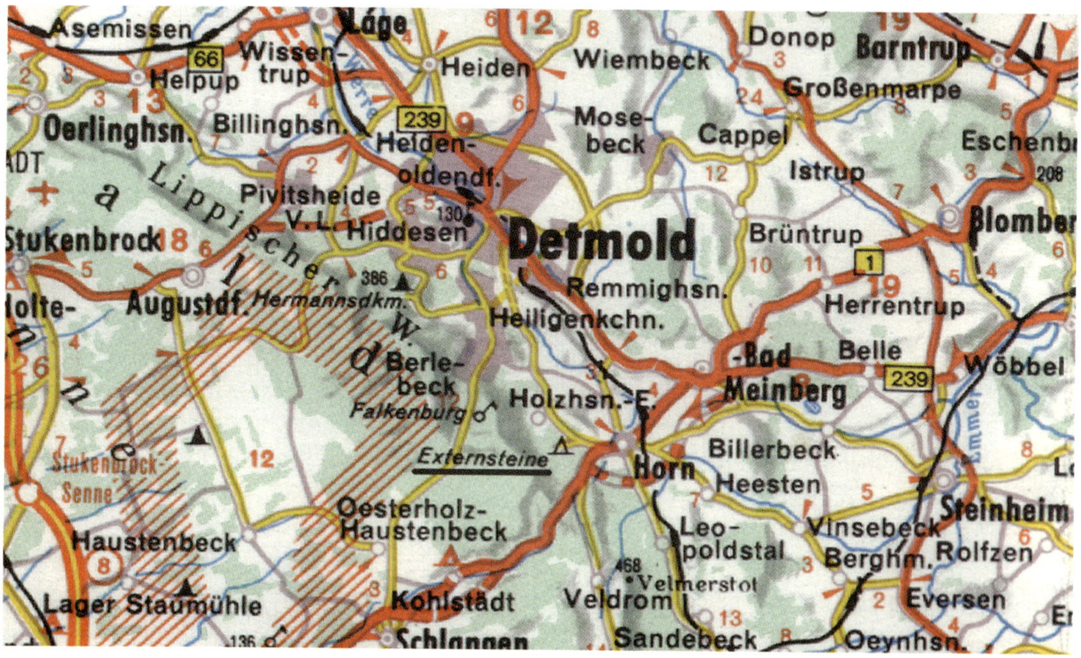

- Untersucht den Text daraufhin, was in ihm der Wirklichkeit entspricht und was erfunden worden ist. Nehmt dazu die zusätzlichen Informationen zu Hilfe.

Texte dieser Art nennt man Sagen.
Sagen sind, wie Märchen, ursprünglich mündlich überlieferte Erzählungen. In gewisser Weise sind sie auch den Märchen ähnlich.

- Was erinnert bei diesem Text an ein Märchen, und was unterscheidet ihn davon?
- Überlegt, warum die Menschen sich diese Sage erzählt haben könnten.
- Kennt ihr Sagen über landschaftliche Besonderheiten eurer Gegend? Erzählt.

Die gewaltsame Christianisierung der Sachsen

In den Jahren 772 bis 804 n.Ch. führte der Frankenkönig Karl der Große (742 bis 814 n.Ch.) zahlreiche Kriegszüge gegen die Sachsen, um diesen letzten noch heidnischen Germanenstamm mit Gewalt zum Christentum zu bekehren. Zu seiner Kriegsführung gehörte es vor allem, die Heiligtümer der Sachsen zu zerstören, darunter auch das bedeutendste Heiligtum, die „Irminsul“, ein säulenartiger Baumstamm, der nach Überzeugung der Sachsen das Weltall trug.
Die Sachsen wehrten sich gegen diese gewaltsame Christianisierung; unter der Führung von Herzog Widukind (oder Wittekind) kam es in den Jahren 778 bis 785 n.Ch. zu heftigen Aufständen gegen die Franken. Erst nach mehreren Niederlagen mußte Widukind die Vormachtstellung Karls des Großen anerkennen und ließ sich im Jahre 785 n.Ch. taufen.
Wir besitzen heute nur wenige, unklare geschichtliche Quellen über die Ereignisse um Herzog Widukind; umso mehr aber wurden im Volk Sagen über seine Person erzählt.

Das Todesanzeichen

Am Abend vor Allerheiligen 1831 waren ein Glaser und ein anderer Bürger aus Durlach mit einer Fuhre Wein, den sie in der Bruchsaler Gegend gekauft hatten, auf dem Heimweg. Der Mond schien hell, und die zwei Männer schritten weit hinter ihrem Fuhrwerk her. Als sie zwischen acht und neun Uhr in die Nähe von Untergrombach kamen, sahen sie jenseits des Straßengrabens einen Reiter. Der ritt im Schritt neben ihnen her und trug einen Federbusch auf dem Kopf, genau wie sein Pferd. Der Glaser meinte, es sei einer, der sie foppen wollte, sprang hin und versetzte ihm einen Stockstreich. Allein er traf einen Erlenbaum, und Reiter und Roß waren verschwunden.
Nicht ohne Grauen begaben sich die Männer zu ihrem Weinwagen. Aber bald bemerkten sie und der Fuhrmann wieder jenseits am Graben eine einspännige Kutsche. Darin saß ein Geharnischter mit Helmfedern. Sein Pferd trug einen Federbusch, gleich einem Leichenroß. Ein Mann ging

nebenher und führte es am Zügel. Statt dieser Kutsche zeigte sich später eine zweispännige. Wieder saß der Geharnischte darin, und die Pferde hatten ebenfalls Federbüsche und Führer. Bis an die Steige oberhalb von Weingarten begleitete die Kutsche die Weinfuhre. Dort aber war sie plötzlich fort und ließ sich auch nachher nicht mehr sehen.
Zwei Tage darauf wurde der Glaser krank. Er sagte gleich, daß die Erscheinungen seinen bevorstehenden Tod bedeutet hätten. Und wirklich starb er nach weiteren neunzehn Tagen.

- Gliedere den Text in vier Sinnabschnitte, und mache dir anhand der Gliederung den Verlauf des Geschehens deutlich.
- Welche Erzählelemente dieser Sage haben Bezug zur Wirklichkeit?
- Erklärt die Überschrift der Sage.
- Versucht eine wirklichkeitsgetreue Erklärung für die rätselhaften Erscheinungen zu finden.

Sagen sind von vielen Schriftstellern aufgegriffen und neu erzählt worden, so auch von Otfried Preußler, dessen Kinderbücher „Die kleine Hexe“ oder „Der Räuber Hotzenplotz“ ihr sicher kennt.
Sein Sagenbuch hat er „Zwölfe hat's geschlagen“ genannt.

Otfried Preußler
Vergiß das Beste nicht!

In der Neujahrsnacht hatte sich eine arme Häuselfrau aus der Ortschaft Weißbach im Tal der Wittig mit ihrem Kind auf dem Heimweg verspätet. Das Kind war noch klein, sie trug es in einem Tuch auf dem Rücken. Müde stapfte sie durch die verschneiten Wälder heimwärts, auf Weißbach zu. Da fügte sich's, daß sie gerade bei Anbruch der Mitternachtsstunde an einer Felsengruppe vorüberkam, die bei den Leuten die Hainskirche heißt. Und kaum hatten, von der Wallfahrtskirche Maria Haindorf herüber, die Neujahrsglocken zu läuten begonnen, da tat sich ein Tor in den Felsen der Hainskirche auf, daraus strahlten der Frau aus der Bergestiefe die unermeßlichsten Schätze entgegen. Nur so gefunkelt hat es von Gold und Silber, von Edelsteinen und blanken Münzen.
Im ersten Augenblick ist die Weißbacher Häuselfrau von dem unerwarteten Glanz geblendet. Erschrocken bedeckt sie mit beiden Händen die Augen. Dann hört sie ganz deutlich den Ruf einer Stimme, die keines Menschen Stimme ist. „Nimm von allem, soviel du tragen kannst!“ ruft sie ihr zu. „Doch vergiß das Beste nicht!“
Die Häuselfrau faßt sich ein Herz. Nie wieder im Leben wird sich ihr eine solche Gelegenheit bieten. Entschlossen betritt sie die Felsenhöhle. Um die Hände frei zu haben, legt sie das schlafende Kind neben dem Eingang auf einer Braupfanne nieder, die bis zum Rand mit Dukaten angefüllt ist. Dann

macht sie sich über den Reichtum her. Blindlings packt sie in ihre Schürze hinein, was sie nur erwischen kann: Ringe, Ketten und Münzen, wie es gerade kommt. Und abermals läßt sich die Stimme vernehmen, die keines Menschen Stimme ist: „Spute dich, Frau! Du hast Zeit bis zum letzten Glockenschlag – doch vergiß das Beste nicht!"

Die arme Häuselfrau überlegt nicht lang. Schon ist die Schürze bis zum Zerreißen angefüllt. Schon stürzt sie mit ihren Schätzen dem Ausgang der Höhle zu. Reich wird sie sein, von jetzt an! Das Kind wird für immer und alle Zeiten genug zum Essen haben! Und warme Kleider und feste Schuhe! Da läßt sich zum dritten Male die Stimme vernehmen, die keines Menschen Stimme ist, und wieder erschallt die Mahnung: „Vergiß das Beste nicht!" Die Häuselfrau hastet ins Freie hinaus. Die letzten Schläge der Neujahrsglocken sind kaum verklungen, da schließt sich mit lautem Dröhnen das Felsentor hinter ihr.

Ja – und da steht sie nun in der Wintersnacht. Zu Tode erschrocken steht sie nun da, die vormals arm gewesene Weißbacher Häuselfrau. Zwar besitzt sie nun eine pralle Schürze voll Gold und Silber – aber das Beste von allem, das Beste hat sie, von jäher Habgier geblendet, im Reich der Tiefe zurückgelassen: ihr eigenes Kind. Und nie mehr in diesem Leben wird sie es wiedersehen, nie mehr wird sie es an die Brust nehmen dürfen. Da läßt sie die Schätze fallen, die arme, die plötzlich reichgewordene Häuselfrau. Schreiend und sich das Haar raufend, läuft sie hinaus in die kalte Wintersnacht, ärmer als je zuvor.

Wie geht die Geschichte weiter? Manche Gewährsleute wollen wissen, das Kind sei für immer verloren geblieben. Andere wissen es anders, sie wissen es besser und tröstlicher.

[...]

- „Vergiß das Beste nicht!" – Wer könnte diese Warnung ausgesprochen haben? Warum hört die Frau nicht auf die Warnung?
- Erfindet einen „besseren und tröstlicheren" Schluß für diese Sage.
- Otfried Preußler hat die alte Sage aus dem Riesengebirge in unsere heutige Sprache übertragen.
  Macht es ebenso wie er, und erzählt die Sage von den Eggester Steinen mit euren eigenen Worten. Stellt euch dabei vor, ihr erzählt für Kinder eures Alters.
- Sagen könnt ihr auch selbst erfinden. Sicherlich gibt es in eurer Umgebung ein sehr altes Gebäude (z.B. eine Ruine), einen Brunnen oder eine landschaftliche Besonderheit (eine Höhle, einen auffälligen Berg oder ähnliches). Wählt ein Beispiel aus, und laßt euch eine Sage dazu einfallen. Beachtet bei eurer Erzählung, was ihr in diesem Kapitel über Sagen gelernt habt.

Von Schelmen und Narren

Lauter Lügen?! Der Freiherr von Münchhausen erzählt

Sicher kennen die meisten von euch die Lügengeschichten von Münchhausen.
Aber wißt ihr auch, daß der „Lügenbaron" tatsächlich gelebt hat?
Der Lexikonartikel informiert euch.

Münchhausens Geburtshaus in Bodenwerder

Münchhausen, Karl Friedrich Hieronymus Freiherr von, genannt „der Lügenbaron", * Bodenwerder (Weser) 11. Mai 1720, † ebd. 22. Februar 1797,

deutscher Offizier. Seinen Freundeskreis unterhielt er durch unglaubliche Abenteuergeschichten. Diese Geschichten wurden weitererzählt, aufgeschrieben u. um Erzählungen anderer Herkunft vermehrt. Gottfried August Bürger gab die bekannteste Sammlung von Münchhausengeschichten heraus.

Das große Duden-Schülerlexikon

Der Freiherr von Münchhausen hat seine Geschichten nicht selbst aufgeschrieben. Sie sind aber so bekannt geworden, daß andere Leute sie aufgeschrieben und weitergegeben haben.
Die erste Buchausgabe der Lügengeschichten erschien dann in England, natürlich in englischer Sprache! Dort hat sie der deutsche Schriftsteller Gottfried August Bürger (1747–1794) entdeckt und in die deutsche Sprache übersetzt.

Das Titelblatt der deutschen Erstausgabe sieht so aus:

Wunderbare

Reisen

zu

Wasser und Lande,

Feldzüge und lustige Abentheuer

des

Freyherrn von Münchhausen,

wie er dieselben bey der Flasche im Cirkel seiner Freunde selbst zu erzählen pflegt.

Aus dem Englischen nach der neuesten Ausgabe übersetzt, hier und da erweitert und mit noch mehr Kupfern gezieret.

London 1786.

- Woran könnt ihr erkennen, daß das Buch schon vor langer Zeit erschienen ist?
- Zeigt, daß das Titelblatt Auskunft darüber gibt, wem Münchhausen seine Geschichten erzählt und bei welcher Gelegenheit er das getan hat.

Nach Gottfried August Bürger haben viele Schriftsteller die Münchhausengeschichten neu erzählt. Zu ihnen gehört auch Erich Kästner, dessen Jugendbücher ihr sicher kennt.

Eines steht fest, und daran ist nicht zu wackeln: Der Baron von Münchhausen, der in diesem Buch einige seiner Abenteuer erzählt, hat wirklich gelebt, und zwar vor etwa 200 Jahren.
Wir wüßten heute nichts mehr von ihm, hätte er nicht beim Punsch ganz erstaunliche Geschichten erzählt. Mitten in Berichten über Reisen, die er wirklich gemacht, und über Kriege, an denen er wirklich teilgenommen hat, tischt Münchhausen uns Lügen auf, daß sich die Balken biegen!
Durch Lügen kann man also berühmt werden?
Freilich! Aber nur, wenn man so lustig, so fantastisch, so treuherzig und so verschmitzt zu lügen versteht wie Münchhausen.

Buchgruppe: Märchen und Sagen

Ravensburger Taschenbücher

- Vergleicht den Klappentext des Buches mit dem Lexikonartikel auf S. 32. Stellt Gemeinsamkeiten und Unterschiede heraus.
- Was könnte Erich Kästner gereizt haben, die Geschichten von Münchhausen neu zu erzählen?

Zum Vergleich findet ihr im folgenden die gleiche Geschichte in zwei Fassungen vor – einmal von Gottfried August Bürger und einmal von Erich Kästner erzählt.

Gottfried August Bürger

[...]

Ich ließ das gut sein und ritt weiter, bis Nacht und Dunkelheit mich überfielen. Nirgends war ein Dorf zu hören noch zu sehn. Das ganze Land lag unter Schnee; und ich wußte weder Weg noch Steg. Des Reitens müde, stieg ich endlich ab und band mein Pferd an eine Art von spitzem Baumstaken, der über dem Schnee hervorragte. Zur Sicherheit nahm ich meine Pistolen unter den Arm, legte mich nicht weit davon in den Schnee nieder und tat ein so gesundes Schläfchen, daß mir die Augen nicht eher wieder aufgingen, als bis es heller lichter Tag war. Wie groß aber war mein Erstaunen, als ich fand, daß ich mitten in einem Dorfe auf dem Kirchhofe lag! Mein Pferd war anfänglich nirgends zu sehn, doch hörte ich's bald darauf irgendwo über mir wiehern. Als ich nun emporsah, so wurde ich gewahr, daß es an den Wetterhahn des Kirchturms gebunden war und von da herunterhing. Nun wußte ich sogleich, wie ich dran war. Das Dorf war nämlich die Nacht über ganz und gar zugeschneiet gewesen; das Wetter hatte sich auf einmal umgesetzt; ich war im Schlafe nach und nach, so wie der Schnee zusammengeschmolzen war, ganz sanft herabgesunken; und was ich in der Dunkelheit für den Stummel eines Bäumchens, der über dem Schnee hervorragte, gehalten und daran mein Pferd gebunden hatte, das war das Kreuz oder der Wetterhahn des Kirchturmes gewesen. Ohne mich nun lange zu bedenken, nahm ich eine von meinen Pistolen, schoß nach dem Halfter, kam glücklich auf die Art wieder an mein Pferd und verfolgte meine Reise.

Erich Kästner

Das Pferd auf dem Kirchturm

Meine erste Reise nach Rußland unternahm ich mitten im tiefsten Winter. Denn im Frühling und im Herbst sind die Straßen und Wege in Polen, Kurland und Livland vom Regen so zerweicht, daß man steckenbleibt, und im Sommer sind sie knochentrocken und so staubig, daß man vor lauter Husten nicht vorwärts kommt. Ich reiste also im Winter und, weil es am praktischsten ist, zu Pferde. Leider fror ich jeden Tag mehr, denn ich hatte einen zu dünnen Mantel angezogen, und das ganze Land war so zugeschneit, daß ich oft genug weder Weg noch Steg sah, keinen Baum, keinen Wegweiser, nichts, nichts, nur Schnee.

Eines Abends kletterte ich, steif und müde, von meinem braven Gaul herunter und band ihn, damit er nicht fortliefe, an einer Baumspitze fest, die aus dem Schnee herausschaute. Dann legte ich mich, nicht weit davon, die Pistolen unterm Arm, auf meinen Mantel und nickte ein.

Als ich aufwachte, schien die Sonne. Und als ich mich umgeschaut hatte, rieb ich mir erst einmal die Augen. Wißt ihr, wo ich lag? Mitten in einem Dorf, und noch dazu auf dem Kirchhof! Donner und Doria! dachte ich. Denn wer liegt schon gerne kerngesund, wenn auch ziemlich verfroren, auf einem Dorfkirchhof? Außerdem war mein Pferd verschwunden! Und ich hatte es doch neben mir angepflockt!

Plötzlich hörte ich's laut wiehern. Und zwar hoch über mir! Nanu! Ich blickte hoch und sah das arme Tier am Wetterhahn des Kirchturms hängen! Es wieherte und zappelte und wollte begreiflicherweise wieder herunter. Aber wie, um alles

in der Welt, war's denn auf den Kirchturm hinaufgekommen?
Allmählich begriff ich, was geschehen war. Also: Das Dorf mitsamt der Kirche war eingeschneit gewesen, und was ich im Dunkeln für eine Baumspitze gehalten hatte, war der Wetterhahn der Dorfkirche gewesen! Nachts war dann das Wetter umgeschlagen. Es hatte getaut. Und ich war, während ich schlief, mit dem schmelzenden Schnee Zentimeter um Zentimeter hinabgesunken, bis ich zwischen den Grabsteinen aufwachte.
Was war zu tun? Da ich ein guter Schütze bin, nahm ich eine meiner Pistolen, zielte nach dem Halfter, schoß ihn entzwei und kam auf diese Weise zu meinem Pferd, das heilfroh war, als es wieder Boden unter den Hufen hatte. Ich schwang mich in den Sattel, und unsre abenteuerliche Reise konnte weitergehen.

- Was hat Erich Kästner der Vorlage entnommen? Welche Stellen hat er ausgeschmückt? Stellt Beispiele gegenüber.
- Sucht Textstellen in der Erzählung von Kästner, in denen sich der Erzähler an seine Zuhörer wendet. Überlegt, was er damit beabsichtigt.

Ihr findet im folgenden zwei weitere Lügengeschichten abgedruckt, die Gottfried August Bürger aufgeschrieben hat.

[...]
So leicht und fertig ich im Springen war, so war es auch mein Pferd. Weder Graben noch Zäune hielten mich jemals ab, überall den geradesten Weg zu reiten. Einst setzte ich darauf hinter einem Hasen her, der querfeldein über die Heerstraße lief. Eine Kutsche mit zwei schönen Damen fuhr diesen Weg gerade zwischen mir und dem Hasen vorbei. Mein Gaul setzte so schnell und ohne Anstoß mitten durch die Kutsche hindurch, wovon die Fenster aufgezogen waren, daß ich kaum Zeit hatte, meinen Hut abzuziehen und die Damen wegen dieser Freiheit untertänigst um Verzeihung zu bitten.
G. A. Bürger

[...]
Ein anderes Mal wollte ich über einen Morast setzen, der mir anfänglich nicht so breit vorkam, als ich ihn fand, da ich mitten im Sprunge war. Schwebend in der Luft, wendete ich daher wieder um, wo ich hergekommen war, um einen größern Anlauf zu nehmen. Gleichwohl sprang ich auch

zum zweiten Male noch zu kurz und fiel weit vom andern Ufer bis an den Hals in den Morast. Hier hätte ich ohnfehlbar umkommen müssen, wenn nicht die Stärke meines eigenen Armes mich an meinem eigenen Haarzopfe, samt dem Pferde, welches ich fest zwischen meine Knie schloß, wieder herausgezogen hätte.

G. A. Bürger

- Erzählt die Geschichten neu.
  Beginnt eure Erzählung damit, daß Münchhausen in eurem Freundeskreis sitzt. Ihr bittet ihn, eines seiner Abenteuer für euch zu erzählen.
  Erzählt spannend und anschaulich, dazu könnt ihr
  – wörtliche Rede und die Gedanken und Gefühle der beteiligten Personen erfinden,
  – die Handlung unterbrechen und den Zuhörer ansprechen,
  – Geschehnisse ausschmücken.
  Erfindet auch eine Überschrift.

Nun dürft ihr kräftig flunkern und neue Münchhausengeschichten erfinden.

- Stellt euch vor, der Baron von Münchhausen sitzt in eurem Freundeskreis, und ihr bittet ihn, eines seiner Reiseabenteuer zu erzählen.
  Münchhausen erzählt von einem Unfall, den er seinerzeit in Indien beobachtete, und wie er, Münchhausen, die Insassen aus dem Auto befreite, nachdem er zuvor den Elefanten vertrieben hatte.

Rache des Elefanten

Einen erdrückenden Beweis seines Zornes hat ein indischer Elefant seinem vierrädrigen Peiniger geliefert: Als ihn nahe der zentralindischen Stadt Indore ein Pkw anfuhr und am rechten Hinterbein verletzte, setzte sich der tonnenschwere Dickhäuter kurzentschlossen auf die Kühlerhaube. Das irreparabel beschädigte Gefährt deformierte sich dabei derart, daß die vier Insassen keine Tür mehr öffnen konnten.

(Süddeutsche Zeitung, 16.3.91)

Langfinger eingefangen in der Kassen-Klemme

Potsdam (AP) – Seine allzugroße Begierigkeit hat einen Räuber bei einem Überfall im Kreis Brandenburg arg in die Klemme gebracht. Wie die Potsdamer Polizei am Donnerstag mitteilte, betrat der Mann mit einer Axt bewaffnet eine Konsum-Verkaufsstelle in Glienicke und verlangte von der Verkäuferin die Herausgabe ihrer Einnahmen. Die Frau verweigerte dies, woraufhin er selbst die Registrierkasse öffnete und hineingriff. Gedankenschnell schlug die Verkäuferin in diesem Moment die Kassenlade zu.

(Süddeutsche Zeitung, 30./31.3.91)

14jährige leicht verletzt

Schlafwandlerin fuhr gegen Baum

Bielefeld (Eig. Ber.). Im Schlaf ist ein 14jähriges Mädchen, das seit seinem zweiten Lebensjahr an Somnambulismus (Schlafwandeln) leidet, nachts mit dem Wagen seines Vaters verunglückt. Ohne daß es die Eltern merkten, war das Kind in der Nacht aufgestanden, hatte sich die Autoschlüssel genommen und war mit dem Wagen losgefahren.

(Lippische Landeszeitung, 28.12.90)

- Laßt euch auch zu den anderen Zeitungsberichten neue Münchhausengeschichten einfallen.
  Beachtet beim Erzählen, was ihr in diesem Kapitel über das Nacherzählen einer Geschichte gelernt habt.

Beim Wort genommen – Till Eulenspiegel und seine Streiche

Mindestens so bekannt wie die Lügengeschichten Münchhausens, aber sehr viel älter, sind die Geschichten über Till Eulenspiegel. Der Braunschweiger Zollschreiber Hermann Bote hat sie um das Jahr 1510 zum erstenmal aufgeschrieben und veröffentlicht. Als mündliche Erzählungen waren sie aber schon viel länger bekannt. Ob Till Eulenspiegel (manchmal wird er auch Dyl Ulenspiegel geschrieben) wirklich gelebt hat, ist unsicher. Er soll angeblich in Kneitlingen bei Braunschweig um 1300 geboren und 1350 in Mölln bei Lübeck gestorben sein.
Tatsache ist auf jeden Fall, daß seit Jahrhunderten die Streiche von Till immer wieder erzählt werden und die Menschen zu jeder Zeit ihren Spaß daran hatten.

Das III blat
Die erst histori sagt wie Thiel Vlenspiegel geboren/vnd zů dreien malen eins tags ge- döfft ward vnd wer sein douff gőtel waren.

Bei dē wald melbe genant in dē lād zů sachssen/in dē dorff Knetlingē da ward Vlēspiegel geborē vñ sein vatter hieß Claus vlēspiegel vñ sein műter Ann wibckē vñ da sie des kīds gnas schicktē sies gē Amplenē in dz dorff zů dē tauff/vñ liessen es heissen Dyl vlnspiegel/

Hier seht ihr den Nachdruck einer Ausgabe der Till Eulenspiegel-Geschichten aus dem Jahr 1550.

- Versucht, den Text zu verstehen und in eure Sprache zu übertragen. Als Hilfe sind die Zeilen noch einmal in der euch bekannten Druckschrift aufgeschrieben, allerdings etwas vereinfacht.
  Die erst histori sagt wie Thiel Ulenspiegel geboren/und zu dreien malen eins tags gedoefft ward und wer sein douff goetel waren.
  Bei dem wald melbe genant in dem land zu sachsen in dem dorff knetlingen da ward Ulenspiegel geboren und sein vatter hieß Claus ulenspiegel und sein muter Ann wibcke und da sie des kinds genas schickte sies gen Amplenen in das dorf zu der tauff/ und liessen es heissen Dyl ulenspiegel...

Ebenso wie die Münchhausengeschichten hat Erich Kästner die Streiche von Till Eulenspiegel neu erzählt.

Erich Kästner
Wie Eulenspiegel dreimal getauft wurde

Es ist traurig, aber wahr. Der arme Junge wurde dreimal getauft! Wer weiß, vielleicht trug das daran Schuld, daß er später so ein komischer Vogel wurde. Möglich ist ja alles. Na ja. Geboren wurde der kleine Eulenspiegel jedenfalls nur einmal. Und zwar zwischen Lüneburg und Braunschweig, in dem Dorf Kneitlingen. Und weil Kneitlingen so klein war, daß es keine Kirche hatte, mußte der Junge in Ampleben getauft werden. Ampleben hatte eine Kirche, und der Pastor hieß Arnolff Pfaffenmeyer.

Pastor Pfaffenmeyer machte seine Sache sehr schön. Eulenspiegels Mutter war zwar im Bett geblieben, weil sie krank war. Aber die anderen Frauen, die mit nach Ampleben in die Kirche gekommen waren, fanden die Feierlichkeit großartig, obwohl der kleine Till ziemlich brüllte. Das war seine erste Taufe.

Hinterher gingen alle ins Wirtshaus. Erstens, weil Eulenspiegels Vater sie eingeladen hatte, und zweitens, weil sie Durst hatten. So etwas kann vorkommen. Es gab Freibier. Es wurden Reden gehalten. Und die Hebamme, die das Steckkissen mitsamt dem Baby von Kneitlingen nach Ampleben getragen und hier übers Taufbecken gehalten hatte, hatte den größten Durst und trank am meisten. Als sie nun am späten Nachmittag aufbrachen, um nach Kneitlingen heimzuwandern, hatte die ganze Gesellschaft einen sanften Schwips. Die Hebamme natürlich auch. Und als sie über einen schmalen Brückensteg wegmußten, der kein Geländer hatte, bekam die Hebamme einen Schwindelanfall und purzelte, hast du nicht gesehen, von dem Steg in den Bach hinunter. Mitsamt dem Steckkissen und dem kleinen Till. Das war seine zweite Taufe. Passiert war den beiden weiter nichts. Sie sahen nur maßlos dreckig aus. Denn der Bach war, so mitten im Sommer, ziemlich ausgetrocknet und voller Schlamm. Die Hebamme heulte. Eulenspiegels Vater schimpfte. Und der kleine Till schrie wie am Spieß. Kinder, sah der Junge schmutzig aus! Er wäre fast erstickt.

Als sie in Kneitlingen ankamen, wurde Till sofort in die Badewanne gesteckt und so lange mit Wasser begossen, bis er wieder manierlich aussah. Und das war nun sozusagen seine dritte Taufe.

Als Pastor Pfaffenmeyer am nächsten Tag von der Sache erfuhr, schüttelte er sein graues Haupt und sagte: „Wenn das nur gut geht mit dem Jungen! Dreimal getauft werden, das hält kein Kind aus. Was zuviel ist, ist zuviel!" Und damit sollte Pastor Pfaffenmeyer ja nun wirklich recht behalten.

- Vergleicht den Anfang von Erich Kästners Erzählung mit der Originalfassung von Hermann Bote.
  Was hat Kästner hinzugefügt? Was hat er ausgelassen?
  Welche Darstellung wirkt eher sachlich, welche eher anschaulich?
- Wie versteht ihr den letzten Abschnitt von Kästners Erzählung? Denkt an die Redensart: Jemand ist mit allen Wassern gewaschen.

Hermann Bote
Till Eulenspiegel

Die 3. Historie sagt,
wie Claus Eulenspiegel von Kneitlingen hinweg zog an den Fluß Saale, woher Tills Mutter gebürtig war, dort starb, und wie sein Sohn auf dem Seil gehen lernte.

Eulenspiegel wollte kein Handwerk lernen und war doch schon etwa 16 Jahre alt. Aber er tummelte sich und lernte mancherlei Gauklerei.
Eulenspiegels Mutter wohnte in einem Haus, dessen Hof an die Saale ging. Und Eulenspiegel begann, auf dem Seile zu gehen. Das trieb er zuerst auf dem Dachboden des Hauses, weil er es vor der Mutter nicht tun wollte. Denn sie konnte seine Torheit nicht leiden, daß er sich so auf dem Seil tummelte, und drohte, ihn deshalb zu schlagen. Einmal erwischte sie ihn auf dem Seil, nahm einen großen Knüppel und wollte ihn herunterschlagen. Da entrann er ihr zu einem Fenster hinaus, lief oben auf das Dach und setzte sich dort hin, so daß sie ihn nicht erreichen konnte.
Das währte so lange mit ihm, bis er ein wenig älter wurde. Dann fing er wieder an, auf dem Seil zu gehen, und zog das Seil oben von seiner Mutter Hinterhaus über die Saale in ein Haus gegenüber. Viele junge und alte Leute bemerkten das Seil, darauf Eulenspiegel laufen wollte. Sie kamen herbei und wollten ihn darauf gehen sehen; und sie waren neugierig, was er doch für ein seltsames Spiel beginnen oder was er Wunderliches treiben wollte.
Als nun Eulenspiegel auf dem Seil im besten Tummeln war, bemerkte es seine Mutter; und sie konnte ihm nicht viel darum tun. Doch schlich sie heimlich hinten in das Haus auf den Boden, wo das Seil angebunden war, und schnitt es entzwei. Da fiel ihr Sohn Eulenspiegel unter großem Spott ins Wasser und badete tüchtig in der Saale. Die Bauern lachten sehr, und die Jungen riefen ihm laut nach: „Hehe, bade nur wohl aus! Du hast lange nach dem Bade verlangt!"
Das verdroß Eulenspiegel sehr. Das Bad machte ihm nichts aus, wohl aber das Spotten und Rufen der jungen Buben. Er überlegte, wie er ihnen das wieder vergelten und heimzahlen wollte. Und also badete er aus, so gut er es vermochte.

Diese Geschichte läßt sich gut aus der Sicht der Mutter und aus der Sicht der Dorfbewohner darstellen.

- Stellt zunächst zusammen, was der Leser der Geschichte über Till und über seine Mutter erfährt.
- Beschreibt das Verhalten der Dorfbewohner vor und nach Tills Seiltanz.
- Erklärt die Redewendung: Jemand muß eine Sache ausbaden. Überlegt, wie diese Redewendung in der Geschichte verstanden wird.
- Bildet nun zwei Gruppen in der Klasse.
  Die erste Gruppe stellt sich vor, die Mutter erzählt am Tag später ihrer Nachbarin, was sie über Till denkt und warum sie das Seil durchgeschnitten hat. Laßt die Mutter auch erzählen, was sie bei Tills unfreiwilligem Bad empfunden hat.
  Die zweite Gruppe versetzt sich in einen Dorfbewohner, der den Seiltanz gesehen hat, und läßt ihn die Geschichte am Abend im Kreis seiner Freunde erzählen.

Beachtet, was ihr über das Nach- und Neuerzählen einer Geschichte gelernt habt (S. 37).

Hier ist nun die Fortsetzung der Geschichte von Tills Seiltanz:

Hermann Bote

Die 4. Historie sagt,

wie Eulenspiegel den Jungen etwa zweihundert Paar Schuhe von den Füßen abschwatzte und machte, daß sich alt und jung darum in die Haare gerieten.

Kurze Zeit danach wollte Eulenspiegel seinen Schaden und den Spott wegen des Bades rächen, zog das Seil aus einem anderen Haus über die Saale und zeigte den Leuten an, daß er abermals auf dem Seil gehen wolle. Das Volk sammelte sich bald dazu, jung und alt. Und Eulenspiegel sprach zu den Jungen: jeder solle ihm seinen linken Schuh geben, er wolle ihnen mit den Schuhen ein hübsches Stück auf dem Seil zeigen. Die Jungen glaubten das, und alle meinten, es sei wahr, auch die Alten. Und die Jungen huben an, die Schuhe auszuziehen, und gaben sie Eulenspiegel. Es waren der Jungen beinahe zwei Schock, das sind zweimal sechzig. Die Hälfte der Schuhe wurde Eulenspiegel gegeben. Da zog er sie auf eine Schnur und stieg damit auf das Seil. Als er nun auf dem Seil war und hatte die Schuhe mit oben, sahen die Alten und Jungen zu ihm hinauf und meinten, er wolle ein lustig Ding damit tun. Aber ein Teil der Jungen war betrübt, denn sie hätten ihre Schuhe gern wiedergehabt.
Als nun Eulenspiegel auf dem Seil saß und seine Kunststücke machte, rief er auf einmal: „Jeder gebe acht und suche seinen Schuh wieder!“ Und damit schnitt er die Schnur entzwei und warf die Schuhe alle von dem Seil auf die Erde, so daß ein Schuh über den andern purzelte. Da stürzten die Jungen und Alten herzu, einer erwischte hier einen Schuh, der andere dort.

Der eine sprach: „Dieser Schuh ist mein!“ Der andere sprach: „Du lügst, er ist mein!“ Und sie fielen sich in die Haare und begannen sich zu prügeln. Der eine lag unten, der andere oben; der eine schrie, der andere weinte, der dritte lachte. Das währte so lange, bis auch die Alten Backenstreiche austeilten und sich bei den Haaren zogen.

Derweil saß Eulenspiegel auf dem Seil, lachte und rief: „Hehe, sucht nun die Schuhe, wie ich kürzlich ausbaden mußte!“ Und er lief von dem Seil und ließ die Jungen und Alten sich um die Schuhe zanken.

Danach durfte er sich vier Wochen lang vor den Jungen oder Alten nicht sehen lassen. Er saß deshalb im Hause bei seiner Mutter und flickte Helmstedter Schuhe. Da freute sich seine Mutter sehr und meinte, es würde mit ihm noch alles gut werden. Aber sie kannte nicht die Geschichte mit den Schuhen und wußte nicht, daß er wegen dieses Streichs nicht wagte, vors Haus zu gehen.

- Um sich für den Spott wegen seines unfreiwilligen Bades zu rächen, legt sich Till einen Plan zurecht:
  Denen werde ich es schon zeigen, die sollen mich kennenlernen! Morgen rufe ich alle Dorfbewohner zusammen und kündige ihnen ein neues Kunststück auf dem Seil an. Ich werde ausrufen: „.....“
  Erzählt weiter.

Till Eulenspiegels Seiltanz
Holzschnitt von Bruno Karberg

In den folgenden Jahren ist Till viel herumgezogen und hat bei den verschiedensten Handwerksmeistern gearbeitet. Allerdings bekam er immer wieder Streit mit den Meistern und mußte schnell weiterziehen. Warum das so war, erfahrt ihr in der nächsten Geschichte.

Eulen und Meerkatzen Niederdeutsches Volksbuch

Hunger tut weh. Diese alte Weisheit erfuhr Till am eigenen Leibe. Darum nahm er sich vor, ein nahrhaftes Handwerk zu ergreifen. Er entschied sich für das Bäckergewerbe. Ein Bäcker hat immer Brot, er braucht nie zu fasten, dachte er. Er ging also nach Braunschweig und suchte einen Bäckermeister auf. Als dieser hörte, daß Till das Gewerbe erlernt habe, war er froh; denn er brauchte gerade einen Gesellen, zumal am andern Tage Ostern gefeiert werden sollte, wo jeder Braunschweiger gutes Weißbrot essen will.

„Ich will dich als Bäckerknecht annehmen“, sagte er also, „und du kannst gleich in die Backstube gehen und backen. Ich will mich jetzt schlafen legen, morgen früh helfe ich dir.“

„Was soll ich backen, Meister?“ fragte Till. Der Meister war immer zu Späßen bereit: „Du willst ein Bäckerknecht sein und fragst erst lange, was du backen sollst? Was wirst du zu backen haben? Eulen und Meerkatzen!“

Damit ging der Meister zu Bett und ließ den neuen Gesellen arbeiten. Der aber dachte: Der Meister soll sich in mir nicht getäuscht haben, ich will ihm gehorsam sein. Zu lauter Eulen formte er den Teig und zu Meerkatzen, solchen kleinen Äffchen, wie sie die Gaukler an den Jahrmärkten sehen lassen. Besonders gut gerieten ihm die Eulen, denn er war seinem Namen zuliebe früher schon öfters auf den Einfall gekommen, aus Sand oder Ton dergleichen herzustellen.

Am Morgen kam der Meister gerade recht, als der neue Geselle das wunderliche Gebäck aus dem Ofen zog. Da machte er große Augen und schrie: „Was hast du da gebacken?“ „Was Ihr mich geheißen habt, Eulen und Meerkatzen“, antwortete der Schalk. „Was fällt dir ein?“ rief der Meister erbost. „Wer heißt dich einen Spaß so ernst nehmen? Semmeln, Wecken und Brötchen sollst du mir backen, wie das in jeder Backstube üblich ist. Du Narr, was soll ich mit dem Zeug? Das kauft mir kein Mensch ab!“

Er redete sich immer mehr in Hitze, wurde handgreiflich und brüllte Eulenspiegel an: „Jetzt bezahlst du mir den Teig, du Schelm! Ich will mein Geld wieder haben, oder du sollst sehen, daß es noch Richter gibt in Braunschweig!“

„Wenn ich den Teig bezahlen soll, dann gehört mir auch das Gebäck“, sagte Till.

„Was gehen mich deine Eulen und Meerkatzen an“, entgegnete der ergrimmte Mann, „die kauft dir doch kein Mensch ab, ich will sie nicht in meinem Laden haben! Zahle mir den Teig, und trolle dich mit deiner Narretei auf Nimmerwiedersehen!“

Es half nichts, Till mußte in seinen mageren Beutel greifen und den Teig bezahlen. Er hatte die Arbeit einer Nacht und sein Geld verloren und fing an, sich über seinen Narrenstreich zu ärgern. In dieser Stimmung ging er in die Herberge „Zum wilden Mann“ und überlegte, was er wohl tun könne. Da hörte er, wie in der Wirtsstube ein reisender Kaufmann, der hier übernachtet hatte, zu einem andern sagte: „Ich sage euch, man kann noch so seltsame Dinge nach Braunschweig bringen, man gewinnt doch Geld damit.“

Aha, dachte Till, lieh sich einen Tisch und stellte sich vor die Kirche. Laut und fröhlich pries er seine Waren an: „Kauft schöne Eulen und Meerkatzen! Schöne frische und seltene Ware zum Osterfeste! Tafelgebäck des Erzbischofs von Magdeburg, des Königs von Dänemark und anderer regierender Herren! Kauft Meerkatzen!“

Da nun die Braunschweiger an Feiertagen gern etwas Besonderes essen, so fanden sich rasch Käufer. Bald war der Vorrat bis auf das letzte Stück verkauft, der lustige Schalk hätte das Doppelte und Dreifache absetzen können, wenn er es gehabt hätte, und die Hauptsache: er löste aus dem wunderlichen Gebäck mehr Geld, als er dem Bäcker für den Teig gegeben hatte. Das erfuhr der Bäcker, und es verdroß ihn heftig. Spornstreichs lief er vor die Kirche, um von Eulenspiegel noch Geld für die Benutzung seines Backofens und für das verbrannte Holz zu fordern. Aber Till, der wohl geahnt hatte, daß sein Meister zu ihm kommen würde, war längst über alle Berge.

- Gebt den Inhalt der Geschichte mit eigenen Worten wieder.
- Beurteilt das Verhalten Tills. Ist der Bäckermeister zu Recht zornig auf Till?
- Überlegt, wer in dieser Geschichte zuletzt lacht.
- Laßt den Bäcker die Geschichte erzählen.
- Till Eulenspiegel-Geschichten könnt ihr auch selbst verfassen. Kern der Geschichte soll sein, daß Till einen Ausspruch seines Meisters wörtlich versteht und nicht, wie er gemeint war. Dazu eignen sich besonders Redensarten wie
  - jemandem den Kopf waschen
  - jemandem Honig ums Maul schmieren
  - jemandem den Buckel hinunterrutschen
  - auf die Tube drücken
  - Geld zum Fenster hinauswerfen
  - jemanden an der Nase herumführen
  - jemandem die Suppe versalzen
  - jemanden in die Pfanne hauen

  Überlegt euch, in was für einem Handwerksbetrieb die Geschichte spielen soll, wie Till dorthin gekommen ist und aus welchem Grund der Meister die Redensart benutzt. Macht auch die Absicht deutlich, mit der Till die Redensart wörtlich versteht.

  Hier sind zur Erinnerung noch einmal wichtige Erzähltips:
  - erzählt spannend und anschaulich,
  - erfindet wörtliche Rede, Gedanken und Gefühle der beteiligten Personen,
  - schmückt die Geschehnisse aus,
  - erfindet eine Überschrift.
- Wenn ihr eure Geschichten sammelt und zusammenheftet, habt ihr euer Till Eulenspiegel-Buch.

Seit alters her haben die Menschen Vergnügen daran gefunden, über die Dummheit und Mißgeschicke anderer Menschen zu lachen. So ist es nicht verwunderlich, daß es neben Till Eulenspiegel eine Reihe weiterer Schelme und Narren gibt, deren Streiche oder Mißgeschicke immer wieder erzählt werden, zum Beispiel: die Schildbürger, die Sieben Schwaben oder Hans Clauert, ein Schelm aus der Mark Brandenburg.

Auch andere Länder kennen solche Schelme und Narren: Nasreddin Hodscha, der türkische Till Eulenspiegel, die listige Dalilah, die ihre Streiche in Bagdad verübt hat, und andere mehr. In dem Buch „Eulenspiegel und anderes Narrenvolk“ von Ilse von Heyst (Spectrum Verlag, Stuttgart 1973) findet ihr Geschichten über diese Narren und Schelme. Es gibt aber auch andere Textsammlungen.

- Informiert euch in eurer Stadtbibliothek über einige dieser Figuren, und erzählt von ihnen in eurer Klasse.
- Fast allen bekannt sein dürfte Pippi Langstrumpf, deren Streiche von der schwedischen Autorin Astrid Lindgren aufgeschrieben worden sind.
  Erzählt euch von den Streichen Pippi Langstrumpfs (zum Beispiel Pippis erster Schultag).

Hereingelegt! Lehrreiche Gaunergeschichten

Johann Peter Hebel
Der Zahnarzt

Zwei Tagdiebe, die schon lange miteinander in der Welt herumgezogen, weil sie zum Arbeiten zu träg oder zu ungeschickt waren, kamen doch zuletzt in große Not, weil sie wenig Geld mehr übrig hatten und nicht geschwind wußten, wo nehmen. Da gerieten sie auf folgenden Einfall. Sie bettelten vor einigen Haustüren Brot zusammen, das sie nicht zur Stillung des Hungers genießen, sondern zum Betrug mißbrauchen wollten. Sie kneteten nämlich und drehten aus dem Weichen desselben lauter kleine Kügelein oder Pillen und bestreuten sie mit Wurmmehl aus altem, zerfressenem Holz, damit sie völlig aussahen wie die gelben Arzneipillen. Hierauf kauften sie für ein paar Batzen einige Bogen rotgefärbtes Papier bei dem Buchbinder (denn eine schöne Farbe muß gewöhnlich bei jedem Betrug mithelfen). Das Papier zerschnitten sie alsdann und wickelten die Pillen darein, je sechs bis acht Stücke in ein Päcklein. Nun ging der eine voraus in einen Flecken, wo eben Jahrmarkt war, und in den Roten Löwen, wo er viele Gäste anzutreffen hoffte. Er forderte ein Glas Wein, trank aber nicht, sondern saß ganz wehmütig in einem Winkel, hielt die Hand an den Backen, winselte halblaut für sich und kehrte sich unruhig bald so her, bald so hin. Die ehrlichen Landleute und Bürger, die im Wirtshaus waren, bildeten sich wohl ein, daß der arme Mensch ganz entsetzlich Zahnweh haben müsse. Aber was war zu tun? Man bedauerte ihn, man tröstete ihn, daß es schon wieder vergehen werde, trank sein Gläslein fort und machte seine Marktaffären* aus. Indessen kam der andere Tagdieb

* Marktgeschäfte

auch nach. Da stellten sich die beiden Schelme, als ob noch keiner den andern in seinem Leben gesehen hätte. Keiner sah den andern an, bis der zweite durch das Winseln des erstern, der im Winkel saß, aufmerksam zu werden schien. „Guter Freund," sprach er, „Ihr scheint wohl Zahnschmerzen zu haben?" und ging mit großen, aber langsamen Schritten auf ihn zu. „Ich bin der Doktor Schnauzius Rapunzius von Trafalgar," fuhr er fort. Denn solche fremde, volltönige Namen müssen auch zum Betrug behilflich sein wie die Farben. „Und wenn Ihr meine Zahnpillen gebrauchen wollt," fuhr er fort, „so soll es mir eine schlechte Kunst sein, Euch mit einer, höchstens zweien von Euern Leiden zu befreien." – „Das wolle Gott," erwiderte der andere Halunk. Hierauf zog der saubere Doktor Rapunzius eines von seinen roten Päcklein aus der Tasche und verordnete dem Patienten, ein Kügelein daraus auf den bösen Zahn zu legen und herzhaft darauf zu beißen. Jetzt streckten die Gäste an den andern Tischen die Köpfe herüber, und einer um den andern kam herbei, um die Wunderkur mit anzusehen. Nun könnt ihr euch vorstellen, was geschah. Auf diese erste Probe wollte zwar der Patient wenig rühmen, vielmehr tat er einen entsetzlichen Schrei. Das gefiel dem Doktor. Der Schmerz, sagte er, sei jetzt gebrochen, und gab ihm geschwind die zweite Pille zu gleichem Gebrauch. Da war nun plötzlich aller Schmerz verschwunden. Der Patient sprang vor Freuden auf, wischte den Angstschweiß von der Stirne weg, obgleich keiner daran war, und tat, als ob er seinem Retter zum Danke etwas Namhaftes in die Hand drückte. – Der Streich war schlau angelegt und tat seine Wirkung. Denn jeder Anwesende wollte nun auch von diesen vortrefflichen Pillen haben. Der Doktor bot das Päcklein für 24 Kreuzer, und in wenig Minuten waren alle verkauft. Natürlich gingen jetzt die zwei Schelme wieder einer nach dem andern weiters, lachten, als sie wieder zusammenkamen, über die Einfalt dieser Leute und ließen sich's wohl sein von ihrem Geld.

Das war teures Brot. So wenig für 24 Kreuzer bekam man noch in keiner Hungersnot. Aber der Geldverlust war nicht einmal das Schlimmste. Denn die Weichbrotkügelein wurden natürlicherweise mit der Zeit steinhart. Wenn nun so ein armer Betrogener nach Jahr und Tag Zahnweh bekam und in gutem Vertrauen mit dem kranken Zahn einmal und zweimal darauf biß, da denke man an den entsetzlichen Schmerz, den er, statt geheilt zu werden, sich selbst für 24 Kreuzer aus der eigenen Tasche machte. Daraus ist also zu lernen, wie leicht man kann betrogen werden, wenn man den Vorspiegelungen jedes hergelaufenen Landstreichers traut, den man zum erstenmal in seinem Leben sieht und vorher nie und nachher nimmer; und mancher, der dieses liest, wird vielleicht denken: „So einfältig bin ich zu meinem eigenen Schaden auch schon gewesen." Merke: Wer so etwas kann, weiß an andern Orten Geld zu verdienen, läuft nicht auf den Dörfern und Jahrmärkten herum mit Löchern im Strumpf oder mit einer weißen Schnalle am rechten Schuh und am linken mit einer gelben.

- In der Geschichte heißt es: „Der Streich war schlau angelegt" (Zeile 46). Tragt zusammen, welche Vorbereitungen die beiden Tagediebe getroffen haben, um ihren Streich durchzuführen.

- Erklärt, wie es ihnen gelingt, daß die Leute im Wirtshaus die Pillen kaufen.

Hinweise zum Spielen eines Textes erhaltet ihr im Kapitel „Spiel mit“

- Der angebliche Doktor und sein Patient müssen durch ihr Benehmen auf die Leute im Wirtshaus überzeugend wirken. Spielt die Szene im Wirtshaus (Zeile 15–52). Sucht Hinweise im Text, wie die Personen gespielt werden müssen.

Johann Peter Hebel

Das wohlfeile Mittagessen

Es ist ein altes Sprichwort: Wer andern eine Grube gräbt, fällt selber darein. – Aber der Löwenwirt in einem gewissen Städtlein war schon vorher darin. Zu diesem kam ein wohlgekleideter Gast. Kurz und trotzig verlangte er für *sein* Geld eine gute Fleischsuppe. Hierauf forderte er auch ein Stück Rindfleisch und ein Gemüs für sein Geld. Der Wirt fragte ganz höflich: ob ihm nicht auch ein Glas Wein beliebe? „O freilich ja!“ erwiderte der Gast, „wenn ich etwas Gutes haben kann für *mein* Geld.“ Nachdem er sich alles wohl hatte schmecken lassen, zog er einen abgeschliffenen Sechser aus der Tasche und sagte: „Hier, Herr Wirt, ist *mein* Geld.“ Der Wirt sagte: „Was soll das heißen? Seid Ihr mir nicht einen Taler schuldig?“ Der Gast erwiderte: „Ich habe für keinen Taler Speise von Euch verlangt, sondern *für mein Geld*. Hier ist *mein Geld*. Mehr hab ich nicht. Habt Ihr mir zu viel dafür gegeben, so ist's Eure Schuld.“ – Dieser Einfall war eigentlich nicht weit her. Es gehörte nur Unverschämtheit dazu und ein unbekümmertes Gemüt, wie es am Ende ablaufen werde. Aber das Beste kommt noch. „Ihr seid ein durchtriebener Schalk“, erwiderte der Wirt, „und hättet wohl etwas anders verdient. Aber ich schenke Euch das Mittagessen und hier noch ein Vierundzwanzigkreuzerstück dazu. Nur seid stille zur Sache und geht zu meinem Nachbarn, dem Bärenwirt, und macht es ihm ebenso!“ Das sagte er, weil er mit seinem Nachbarn, dem Bärenwirt, aus Brotneid in Unfrieden lebte und einer dem andern jeglichen Tort und Schimpf gerne antat und erwiderte. Aber der schlaue Gast griff lächelnd mit der einen Hand nach dem angebotenen Geld, mit der andern vorsichtig nach der Türe, wünschte dem Wirt einen guten Abend und sagte: „Bei Eurem Nachbarn, dem Herrn Bärenwirt, bin ich schon gewesen, und eben der hat mich zu Euch geschickt und kein anderer.“

So waren im Grunde beide hintergangen, und der dritte hatten den Nutzen davon. Aber der listige Kunde hätte sich noch obendrein einen schönen Dank von beiden verdient, wenn sie eine gute Lehre daraus gezogen und sich miteinander ausgesöhnt hätten. Denn Frieden ernährt, aber Unfrieden verzehrt.

- Erklärt, worin die List des Gastes besteht.
- Laßt den Wirt die Geschichte erzählen.
- Die Geschichte läßt sich gut spielen. Dazu müßt ihr allerdings den Text in einen Dialog umschreiben. Gebraucht dabei eure eigenen Worte. Probiert dies zunächst nur mit dem Anfang

(Zeile 1–7). Was sagt der Gast beim Betreten des Wirtshauses, was antwortet der Wirt? Wie muß der Satz umgeformt werden „Kurz und trotzig verlangte er für *sein* Geld eine gute Fleischsuppe"? Achtet darauf, daß die List des Gastes deutlich wird.

- Nicht alle Sätze lassen sich in einen Dialog umformen. Erklärt, warum das so ist.
- Stellt zusammen, welche Requisiten ihr benötigt.

Die beiden Geschichten – Der Zahnarzt und Das wohlfeile Mittagessen – hat Johann Peter Hebel (1760–1826) nicht geschrieben, um sie in einem Buch zu veröffentlichen. Sie waren vielmehr für einen Kalender gedacht, der sogar einen Namen trug: Rheinischer Hausfreund.
Der folgende Lexikonartikel informiert euch darüber, wie früher Kalender gestaltet wurden.

Kalender/Kalendergeschichte. Ein Kalender ist für uns heute meist nur ein Terminplaner, ein Abreißkalender, vielleicht aber denken wir auch an einen aufwendigen Wandkalender mit seinen schönen Kunstbildern. Möglicherweise besitzt der eine oder andere einen der bekannten Jungen- oder Mädchenkalender, ein Büchlein, das außer dem eigentlichen Kalendarium noch viele praktische Ratschläge für das ganze Jahr bringt und deshalb ein beliebter Begleiter ist. Das war früher auch der Kalender, der ein richtiges Hausbuch sein wollte, ein Freund der ganzen Familie, der [...] bei seinem Erscheinen stets sehnsüchtig erwartet wurde, war er doch neben der Bibel in vielen bäuerlichen und kleinbürgerlichen Familien der einzige Lesestoff. Und weil er sich eben an alle wandte, mußte er auch allen, den Alten wie den Jungen, etwas bieten.
Am Anfang stand das eigentliche Kalendarium mit astronomischen und astrologischen Hinweisen, ergänzt durch Wetterregeln, Angaben zum Kirchenjahr und genauen Daten der regelmäßigen Märkte im Erscheinungsbereich des Kalenders. Die Hausfrau fand praktische Ratschläge für die Gesunden und Kranken, vielfach auch Rezepte. Die Leser erfuhren Neues aus der Welt, manches aus der Geschichte und von berühmten Persönlichkeiten. Seit dem 18. Jahrhundert wollten die Kalender mehr und mehr unterhalten, und so begann allmählich eine gewisse „Literarisierung", d.h. es bürgerten sich auch kleine Erzählungen ein, die den Beinamen „Kalendergeschichten" erhielten. [...]
Ein Meister dieser kurzen Erzählform war J. P. Hebel, dem wir zahlreiche, heute noch gut lesbare spannende und lustige Kalendergeschichten zu verdanken haben. [...]

(dtv junior Literaturlexikon)

- Stellt zusammen, welche Kalender ihr aus der heutigen Zeit kennt, die „praktische Ratschläge" geben.
- Überlegt für jede der beiden Geschichten, welche praktischen Ratschläge Johann Peter Hebel seinen Lesern geben wollte. Sucht dafür Hinweise im Text.

Erzählen will gelernt sein

1. Erzähl doch mal

In früherer Zeit gab es in den Städten des Orients oft einen Geschichtenerzähler; dieser übte das Erzählen von Geschichten als regelrechten Beruf aus. Auf Plätzen und Straßen der Stadt scharte er Kinder und Erwachsene um sich und erzählte ihnen interessante Geschichten.

1. Was zeichnet deiner Meinung nach einen erfolgreichen Geschichtenerzähler aus? Worauf muß er vor allem achten?

Lesehinweis ⇒ S. 227

2. Lies nach, bei welchen Gelegenheiten und von wem früher Märchen erzählt wurden.

Lesehinweis ⇒ S. 33

3. Informiere dich, bei welcher Gelegenheit der Lügenbaron Münchhausen seine Lügengeschichten zum besten gab.

4. Sicher hast du selbst schon einmal besonders aufregende, abenteuerliche, gruselige oder gefährliche Erlebnisse gehabt. Versuche diese Erlebnisse deinen Mitschülern auf möglichst interessante Weise darzustellen.

2. Zum Erzählen braucht man Ideen

Auch beim schriftlichen Erzählen kommt es darauf an, interessant und spannend darzustellen, damit die Erzählung auch das Interesse eines **Lesers** oder, wenn du deinen Text vorliest, auch eines **Hörers** findet. Wenn man erzählen will, braucht man als erstes eine Erzählidee.

Hier sind Ideenkisten:

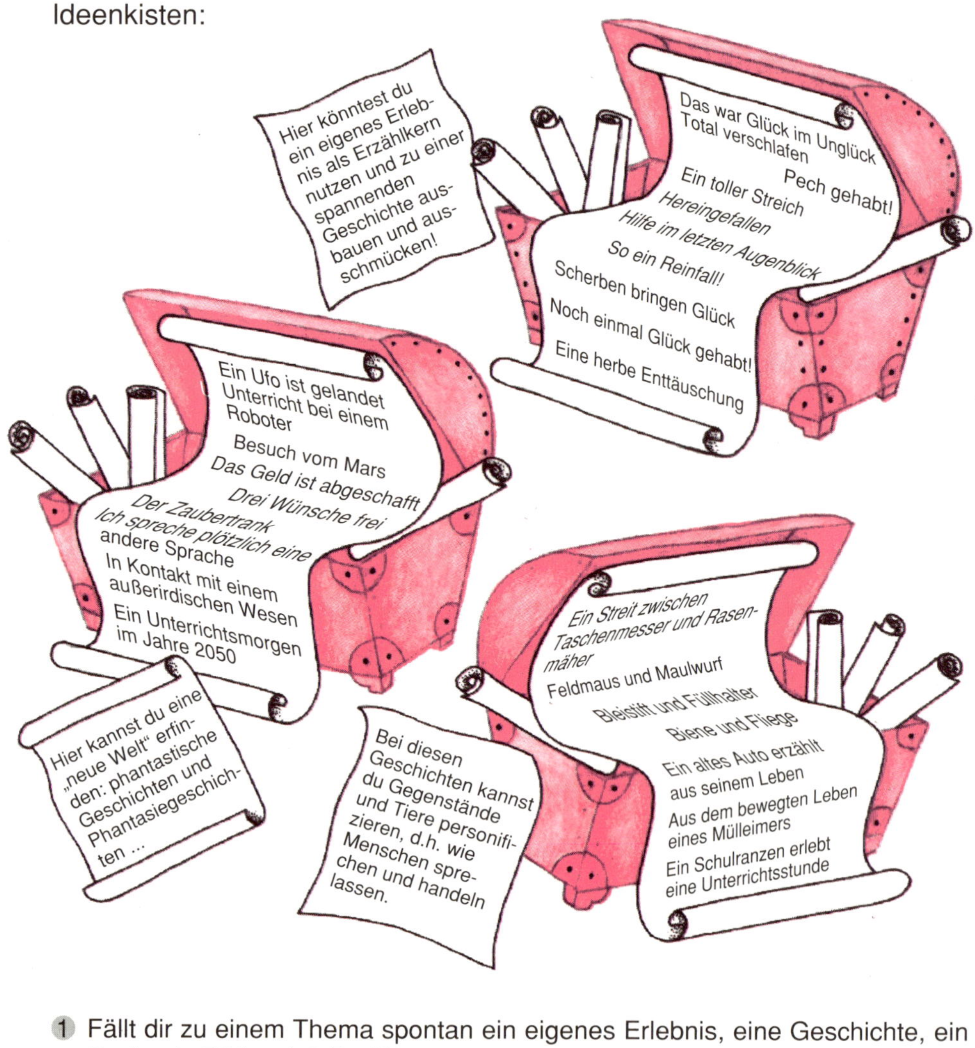

1. Fällt dir zu einem Thema spontan ein eigenes Erlebnis, eine Geschichte, ein Buch, ein Bild... ein? Erzähle.
   Beim Erzählen geht oft Erlebtes und Erfundenes ineinander über. Zum Beispiel:
   Ein eigenes abenteuerliches Erlebnis bietet dir eine Grundidee für das Erzählen; diesen Erzählkern schmückst du aus, führst du weiter..., und du erfindest etwas dazu.
   Manchmal erhältst du auch Erzählideen durch ein Buch, durch fremde Eindrücke auf einer Reise, durch ein Bild, durch Erzählungen anderer.

Diese beiden Texte sind Ausschnitte aus Erzählungen von Erich Kästner und Wolf Biermann.

Eines Abends kletterte ich, steif und müde, von meinem braven Gaul herunter und band ihn, damit er nicht fortliefe, an einer Baumspitze fest, die aus dem Schnee herausschaute. Dann legte ich mich, nicht weit davon, die Pistole unterm Arm, auf meinen Mantel und nickte ein.
Als ich aufwachte, schien die Sonne. Und als ich mich umgeschaut hatte, rieb ich mir erst einmal die Augen. Wißt ihr, wo ich lag? Mitten in einem Dorf, und noch dazu auf einem Kirchhof! Donner und Doria! dachte ich. Denn wer liegt schon gerne kerngesund, wenn auch ziemlich verfroren, auf einem Dorfkirchhof? Außerdem war mein Pferd verschwunden! Und ich hatte es doch neben mir angepflockt!
Plötzlich hörte ich's laut wiehern. Und zwar hoch über mir! Nanu! Ich blickte hoch und sah das arme Tier am Wetterhahn des Kirchturms hängen! Es wieherte und zappelte und wollte begreiflicherweise wieder herunter. Aber wie, um alles in der Welt, war's denn auf den Kirchturm hinaufgekommen?

An einem solchen kalten Schneetag ging Herr Moritz mit seinem blauen Hut spazieren, und er dachte: „Wie böse die Menschen alle sind, es wird höchste Zeit, daß wieder Sommer wird und Blumen wachsen."
Und als er so durch die schimpfenden Leute in der Markthalle ging, wuchsen ganz schnell und ganz viele Krokusse, Tulpen und Maiglöckchen und Rosen und Nelken, auch Löwenzahn und Margeriten auf seinem Kopf. Er merkte es aber erst gar nicht, und dabei war schon längst sein Hut vom Kopf hochgegangen, weil die Blumen immer mehr wurden und auch immer länger.
Da blieb vor ihm eine Frau stehen und sagte: „Oh, Ihnen wachsen aber schöne Blumen auf dem Kopf."
„Mir Blumen auf dem Kopf!" sagte Herr Moritz, „so was gibt es gar nicht!"
„Doch! Schauen Sie hier in das Schaufenster. Sie können sich darin spiegeln. Darf ich eine Blume abpflücken?"
Und Herr Moritz sah im Schaufensterspiegelbild, daß wirklich Blumen auf seinem Kopf wuchsen, bunte und große, vielerlei Art, und er sagte: „Aber bitte, wenn Sie eine wollen..."

2 Macht euch über folgende Fragen Gedanken und sprecht darüber:
- Wie könnten Vorgeschichte und Fortsetzung aussehen?
- Überlege dir, welche Überschriften die Geschichten haben könnten.
- Versuche sie jeweils in eine der Erzählkisten einzuordnen.
- Vergleicht, wer jeweils erzählt. Man spricht hier von einem Ich-Erzähler und einem Er-Erzähler; weise das nach.

Informiert euch im Verzeichnis der Texte und Autoren (Anhang S. 298–303), wo die beiden Texte von Wolf Biermann und Erich Kästner in diesem Buch stehen. Lest die vollständigen Texte.

Auch ein solches Bild läßt sich als Erzählidee nutzen.

a.

b.

c.

3 Überlege dir, was im fehlenden Mittelteil erzählt werden könnte.
Worin liegt die Pointe der Geschichte? Erzähle die Handlung der gesamten Geschichte.
Erzähle zunächst mündlich. Gib den beiden Kindern Namen, laß sie sprechen, denken, Gefühle äußern... Stell dir dabei vor, daß es um eine Handlung geht, die bereits in der Vergangenheit abgelaufen ist.

4 Schreibe jetzt die Bildgeschichte auf. So könntest du anfangen:
An einem schönen Nachmittag forderte Lucki seine Freundin Trixi auf: *„Komm her, wir spielen ein bißchen Fußball"!* Trixi ließ sich das nicht zweimal sagen...

3. Die Erzählung richtig aufbauen

Wenn du spannend erzählen willst, mußt du dir überlegen, wie du deine Erzählung sinnvoll aufbaust.
Hier hat eine Schülerin ihren ersten Entwurf überarbeitet:

Ein Unfall

Eines Tages sollte ich für meine Mutter in den Ort fahren und einkaufen. Jetzt fuhr ich mit meinem Fahrrad los. Ich war erst einige hundert Meter von zu Hause weg. Ich paßte einen Moment nicht auf. Ich kam auf die linke Straßenseite.
Jetzt passierte es. Ein Mopedfahrer kam auf mich zugefahren. Ich flog mit meinem Fahrrad zu Seite. Ich wurde plötzlich ohnmächtig. Ich wußte plötzlich nichts mehr. Als ich wieder aufwachte, beugte sich meine Mutter über mich. Dann brachte mich ein Krankenwagen ins Krankenhaus. Ich hatte einen gebrochenen Arm, und ich hatte einige Prellungen an der Seite. Nach zwei Tagen konnte ich dann das Krankenhaus wieder verlassen. Da nahm ich mir vor, in Zukunft aufzupassen.

Nicht aufgepaßt!

Es war vor einem Jahr. Meine Mutter bekam ganz plötzlich Besuch von zwei Freundinnen. *„Sei so lieb, Renate“*, bat mich meine Mutter, *„fahr eben in den Ort und hol' ein bißchen Kuchen“*. Ich ließ mir von meiner Mutter etwas Geld geben und fuhr mit meinem Fahrrad sofort los.
Meine Freundin, sie wohnt in der Nachbarschaft, stand vor der Garage und rief mir zu: *„Mathe fällt aus!“* Im Vorbeifahren drehte ich mich um und rief zurück: *„Wann denn, morgen? Ist ja super!“* Und dann hörte ich Lilo auch schon schreien: *„Vorsicht, Reni, paß auf, da kommt einer...!“* Ich blickte nach vorn und fuhr fast auf der linken Straßenseite. Was war denn das? Jetzt sah und hörte ich auch den Grund für Lilos Schreien. Ein Mopedfahrer kam in einem Affenzahn auf mich zugerast. Ich versuchte, den Lenker herumzuwerfen, sah auch noch, wie der Mopedfahrer sein Fahrzeug zur Seite riß. Er rief noch: *„Paß doch auf, Mensch...!“*
Und da war es schon passiert. Ein Krachen, ein stechender Schmerz im Arm, ein dumpfer Schlag am Kopf, ich greife ins Leere, höre noch meinen eigenen Aufschrei. Dann wußte ich von nichts mehr. Als ich aufwachte, beugte sich meine Mutter über mich, streichelte mir das Gesicht und fragte: *„Reni, was hast du nur gemacht, Kind? Bist du verletzt?“* Ich stotterte, daß mein Arm so weh tat und mein Kopf... Jetzt sah ich auch die anderen Menschen, auch Lilo und Mamas Freundinnen.
Ein Krankenwagen brachte mich ins Krankenhaus. Ich hatte den Arm gebrochen und ein paar Prellungen abbekommen. Nach zwei Tagen war ich wieder zu Hause. Ich nahm mir vor, demnächst auch beim Fahrradfahren aufzupassen.

1. Vergleiche die beiden Texte. Wodurch wirkt die zweite Fassung interessanter und spannender? Was hat die Schreiberin verändert? Welche Mittel hat sie im einzelnen eingesetzt?

2. Erkläre, warum die zweite Fassung besser aufgebaut ist.
   - Was gehört zur Einleitung? Erkläre die Aufgabe dieses Teils für die gesamte Erzählung.
   - Wo steigt die Spannung langsam bis zum Höhepunkt an? Welche Aufgabe hat dieser Teil der Erzählung? Mit welchen Mitteln wird dies erreicht?
   - Wo liegt der Höhepunkt? Woran ist dieser spannendste Teil der Erzählung zu erkennen? An welcher Stelle wechselt die Verfasserin die für Erzählungen sonst übliche Tempusform? Was erreicht sie damit? Mit welchen weiteren sprachlichen Mitteln arbeitet sie in diesem Teil?
   - Auch der Schlußteil hat für die gesamte Erzählung eine bestimmte Aufgabe. Erkläre dies.

3. Fülle für die überarbeitete Fassung eine Spannungskurve aus. Du kannst dabei die Vorgabe nutzen. Übernimm sie in dein Heft. Fertige eine inhaltliche Gliederung der Erzählung an, und kennzeichne die einzelnen Erzählschritte in der Spannungskurve.

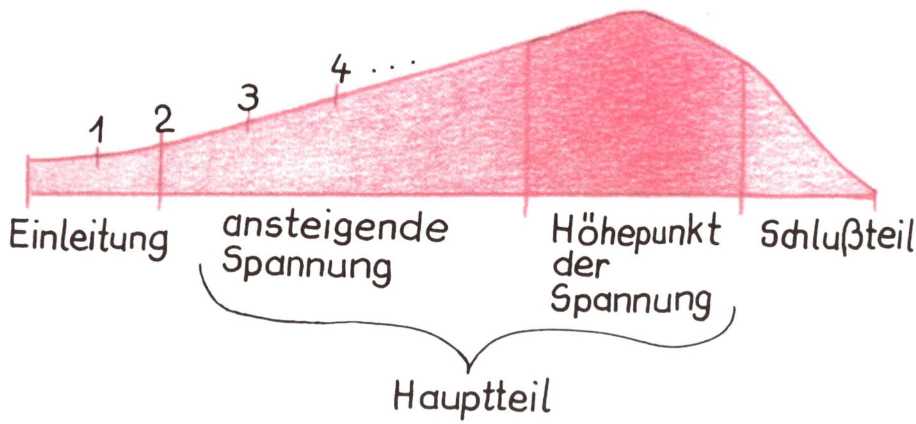

1. Mutter bekommt Besuch.
2. Sie schickt Renate zum Kuchenholen.
3. ...
4. ...

4. Und jetzt kannst du selbst schreiben

Hier sind die Erzähltips noch einmal im Überblick dargestellt:

Tip a) **Die Erzählung richtig aufbauen, zum Beispiel**
- Einleitungsteil
- Hauptteil mit Höhepunkt
- Schlußteil

Tip b) **Die Erzählung spannend machen**
- Benutze wörtliche Rede, und laß die Personen sprechen.
- Stelle auch Gedanken und Gefühle deiner Personen dar.
- Stelle die Einzelheiten des Geschehens dar.
- Benutze anschauliche und treffende Ausdrücke.
- Wechsle im Ausdruck ab. Benutze zum Beispiel nicht immer *sagen*.

Tip c) **Aus einer bestimmten Sicht erzählen**
Entscheide, ob du eine Ich-Erzählung oder eine Er-Erzählung schreiben willst. Wenn du selbst erzählst, mußt du die Rolle des Ich-Erzählers beibehalten. Du erlebst die Geschichte, du sprichst, denkst, fühlst, handelst.
Bei einer Er- oder Sie-Erzählung denkt, fühlt, beobachtet und handelt ein anderer Erzähler. Du läßt ihn oder sie alles erleben.

Tip d) **Im Präteritum (Vergangenheitsform) erzählen**
Beim Höhepunkt kannst du ins Präsens (Gegenwartsform) wechseln, um das Geschehen spannender zu machen.

Tip e) **Der Erzählung eine passende Überschrift geben,** die Interesse weckt, aber nicht zu viel Spannung vorwegnimmt.

1 Nutze die folgenden Erzählideen, Erzählanfänge, Erzählkerne für eine eigene Erzählung. Berücksichtige dabei die Tips.

- Margit ging am Abend noch einmal in den Garten. Es war Vollmond. Was war das? Etwas Grünes schwebte am Himmel, kam immer näher, setzte den Garten auf einmal in helles gleißendes Licht...
- Neulich war ich allein zu Hause. Meine Eltern waren bei Bekannten eingeladen und um ca. 20 Uhr weggegangen.
  [...]
  Plötzlich wachte ich auf. Ich lag halb auf dem Fußboden. Allmählich wurde mir klar, daß alles nur ein Traum war. War ich vielleicht erleichtert!
- Carina war mit ihrer Mutter in die nahe Großstadt gefahren. In einem riesigen Kaufhaus war plötzlich die Mutter nicht mehr da.

⇒ S. 50 2 Wenn dir diese Erzählideen nicht zusagen, kannst du auch auf die Ideenkisten zurückgreifen.
Bei der Darstellung der zeitlichen Abfolge und der Art und Weise des Geschehens könnten dir diese Angaben helfen:
ganz unvermutet , plötzlich, endlich, nun, da, jetzt, völlig überraschend, nach kurzer Zeit, seit einer Stunde, ein paar Minuten später, bevor er..., daraufhin, nachdem er..., sogleich, in diesem Augenblick

3 Aus manchen Gedichten lassen sich gut Erzählungen basteln. Lies nach auf Seite 142/143. Auch aus dem Text *Seiltänzer* (S. 266) kannst du eine tolle Geschichte machen.
- Überlege dir, wie du anfängst und wie du langsam die Spannung bis zum Höhepunkt steigerst.
- Laß die Personen sprechen, stelle auch Gefühle und Gedanken dar, das macht deine Erzählung anschaulich und interessant.

4 Auch Zeitungsberichte eignen sich als Erzählidee. Schau dir noch einmal die Tips für das Erzählen an, und mache dir vorher klar, was du schreiben willst. Überlege dir vor allem die Vorgeschichte oder Einleitung.

Fenstersturz: Kind aufgefangen

Hof (dpa) Der Geistesgegenwart eines 16jährigen Türken verdankt ein zweieinhalbjähriger Junge in Hof sein Leben. Das Kind war aus dem dritten Stock eines Hauses neun Meter in die Tiefe gestürzt und von dem 16jährigen aufgefangen worden. Der Junge erlitt leichte Kopfverletzungen, sein Lebensretter blieb unverletzt. Der 16jährige hatte gesehen, wie sich der Kleine auf die Fensterbank schwang. Als der Junge sich nicht mehr halten konnte, fing der Retter ihn auf.

Kind auf Hochspannungsmast

Porto Alegre (dpa). Für anderthalb Stunden wurde in der südbrasilianischen Millionenstadt Porto Alegre der elektrische Strom total abgeschaltet, um ein 12jähriges Mädchen von einem Hochspannungsmast retten zu können. Das Kind war den Mast 25 Meter hoch emporgeklettert, um sich vor einer Jugendbande in Sicherheit zu bringen. Der Stromausfall löste ein Verkehrschaos aus.

Die beiden folgenden Bildvorlagen geben bereits eine bestimmte Handlung vor, die du ausschmücken und erweitern kannst.

e.o. plauen

5 Erzähle, was auf den einzelnen Bildern dargestellt ist.
- Wo liegt der Höhepunkt des Geschehens? Worin liegt der Witz, die Pointe des Geschehens?
- Was muß man sich dazu denken? Was ist z.B. vor dem ersten Bild geschehen, was passiert zwischen den Bildern? Was passiert danach? Was könnten die Personen sagen?
- Überlege dir, aus welcher Sicht man das Geschehen darstellen könnte.
- Entwickle aus der Bilderfolge eine witzige Erzählung.

Auch aus diesen Bildern läßt sich jeweils eine tolle Phantasiegeschichte basteln.

Sempé

AU BON STYLO = Zum Guten Füllhalter

Loriot

6 Überlege dir jeweils eine Handlung, zum Beispiel:

- Ein Mann will einen Füllhalter kaufen...
- Eine Ballonfahrerin/ein Ballonfahrer bei der ersten Fahrt...
- Ein keiner Junge hat von seinem Onkel aus Übersee eine kleine Kaulquappe geschenkt bekommen, die er liebevoll pflegt. Sie entwickelt sich langsam zu einem gutmütigen Riesentier...

5. An Einzelheiten der Erzählung arbeiten

Den richtigen Ausdruck finden

Manchmal sucht man beim Schreiben nach dem richtigen Ausdruck. Es ist ganz wichtig, dabei auf den Zusammenhang zu achten.

1 Versuche, bei dem folgenden Text den richtigen Ausdruck auszuwählen. Überlege auch, wie die Geschichte weitergehen könnte.

Eine nächtliche Entdeckung

	Als ich, Cornelia Borchers, 11 Jahre, eines Nachts um 1 Uhr
aufwachte – aufstand	______ , war mein Zimmer hell erleuchtet. Ich stand auf
zu sehen – herauszufinden	und ging ans Fenster, um den Grund ______ . Da sah ich,
	daß ein mir unbekanntes Fluginstrument mitten auf un-
angekommen – gelandet	serer großen Wiese ______ war. Nach ein paar Minuten
	öffnete sich plötzlich eine Tür, und ein Roboter kam mit
unbeholfenen – kurzen	______ Schritten eine Treppe herunter. Doch als er auf
	den Rasen stand, hielt er inne, schaute zu meinem Fenster
sah – winkte	hinauf und ______ mir freundlich zu.
lief – schlich	Schnell zog ich mir meine Sachen an, ______ leise durch
	den Flur und öffnete die Haustür. Draußen war alles ganz
schlug an – bellte	still, nur der Hund vom Nachbarn ______ . Ich lief auf den
	Rasen und sah, daß der Roboter noch immer an der gleichen
	Stelle stand. Mit klopfendem Herzen ging ich auf ihn zu.
	Mir wurde dabei ganz warm, und die Scheinwerfer aus dem
blendeten – leuchteten	Fluginstrument ______ sehr, aber ich kam meinem Ziel
	näher. Ungefähr 2 m blieb ich vor dem Roboter stehen. Ich
	wußte nicht, was ich machen sollte, doch plötzlich hörte ich
sprechen – fragen	mich ______ : „Wer sind Sie? Wie alt sind Sie? Woher
	kommen Sie?“
Sieb – Wasserfall	Ich redete wie ein ______ . Als ich aufgehört hatte, sagte
	der Roboter mit mädchenhafter Stimme: „Ich heiße Alexa,
	bin 120 Jahre alt und komme vom Mars. Wir sind hier
dem Unterteller - der Untertasse	gelandet, weil uns ein wertvoller Stein aus ______ gefal-
	len ist. Wenn wir den Stein nicht wiederfinden, müssen wir
	Hilfe vom Mars anfordern. Doch das würde Jahre dauern,
	und dabei können wir nur eine Woche auf der Erde leben.
	So, und du bist die 11jährige Cornelia Borchers, es stimmt
Grübeln – Staunen	doch?“ Jetzt kam ich aus dem ______ überhaupt nicht
	mehr raus. Woher wußte Alexa meinen Namen, und wen
	meinte sie mit „wir“? Doch schon redete sie weiter: „Ich
hier – an Bord	kenne dich, weil wir ______ ein Gerät haben, womit
	man alles herausfinden kann. Und mit ‚wir‘ habe ich un-
Besatzung – Gruppe	sere ______ gemeint.“ Da blieb mir der Mund offenste-
	hen [...]

Mit wörtlicher Rede richtig umgehen

Wenn man die Personen in einer Erzählung sprechen und denken läßt, wirkt das lebendig und interessant, weil dadurch die Personen gekennzeichnet werden.

2 Versucht das an den Erzählungen auf den Seiten 42 und 224 nachzuweisen.

3 Was könnten die Kinder auf den Bildern von Seite 52 sagen oder denken?

Wichtig beim Gebrauch der wörtlichen Rede ist auch der Begleitsatz:

Redebegleitsatz	Wörtliche Rede
Lucki fragt Trixi:	„Machst du mit?“

Dies sind unterschiedliche Ausdrücke für die Art und Weise, in der jemand einem anderen etwas mitteilt:
brüllen, erzählen, rufen...

Wortfeld (Wörter mit verwandten Bedeutungen)

4 Nenne noch weitere Verben zu diesem Wortfeld.

5 Welche Verben der Redebegleitung könntest du in dem folgenden Ausschnitt aus einer Erzählung einsetzen?

[...] Am nächsten Morgen stand in der Zeitung ein riesiger Artikel mit der Überschrift „Wesen aus dem All in Raumstation gelandet. B 18 kam mit Ufo, um ein Buch über die Erde zu schreiben“.

Hier konnten auch die letzten Unwissenden erfahren, was sich gestern ereignet hatte, und B 18 war mächtig stolz darauf.

„Wie lange werden sie noch hierbleiben?" _____ der Untertassenwirt den Gast vom Mars?

„Mindestens, bis ich mein Buch fertiggeschrieben habe“, _____ er darauf, denn es gefiel ihm gut im Hotel „Zur fliegenden Untertasse“. Doch dann geschah etwas, was seine Pläne durchkreuzte.

B 18 schaute gerade aus dem Fenster seines Hotelzimmers, da sah er plötzlich, daß die Lampe auf seinem Ufo blinkte.

„Aha, ich habe also einen Anruf vom Mars bekommen“, _____ er und rannte nach draußen. Als er sein Ufo erreicht hatte, stieß er schnell die Tür auf und drückte den Knopf der Sprechanlage. „Hier B 18“, _____ er, und japste nach Luft, denn er war vom Laufen ganz außer Atem.

„B 18, spricht dort B 18?“ _____ eine Stimme aus dem Lautsprecher. „Hier Marsstation 3. Sie müssen sofort kommen, es ist etwas passiert, sehr wichtig. Wir brauchen sie dringend.“

„Was ist passiert?“ _____ sich B 18, aber der Sprecher hatte schon abgeschaltet.

6 Den folgenden Text, in dem der Verfasser die Zeichen für den Beginn und den Schluß der wörtlichen Rede ausläßt, muß man unbedingt sprechen. Warum wohl?

Hauchte, wetterte, sprach, brüllte

Gestern abend, sprach er.
Es war schon dunkel,
erzählte er.
Wollte ich zu meinem Schwager,
berichtete er.
Aber in dem Fliederbusch
vor seinem Haus, raunte er.
Sah ich etwas glühen,
zischte er.
Zwei grüne Augen, keuchte er.
Da lauerte ein Gespenst,
schrie er.
Ich –, stieß er hervor.
Auf und davon wie der Blitz!
gestand er.
Da hättest du auch Angst
gehabt, behauptete er.
Nun haben sie ohne mich
Geburtstag gefeiert, jammerte er.
Es war bestimmt sehr lustig.
schluchzte er.
Aber das nächste Mal, knurrte er.
Nehme ich einen Prügel mit, drohte er.
Und dann haue ich es windelweich.
Dieses freche, böse, hinterhältige,
gemeine..., brüllte er.
Hoffentlich hat es das nicht gehört,
hauchte er.
Aber untertags schläft es,
versicherte er.
Wahrscheinlich, meinte er.
Dieses verdammte Gespenst,
wetterte er.
Oder war es eine Katze? fragte er.

Das kann gut sein, sagte ich.

(Josef Guggenmos)

7 Welche Wörter aus dem Wortfeld sagen entdeckst du?
Ordne nach bestimmten Gesichtspunkten, zum Beispiel: laut, fragend...

Wörtliche Rede und Gedanken werden in Anführungszeichen gesetzt.

Es gibt diese Möglichkeiten:

a) Der Redebegleitsatz steht am Anfang
Trixi sagt zu Lucki: *„Ich gehe gleich zur Bücherei."*
Aussagesatz: Am Ende steht ein Punkt.
Trixi fragt Lucki: *„Gehst du mit zur Bücherei?"*
Fragesatz: Am Ende steht ein Fragezeichen.
Trixi ruft Lucki zu: *„Komm doch mit!"*
Aufforderungssatz: Am Ende steht ein Ausrufezeichen.

b) Der Redebegleitsatz steht am Schluß
„Ich gehe gleich zur Bücherei", sagt Trixi zu Lucki.
„Gehst du mit zur Bücherei?" fragt Trixi ihren Freund Lucki.
„Komm doch mit!" ruft Trixi ihrem Freund Lucki zu.

c) Der Redebegleitsatz steht in der Mitte
„Ich gehe gleich zur Bücherei“, sagt Trixi zu Lucki,
„kommst du mit?“

8 Welche Redezeichen müßten in dem Text von J. Guggenmos (S. 61) gesetzt werden?

9 Schreibe den folgenden Text ab, und setze die fehlenden Zeichen ein. Kennzeichne Redebegleitsatz und wörtliche Rede wie in der Zusammenstellung oben.

Karin steht mit Tante Frieda vor einem Freigehege. Ein schönes Pferd sagt Tante Frieda ganz entzückt. Was meinst du, was es wohl sagen würde, wenn es sprechen könnte fragt sie daraufhin. Ich bin ein Esel erwidert Karin.

10 Auch hier fehlen verschiedene Zeichen für die wörtliche Rede.

Zwei Glühwürmchen treffen sich im Park.
Ich hab's eilig, denn ich muß schnell zum Augenarzt sagt das eine Glühwürmchen.
Hast du denn schlechte Augen fragt das andere.
Gestern erzählt da das erste habe ich doch tatsächlich versucht, eine brennende Zigarette zu küssen.

Wer hat recht?

Auf einer Weide tummelten sich allerlei Tiere. Da sah der Ochse ein zierliches Blümchen mit weißem Kränzchen und einem gelben Tupfen in der Mitte. Er betrachtete es und fragte seine Weidegenossen Kennt ihr dieses Blümchen Das Schaf blökte Es ist eine Tulpe. Es ist ein Veilchen meckerte die Ziege, ich weiß es besser. Das Pferd behauptete gar Es ist ein Gänseblümchen. Das ist doch alles dummes Zeug brüllte der Ochse mit gewaltiger Stimme, die Blume ist eine Rose.
Da schwiegen die Tiere und fragten den Fuchs, der zufällig vorüberschlich, um seine Meinung. Der Ochse hat recht sagte der Fuchs mit schelmischem Grinsen er hat am lautesten gebrüllt.

(nach Rudolf Kirsten)

Damals, heute, morgen – die richtige Zeitform

11 Mit seinen Lügenerzählungen bezieht sich Münchhausen auf eine bestimmte Zeit. Lies die Erzählung von Erich Kästner auf Seite 35. Verdeutliche diesen Zeitbezug, indem du dir die Formen genau anschaust.

12 Belege den Zeitbezug auch an den Märchenausschnitten auf Seite 12/13.

Sicher weißt du jetzt auch, warum man das Verb auch Zeitwort nennt.

Mit den Tempusformen des Verbs kann sich Lucki also auf gegenwärtiges, vergangenes und zukünftiges Geschehen beziehen und aus seiner Sicht Zeitverhältnisse mitteilen.
Er kann von seinem Sprecherzeitpunkt aus (jetzt) Aussagen zur Gegenwart, zur Vergangenheit oder zur Zukunft machen.

Tempusform und Zeitbezug

Tempusform	Zeitbezug
Die Tempusform Präsens kann anzeigen	a) was jetzt gerade passiert (Ich sitze hier und schreibe.) b) Was jetzt so ist und immer wieder so ist. (München liegt an der Isar.) c) was in der Zukunft geschieht. (Morgen gehe ich zur Bücherei.)
Die Tempusform Präteritum kann anzeigen	was vergangen, abgeschlossen ist und keinen Bezug mehr zur Gegenwart hat. (Sie schrieb mir in der letzten Woche.)
Mit der Tempusform Futur kannst du anzeigen	was sein wird (Du wirst auf deiner Reise viel erleben.)

13 Begründe, warum Märchen, Sagen und Münchhausen-Geschichten in der Regel im Präteritum verfaßt sind. Begründe, warum in Horoskopen auch Verbformen in der Zeitform Futur vorkommen.

14 Lies den zweiten Text auf Seite 51, und bestimme die Tempusform.

15 Übertrage in den folgenden Märchenanfängen die unterstrichenen Verbformen ins Präteritum.

Ein Bauer, der hatte seine Kuh auf den Markt getrieben und für sieben Taler verkauft. Auf dem Heimweg muß er an einem Teich vorbei, und da hört er schon von weitem, wie die Frösche rufen: „Ak, ak, ak, ak.“ – „Ja“, spricht er für sich, „die schreien auch ins Haberfeld hinein: sieben sind's, die ich gelöst habe, keine acht.“ Als er zu dem Wasser herankommt, ruft er ihnen zu: „Dummes Vieh, das ihr seid! Wißt ihr's nicht besser? Sieben Taler sind's und keine acht.“ Die Frösche bleiben aber bei ihrem „ak, ak, ak, ak.“ – [...]

Es war einmal ein wunderlicher Spielmann, der geht durch einen Wald mutterseligallein und denkt hin und her, und als für seine Gedanken nichts mehr übrig ist, spricht er zu sich selbst: „Mir wird hier im Walde Zeit und Weile lang, ich will einen guten Gesellen herbeiholen.“ Da nimmt er die Geige vom Rücken und fiedelt eins, daß es durch die Bäume schallt [...]

Wie trennt man das?

Ich schrie auf. Was war das? Was hatte sich da bewegt? Es wurde
mir plötzlich ganz unheimlich zumute. War da jemand auf der Terrasse?
Ich bekam es mit der Angst zu tun und stand hastig
auf. Jetzt hörte ich ein Geräusch. – Ein Miauen. „Ach so, nur die Katze
des Nachbarn ...“

16 Dieser Schüler hat bei seinem Aufsatz Probleme mit der Trennung. Kannst du ihm helfen? Vielleicht kennst du noch einige Regeln zur Silbentrennung aus der Grundschule.

Aus die-sem Satz und aus den fol-gen-den Wör-tern kannst du wei-te-re Hil-fen und Esels-brük-ken zur Sil-ben-tren-nung ab-lei-ten.

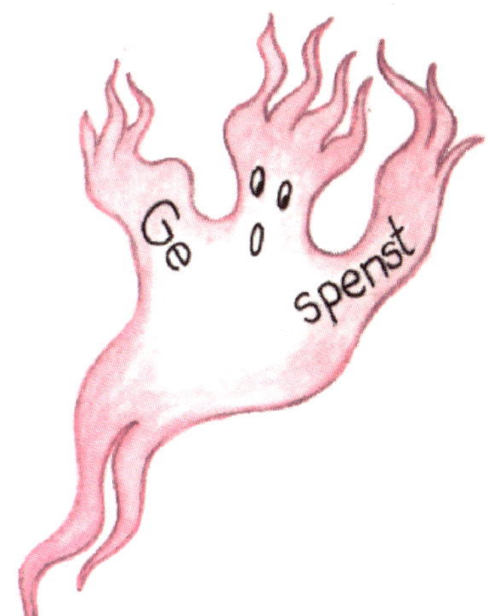

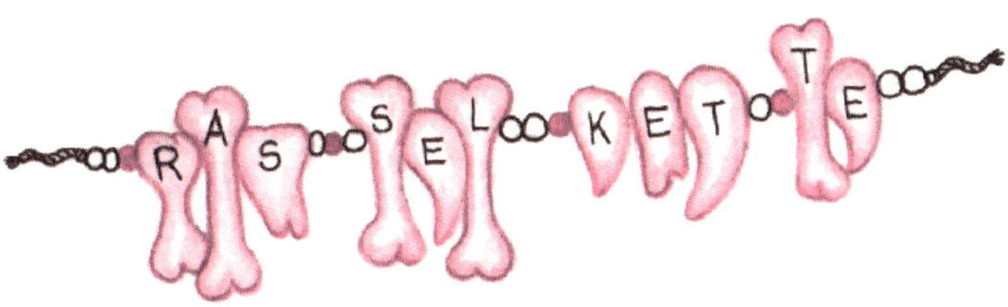

17 Versuche jetzt, die Regeln und Eselsbrücken zur Silbentrennung zusammenzustellen.

1. Mehrsilbige Wörter werden nach Sprechsilben getrennt.
2. Einsilbige Wörter können...
3. Bei Wörtern mit doppeltem Konsonanten im Inlaut wird nach dem ersten...
4. Ein einzelner Vokal wird...
5. Nicht getrennt werden ß, ch und sch.
6. Beim Trennen wird ck zu ...

(altes Kinderlied)

18 Sprich den Text so, wie er abgedruckt ist, nämlich nach Sprechsilben. Zur Verdeutlichung kannst du dabei in die Hände klatschen.

19 Suche aus dem Wörterbuchausschnitt auf S. 71 fünf Wörter heraus, die man trennen kann, und fünf Wörter, die nicht zu trennen sind.

20 Schreibe die folgenden Wörter in dein Heft, und trenne sie, soweit möglich, durch einen Querstrich.
Fensterbank, Terrasse, Angstgefühle, Ekel, Dunkelheit, Abendrot, Nachtgespenst, lauschen, Traumgeschichten, hastig, Kiste, Efeu, unwahrscheinlich, wispern, Tatze, Übelkeit

21 Silbenrätsel
Schreibe die Wörter aus dem Lösungskasten in der angegebenen Reihenfolge auf und trenne sie nach Sprechsilben.

Erklärung

1. Baumkrone 2. Tier mit großen Ohren 3. Aussage 4. Verfasser von Zeitungsartikeln 5. Vorhersage 6. kleines Tier 7. Darbietung auf der Bühne 8. leise sprechen 9. anderes Wort für antworten

Lösung

Behauptung, flüstern, Horoskop, Wipfel, Insekt, Esel, Redakteur, Theateraufführung, erwidern

1. ______/______ 2. ______ 3. ______/______/______

4. ______/______/______ 5. ______/______/______ 6. ______/______

7. ______/______/______/______/______ 8. ______/______

9. ______/______/______

6. Schreiben heißt auch: richtig schreiben

Partnerdiktate

Vom Hunde

Ein Hund / lief durchs Wasser / und hatte / ein Stück Fleisch im Maul. / Da sah er / im Wasser / den Schatten des Fleisches. / Er glaubte, / dies sei / ein zweites Stück Fleisch / und schnappte gierig danach. / Als er aber / das Maul öffnete, / verlor er das Fleisch, / und der Wasserstrom / führte es weg. / Auf diese Weise / verlor er / sowohl das Fleisch / als auch den Schatten. (nach Martin Luther)

Die Weiber von Weinsberg

Der König belagerte einst die Burg von Weinsberg, die seinem Feind, einem Herzog, gehörte. Die Soldaten des Königs eroberten die Burg. Den Männern drohte der König eine harte Bestrafung an, den Frauen erlaubte er großzügig, beim Abzug aus der Burg das mitzunehmen, was ihnen am liebsten sei. Da nahm jede der Frauen ihren Mann auf die Schultern und schleppte ihn aus der Burg. Einige Gefolgsleute des Königs wollten das verhindern, weil sie glaubten, das sei gegen die Abmachung. Doch der König stand zu seinem Wort und ließ den listigen Frauen ihren Willen. (nach einer alten Chronik)

1 Diese Texte kannst du gemeinsam mit deinem Partner üben.
So könntet ihr mit den Partnerdiktaten arbeiten:
- zunächst den ganzen Text sorgfältig durchlesen,
- schwierige Wörter benennen, buchstabieren, gesondert aufschreiben,
- Text in den angegebenen Wortblöcken vom Partner diktieren lassen,
- durchlesen und korrigieren.

Ziel sollte sein, möglichst wenig Fehler zu machen. Das heißt: Vor dem Diktieren solltest du dir die Wörter fest einprägen.

Merkwörter üben

Diese Merkwörter tauchen im Kapitel „Erzählen will gelernt sein" auf:
Stadt, Fahrrad, eines Nachts, neulich, Roboter, Gerät, Station, Blume, behaupten, Arzt, Terrasse, Angst, Krebs, Moped, Garage, fast, allmählich, vielleicht, Teich

2 Auch diese Wörter solltest du so gut üben, daß du dir ihre Schreibung fest einprägst. Beispiel:
- nach dem Alphabet ordnen und neu aufschreiben,
- zu jedem Wort ein Wort aus der Wortfamilie (Stadt, städtisch) oder eine andere Form (Fahrrad, Fahrräder) aufschreiben,
- besonders schwierige Wörter buchstabieren,
- Wörter vom Partner diktieren lassen (Wortdiktat).

Richtig schreiben – wie lernt man das?

1. Mit mehreren Sinnen lernen

Einfach so schreiben, wie man spricht?

① Überlege, ob es sinnvoll ist, allein diesem Rat zu folgen. Dann könnte man nämlich das Wort Fuchs recht unterschiedlich schreiben:

② Fallen dir noch weitere „Möglichkeiten“ ein? Die Schwierigkeit besteht darin, daß es für den gleichen Laut unterschiedliche Buchstaben gibt. Erkläre das anhand des Beispiels.

Auch hier wird anders geschrieben als man spricht:

Vase
er stoppte
Cousine

③ Erkläre diese Beispiele, nenne weitere.

④ Wenn du lernen willst, richtig zu schreiben, darfst du dich nicht nur nach dem Hören richten. Du mußt mit mehreren Sinnen lernen:

2. Tips für die Rechtschreibung

Nur ganz wenige Menschen beherrschen alle Tücken der Rechtschreibung. Weil sie nicht einfach ist, solltest du es dir zur Gewohnheit machen, möglichst oft im Wörterbuch nachzuschlagen. Das ist die sicherste Methode, die richtige Schreibung zu überprüfen und zu kontrollieren.

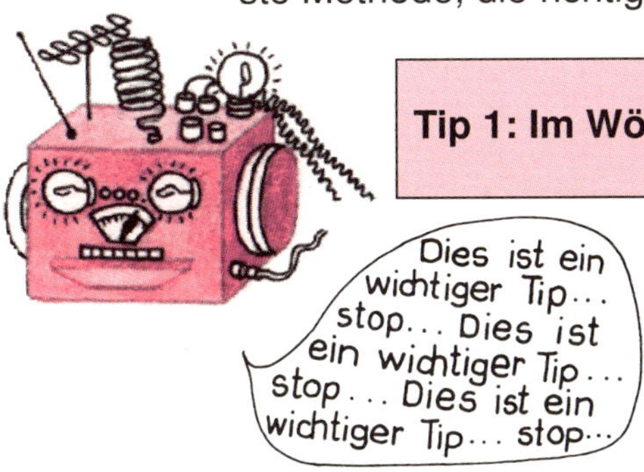

Tip 1: Im Wörterbuch nachsehen, wenn du unsicher bist.

Zum Nachschlagen im Wörterbuch benötigst du bestimmte Fähigkeiten:

Die ABC-Ordnung kennen

Dies sind ABC-Geschichten:

Acht **b**rummige **C**ellisten
dösen **e**igensinnig
flunkern **g**erissen
heulen **i**rrsinnig
jaulen **k**läglich
lecken **M**ilch
nuckeln **O**rangen
piepsen **q**uieckend
rasseln **s**chaurig
toben **u**nmäßig
verblüffen **w**ackere **x**-beinige **Y**bbser **Z**willinge

Affenwärter **b**ringen **C**hamäleons **d**uftende **E**rdbeeren. **F**riedlich **g**rasen **H**ornochsen. **I**ltisse **k**nabbern **L**eberblümchen. **M**urmeltiere **n**uckeln **O**bers[1]. **P**urpurrote **Q**uallen **r**äkeln **s**iebenfach **T**entakeln. **U**nten **v**erlachen **W**alfischkinder **x**-beinige **Y**bbser **Z**itterrochen.

[1] (bayr. u. österr. für: Sahne)

Zu **Y**vonne **X**-Beinchen **w**atscheln **v**ier **U**ngetüme. **T**rinken **S**libowitz. **R**iesenmengen! **Q**uasseln, **p**acken **O**mas **N**erzmantel **m**it **l**allenden **K**laffmäulern. **J**unge, **i**hre **h**eulende **G**astgeberin **f**ürchtet **E**rnstes? **D**a **c**hloroformiert **B**einchen **a**lle. (Hilde Leiter, Käthe Recheis, Renate Welsh)

1 Worin unterscheiden sie sich? Bei *einer* ABC-Geschichte fehlt ein Buchstabe.

2 Versuche selbst eine ABC-Geschichte zu schreiben. Dies wäre ein möglicher Anfang:
Auch **b**ei **C**olatrinkern **d**arf **e**ine **f**ette **G**urke...

3 Dies sind Teile aus anderen ABC-Texten. Sprecht über ihre Besonderheiten, vergleicht sie.

A ist der Affe,
er ißt mit der Pfote.

B ist der Bäcker,
er backt braune Brote.

C ist Charlotte,
sie trinkt süßen Tee.

D ist der Dieb,
er stiehlt Äpfel – o weh!

(Max Velthuijs)

Der **E**sel ist ein dummes Tier,
der **E**lefant kann nichts dafür.

Im Süden fern die **F**eige reift,
der Falk am **F**inken sich vergreift.

Die **G**ems' im Freien übernachtet,
Martini man die **G**änse schlachtet.

Der **H**opfen wächst an langer Stange,
der **H**ofhund macht den Wanderer bange.

(Wilhelm Busch)

4 Und jetzt seid ihr dran! Wählt euch einen oder mehrere Buchstaben. Verteilt Aufgaben in der Klasse. Ihr könnt euch an den Beispielen orientieren. Hängt eure fertigen ABC-Texte an der Pinnwand auf.

5 Du kennst sicher das ABC auswendig. Sprecht die Buchstaben in Gruppen. Versucht das ABC von hinten aufzusagen.

6 Überprüft euch gegenseitig in Partner- oder Gruppenarbeit, zum Beispiel: Welcher Buchstabe steht hinter l, vor d, zwischen l und n?

7 Stell dir vor, du solltest die folgenden Wortreihen in ein Wörterbuch einordnen. Überlege, auf welchen Buchstaben du jeweils besonders achten mußt. Schreibe die Reihen in der richtigen Reihenfolge in dein Heft.

- Gasse Untersatz Fehler Plane rechnen
- Kiefer Keller Kiebitz Känguruh Kadaver
- regelmäßig regulär Regal regnerisch
- Schnelläufer schneidig Schnalle schneidern Schneiderin
- Unterricht Unterzeug unterhalb Unterschrift untertauchen unterirdisch

8 Entnimm dem folgenden Auszug aus dem Schülerduden die Wörter, die die Bilder bezeichnen. Schreibe sie auf.

die **Tor|te;** der **Tor|ten|bo|den;** der **Tor|ten|he|ber**

die **Tor|tur** (Folter, Qual); die Torturen

der **Tor|wart;** die Torwarte

tot; der tote Punkt; etwas auf ein totes Gleis schieben; totes Kapital. *Groß:* das Tote Meer

to|tal (gänzlich, völlig); **to|ta|li|tär** (alles erfassend und kontrollierend); totalitäre Staaten

sich **tot|ar|bei|ten** (umgangssprachlich); er arbeitet sich tot, er hat sich totgearbeitet; der **To|te;** ein Toter, die Toten, zwei Tote; die **To|te;** eine Tote

das **To|tem** (Stammeszeichen bei den Indianern); der **To|tem|pfahl**

tö|ten; du tötest, er tötet, er tötete, er hat ihn getötet, töte nicht!; die **To|ten|bah|re; to|ten|blaß** und todblaß; der **To|ten|grä|ber;** der **To|ten|kopf;** die **To|ten|mes|se; to|ten|still** und todstill; **tot|fah|ren;** er fuhr ihn tot, er hat ihn totgefahren; **tot|ge|bo|ren;** ein totgeborenes Kind, aber: das Kind ist tot geboren; sich **tot|la|chen** (umgangssprachlich); er hat sich totgelacht

das (auch: der) **To|to** (Glücksspiel); die Totos

tot|schla|gen; er schlug ihn tot, er hat ihn totgeschlagen

das **Tou|pet** [*tupe*] (Perücke); des Toupets [*tupeß*], die Toupets [*tupeß*]

die **Tour** [*tur*] (Ausflug, Fahrt; Umlauf, Umdrehung); die Touren; der **Tou|ren|zäh|ler;** der **Tou|rist** (Reisende); des/dem/den Touristen, die Touristen; die **Tour|nee** [*turne*] (Gastspielreise); die Tournees und die Tourneen

der **Trab;** Trab reiten, laufen; sich in Trab setzen

der **Tra|bant** (ein [künstlicher] Mond); des/dem/den Trabanten, die Trabanten

tra|ben; das Pferd trabt, das Pferd trabte, das Pferd ist über den Acker getrabt; das Pferd hat zwei Stunden getrabt

die **Tracht;** eine Tracht Prügel

trach|ten; du trachtest, sie trachtete, sie hat mir nach dem Leben getrachtet

träch|tig; eine trächtige Kuh

die **Tra|di|ti|on** (Überlieferung; Brauch); **tra|di|tio|nell** (überliefert, herkömmlich)

der **Tra|fo** (kurz für: Transformator); des Trafo und des Trafos, die Trafos

träg und **trä|ge**

die **Trag|bah|re; trag|bar;** die **Tra|ge; tra|gen;** du trägst, er trägt, er trug, er hat den Koffer getragen, trage ihr den Korb!; der **Trä|ger;** die **Tra|ge|ta|sche; trag|fä|hig;** die **Trag|flä|che;** das **Trag|flü|gel|boot**

die **Träg|heit**

die **Tra|gik** (erschütterndes Leid); **tra|gisch;** die **Tra|gö|die** [*tragödi[e]*] (Trauerspiel; Unglück); die Tra|gö|di|en

die **Trag|wei|te**

der **Trai|ner** [*träner*] (jemand, der andere auf Wettkämpfe vorbereitet); **trai|nie|ren** [*tränir[e]n*]; du trainierst, sie trainiert, sie trainierte, sie hat oft trainiert, trainiere!; das **Trai|ning** [*träning*]; die Trainings; der **Trai|nings|an|zug**

der **Trakt** (Gebäudeteil); die Trakte

der **Trak|tor** (Zugmaschine); die Traktoren

träl|lern; er hat ein Lied geträllert

die **Tram** (Straßenbahn); die Trams

tram|peln; du trampelst, er hat getrampelt, tramp[e]le nicht!; das **Tram|pel|tier** (zweihöckeriges Kamel)

tram|pen [*trämp[e]n*] (per Anhalter fahren); er ist durch Italien getrampt

das **Tram|po|lin** (ein Sprunggerät); des Trampolins, die Trampoline

der **Tran** (flüssiges Fett von Seetieren); **tra|nig**

die **Trä|ne; trä|nen;** das Auge tränt, das Auge tränte, das Auge hat getränt; das **Trä|nen|gas**

der **Trank;** die Tränke; die **Trän|ke; trän|ken;** du tränkst, er tränkt, er tränkte, er hat die Pferde getränkt, tränke sie!

der **Trans|for|ma|tor** (Umspanner elektrischer Ströme); die Transformatoren

die **Trans|fu|si|on** ([Blut]übertragung)

der **Tran|si|stor** (Teil eines elektrischen Verstärkers); des Transistors, die Transistoren)

der **Tran|sit** (Durchfuhr von Waren; Durchreise); des Transits; die Transite; **tran|si|tiv** (ein Akkusativobjekt fordernd; zielend); ein transitives Verb

trans|pa|rent (durchscheinend; durchsichtig; durchschaubar); das **Trans|pa|rent** (durchscheinendes Bild; Spruchband); die Transparente

die **Trans|plan|ta|ti|on** (Organ-, Gewebeverpflanzung)

9 Schreibe zu folgenden Nomen ihre bestimmten Artikel auf:
Torwart, Toto, Trabant, Traktor, Tram, Transparent

10 Entnimm dem Ausschnitt den Plural der Wörter.

Laute unterscheiden

11 Was ist euch aus der Grundschule bekannt?

12 In diesen Sätzen fehlen sämtliche Vokale:
Dsr Stz st schwr z lsn.
hn Vkl ght s ncht!

13 Schreibt den folgenden Text richtig auf, und erfindet einen Schluß.
Plötzlich gab s kin inzigs [E] mhr. Ihr könnt uch nicht vorstlln, wi komisch das war. Di Lut konntn sich gar nicht mhr richtig vrsthn. All warn verzwiflt!...

14 Dies ist eine Möglichkeit, mit Konsonanten zu spielen:

Närrisches Schreiben

Liebe Elgriede
meiner Schreibmaschine gehlt ein Buchstabe! Leider will mir niemand die Maschine reparieren. Deshalb muß ich versuchen, ohne diesen Buchstaben auszukommen. Da er aug der Tastatur neben dem Buchstaben G liegt, schreibe ich statt seiner in diesem Brief immer ein G. Hoggentlich kannst Du darum alles lesen!
Ich war neulich zu einer gabelhagten Geier eingeladen. Im Gestzimmer saßen viele gröhliche Menschen an einer langen Kaggeetagel. Es gab Krapgen und Kuchen zu essen. Wir geierten von nachmittags um güng bis spät in die Nacht. Zum Abendbrot gab es Gorellen in Butter mit Salzkartoggeln und Geldsalat. Zum Nachtisch aßen wir süßes Geigenkompott. Es war ein üppiges Gestmahl.

(Roland Barry)

Schreibe den Text weiter.

Tip 2: Genau hinsehen, die richtige Schreibung merken.

Durch genaues Hinsehen und sorgfältiges Schreiben prägt sich die Schreibweise eines Wortes fest ein.
Im folgenden könntest du eine Art Konditionstraining für genaues Hinsehen machen. Es hilft dir, Flüchtigkeitsfehler zu vermeiden.

1 Welches Wort paßt zu welchem Umriß? Worauf mußt du besonders achten?
Rechtschreibung, Übung, Training, einprägen

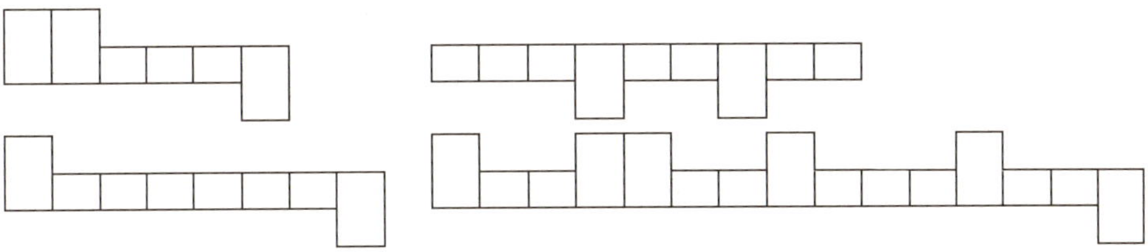

Zeichne und schreibe in dein Heft.

Wähle dir aus dem Ausschnitt des Wörterbuchs (S. 71) Wörter und zeichne dazu ihre Umrisse.

2 Was alles in den Dingen steckt. Schreibe die unvollständigen Reihen auf.

Im Traum ein Raum,
im Schmaus eine Maus,
im Messer der Esser,
in der Fahne der Ahne,
im Dickicht ich,
im Kerker der ...
im Sieger der ...
in der Wirrnis das ...
im Schlamm das ...
im Schund der ...
im Schuft der ...
in der Gruft der ...
in der Rinde das ...
in der Winde der ...
im Graben der ...

Vielleicht fallen dir weitere Beispiele ein.

3 Schreibe die Wörter auf. Finde selbst heraus, nach welchem Prinzip die Buchstaben zusammengehören.

a. troW, ebatshcuB, ebagfuA
b. tfirhcslegeipS ,relheF ,gnubierhcsthceR
c. uSelhc, enLila, Blfestiti

4 Sicher kennt ihr Geheimsprachen. Schreibt den entschlüsselten Text auf.

Weber diebieseben Tebext lebeseben kabann, habat diebiesebe Gebeheibeimsprabachebe ebentschlübüssebelt.

5 Jetzt kannst du wahrscheinlich auch das folgende Gedicht entschlüsseln. Schreibe es auf. Man könnte es in ein Poesiealbum schreiben. Warum?

Bi-Sprache

Ibich habibebi dibich,
Lobittebi, sobi liebib.
Habist aubich dubi mibich
Liebib? Neibin, vebirgibib.

Nabih obidebir febirn,
Gobitt seibi dibir gubit.
Meibin Hebirz habit gebirn
Abin dibir gebirubiht.

(Joachim Ringelnatz)

6 Schau dir ein Sprichwort jeweils ganz genau an. Schließe dann das Buch, und schreibe auf. Dein Ziel sollte sein, keinen Fehler zu machen.

- Die Wahrheit über die Katzen erfährt man von den Mäusen.
- Ein sattes Pferd läßt den Hafer stehen.
- Viele Köche verderben den Brei.
- Wer langsam fährt, kommt auch zum Ziel.
- Wer rastet, der rostet.
- Frisch gewagt, ist halb gewonnen.

Tip 3: Deutlich sprechen und genau hinhören

Häufig kann man die richtige Schreibung eines Wortes auch heraushören.

1 Auf welche Buchstaben kommt es hier jeweils an? Erkläre die Bedeutung der Wörter.

Dorf – Torf	Daten – Taten	vier – für
Schal – Schall	Wal – Wall	danken – tanken

2 Schreibe die zusammengehörigen Wörter auf. Erkläre, warum dir hier Tip 3 hilft, den jeweils unterstrichenen Buchstaben richtig zu schreiben.

er ging Länder heben Berge laut
Berg eine laute Maschine Land sie gingen
er hebt
Beispiel: er ging – sie gingen

3 Lies diese Schnellsprechverse langsam und deutlich.

Kleine Kinder können keine kleinen Kirschkerne knacken.
Zwischen zwei Zweiglein zwitschern zwei Zeislein.
Knabbernde Knaben knebeln knautschige knurrende Knoblauchesser.
Berta brät bestens breite braune Braten.
Blaukraut bleibt Blaukraut und Brautkleid bleibt Brautkleid.

4 Kennst du noch andere?
Versucht nach dem gleichen Bauprinzip selbst Schnellsprechverse zu machen. Erprobt durch deutliches Sprechen.

Tip 4: Die richtige Schreibung erklären, Regeln und grammatisches Wissen anwenden

1 Die Schreibung erklären – Beispiele:

klären – abgeleitet von klar
Häuser – der Singular (Einzahl) heißt: Haus
Sieb – der Plural (Mehrzahl) heißt: Siebe
er legt – der Infinitiv (Grundform) heißt: legen
– die dritte Person Plural heißt: sie legen
gesund – eine gebeugte Form heißt: ein gesundes Klima

2 Erkläre die Schreibung der unterstrichenen Buchstaben. Nimm die folgende Zusammenstellung zu Hilfe.

Fähre, Wälder, läuten, Häute, erklären, er ging, Betrieb, rund, Rand, er singt, er sprang, Hang, sie lebt, Pferd

Fähre – fahren

So kannst du erklären:

Ableiten durch ein anderes Wort der Wortfamilie: Fähre von fahren
Räuber von Raub

Verlängern oder eine andere Form bilden:

● bei Nomen Plural bilden:	Zwerg	– Zwerge
● bei Adjektiven mit einem Nomen beugen:	breit	– ein breiter Graben
● bei Verben Infinitiv oder andere Form bilden:	er hebt	– heben
		– sie heben
	sie legt	– legen
		– sie legen

3 Bei der Rechtschreibung können dir manchmal auch ganz einfache „Eselsbrücken" helfen.

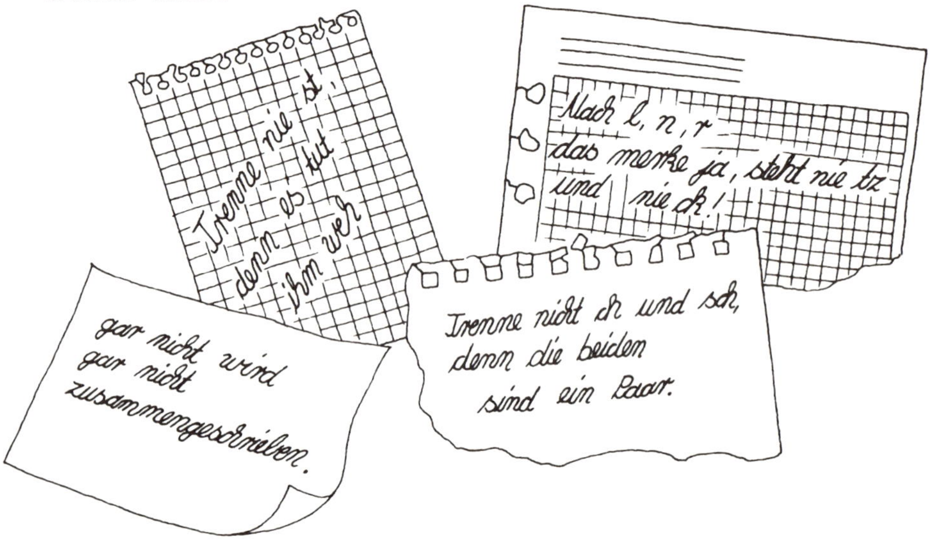

4 Kennst du weitere Eselsbrücken? Ordne diese Beispiele den oben genannten zu. Suche noch mehr Beispiele.

Ku-chen   Holz, schlank, Kerze
Hu-sten

5 Schließlich kannst du bei der Rechtschreibung auch grammatisches Wissen anwenden.

Nomen werden groß geschrieben.

Artikel, Verben, Adjektive und alle anderen Wortarten werden klein geschrieben.

Nomen kann man dadurch herausfinden, daß man den bestimmten Artikel (der, die das) oder den unbestimmten Artikel (ein, eine, einer) davorsetzen kann.

6 Schreibe den folgenden Text richtig auf. Achte darauf, daß nur Nomen groß geschrieben werden.

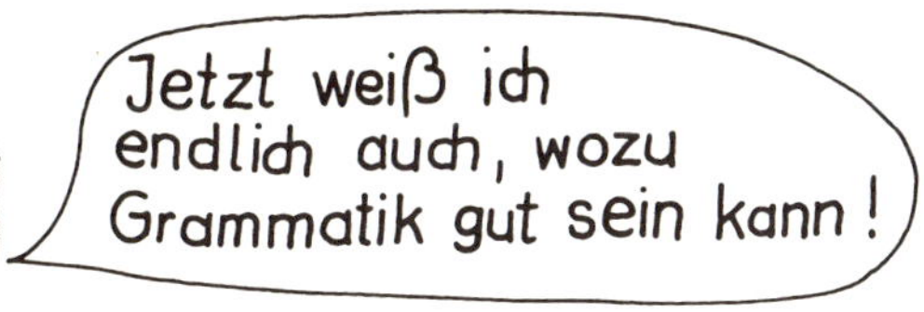

Dassch nit zel

E inmen schders iche insch nitz elb riet
bem erk ted aßi hmd asmiß riet
jed ochda eressel bstgeb raten
tu terals wär'e sihmger aten
un dums ich nichtzus tra fen lü gen
ißter's mitherz lich emvergnü gen

(Eugen Roth)

Zusammengefaßt:

Um eure Rechtschreibung zu verbessern, solltet ihr also unterschiedliche Fähigkeiten und Techniken einsetzen:
- genau hinsehen, fest einprägen, sorgfältig schreiben,
- deutlich sprechen und genau hinhören,
- die Schreibung von Wörtern erklären,
- Regeln und grammatisches Wissen anwenden.

Immer wenn ihr unsicher seid:
Auf **Tip 1** zurückgreifen und im Wörterbuch nachsehen. Damit geht ihr auf Nummer sicher.

Trixi und Lucki in der Wörterstadt

1. Wörtermarkt in Wörterstadt

Artikel
ir be- iten das men und en das schlecht Nomens n.
Wir geben an, was getan wird und was geschieht.
der
die
eine
ein
liegen
gehen
reiten
laufen
rufen
blühen
kommen
essen
reden
Verben
Hier kann man Wörter jeder Art aussuchen, probieren, kaufen...
Hier sind zu haben: schöne, große, tolle, lange Wörter...
Trixi
Lucki

1 Erklärt, was ihr auf dem Bild seht. Geht auch auf die Aussagen von Lucki und Trixi ein.
Vielleicht kennt ihr aus der Grundschule noch andere Bezeichnungen als diese:

Nomen oder Substantiv	–	Namenwort oder Hauptwort
Artikel	–	Begleiter des Nomens
Verb	–	Tätigkeitswort oder Tuwort
Adjektiv	–	Eigenschaftswort oder Wiewort

2 Nennt weitere Beispiele für die einzelnen Wortarten. Orientiert euch dabei an dem Thema Markt.

2. „Hilfe, die Maschine streikt!“

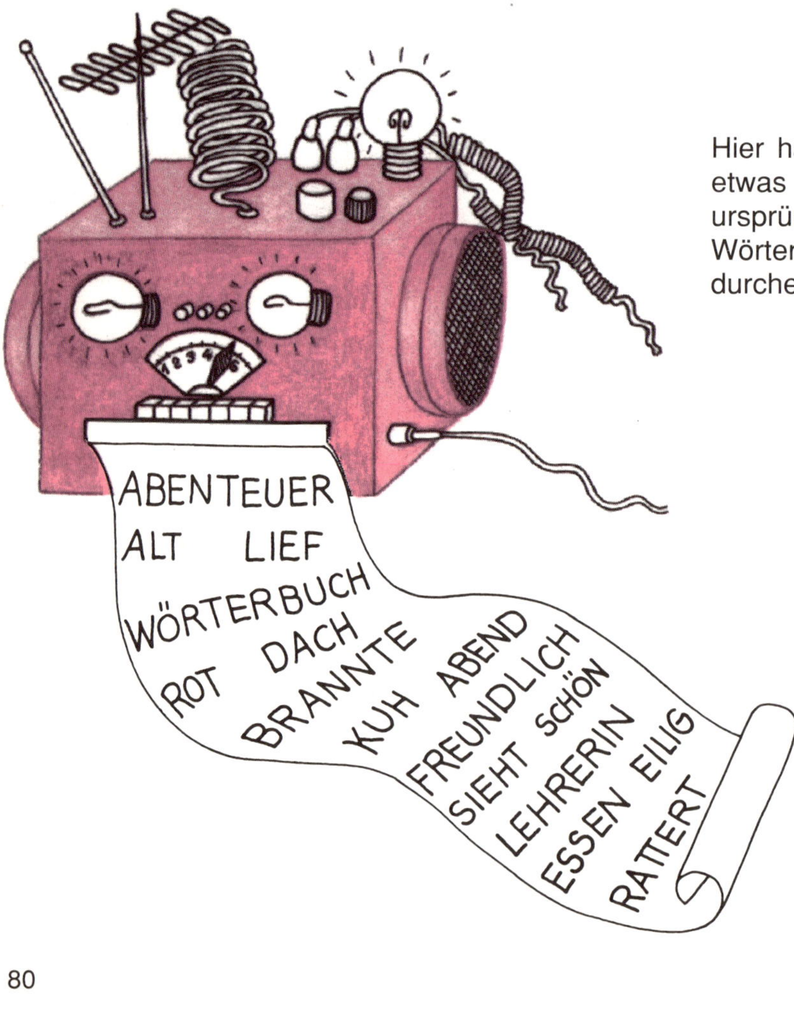

Hier hat eine Wortmaschine etwas ausgedruckt, aber die ursprüngliche Ordnung der Wörter an den Ständen ist durcheinander geraten.

1. Ordne die einzelnen Wörter nach Nomen, Verben und Adjektiven in deinem Heft.
Dabei kannst du im Zweifelsfalle Proben anwenden:
- Wenn man den Artikel (der, die, das) davorsetzen kann, ist es ein Nomen und wird groß geschrieben.
- Wenn man eine Form mit dem Personalpronomen ich, du, er, sie, es, wir, ihr, sie bilden kann, ist es ein Verb und wird klein geschrieben.
- Wenn man das Wort steigern kann, ist es ein Adjektiv und wird klein geschrieben.

Auch hier war die Maschine mal wieder falsch programmiert, denn im Satz werden Nomen und ihre Artikel, Verben und Adjektive oft verändert (gebeugt).

Erlebnisse in der Wörterstadt

Lucki und Trixi hab einig seltsam Erlebnisse in der Wörterstadt. Auf dem groß Marktplatz entdeck sie den Wörtermarkt. Lucki beginn in dem Hauf der Wörter zu kramen. Endlich find er eins, das ihm besonders gut gefällt. Es heiß Windhose. *„Was kost dieses Wort“*, frag er die nett und zuvorkommend Verkäuferin. Als diese ihm einen Preis zuflüster, leg er das Wort schnell wieder zurück und will geh. Die Verkäufer ruf noch hinter ihm her.
Es ist aufregend! Zwischen der bunt Marktbude dräng sich unterschiedlich Mensch. Hochbeladen Karren holper über den Markplatz. Säcke und Kisten soll zum Ozean des Wissens transportier werd.

2. Schreibe den Text in der richtigen Form in dein Heft.

3. Nomen / Substantive

In der folgenden Geschichte hat die Maschine alles in großen Buchstaben ausgedruckt.

DIE BEIDEN SCHNECKEN

ZWEI SCHNECKEN WANDERN SCHON SEIT SIEBEN JAHREN DURCH DIE WÜSTE. MIT DER ZEIT KRIEGEN SIE EINEN FURCHTBAREN DURST.
„WASSER!" STÖHNT DIE EINE.
„SPRUDEL!" SCHREIT DIE ANDERE UND STÜRZT, SO GUT SIE STÜRZEN KANN, AUF EINE VOLLE FLASCHE SPRUDEL, DIE DA IM SAND LIEGT.
ABER WIE ES DER ZUFALL WILL, IST KEIN FLASCHENÖFFNER DA. NUN LOSEN SIE EIN JAHR LANG AUS, WER DEN ÖFFNER HOLEN SOLL. EINE KRIECHT DANN WIRKLICH LOS.
ES VERGEHEN VIER JAHRE, DOCH DIE SCHNECKE KOMMT UND KOMMT MIT DEM ÖFFNER NICHT WIEDER. DA VERSUCHT DIE ZURÜCKGEBLIEBENE SCHNECKE, MIT STEINEN DIE FLASCHE ZU ÖFFNEN. DOCH SCHON TAUCHT HINTER DEM NÄCHSTEN SANDHÜGEL DIE ANDERE AUF UND RUFT: „HAB ICH ES MIR DOCH GEDACHT. ABER WENN DU SO ANFÄNGST, DANN GEH ICH GAR NICHT ERST LOS."

Genus (grammatisches Geschlecht)

Nomen haben ein (grammatisches) Geschlecht. Dies findet man heraus, wenn man den Artikel **der, die das** davorsetzt oder das Pronomen (Fürwort) **er, sie es** dafür einsetzt.

Maskulinum (männlich)	der Mann der Hund	– er – ...
Femininum (weiblich)	die Frau die Katze	– sie – ...
Neutrum (sächlich)	das Mädchen das Buch	– es – ...

Numerus (Anzahlform: Singular oder Plural)

1. Suche alle Nomen aus dem Text „DIE BEIDEN SCHNECKEN" heraus, und setze ihren Artikel davor.
2. Ordne die Nomen nach ihrem grammatischen Geschlecht und nach Singular (Einzahl) und Plural (Mehrzahl).

3 Übernimm die Tabelle in dein Heft.

Genus (Geschlecht)	Numerus (Anzahlform)	
	Singular	Plural
Maskulinum Femininum Neutrum	der Durst, ... die das	die Steine...

Die Engländerin Patty, die schon einigermaßen Deutsch sprechen kann, besucht mit ihrer deutschen Freundin Petra den Zoo. Als sie am Nashorngehege vorbeikommen, sagt Patty: „Guck mal, der Nashorn!" Petra klärt den Irrtum auf: „Es heißt das Nashorn!" „Aber es ist doch ein Er. Ich meine doch ihn", antwortet Patty. „Das ist egal." „Komisch", meint Patty schließlich. „Das ist bei uns ziemlich schwierig", erklärt Petra, „wir sagen nämlich auch: das Mädchen, das Kind, der Löffel, die Gabel."

4 Erkläre Pattys Schwierigkeiten. Wie ist es im Englischen mit dem Artikel?

5 Suche weitere Beispiele, bei denen das grammatische und das natürliche Geschlecht übereinstimmt und bei denen es nicht übereinstimmt.

Beispiele:		
	übereinstimmend:	der Mann, die Frau, ...
	nicht übereinstimmend:	der Ofen, das Pferd, ...

Auch der amerikanische Schriftsteller Mark Twain bestätigt Pattys Schwierigkeiten:

... Im Deutschen hat ein Fräulein kein Geschlecht, wohl aber ein Kürbis. Welch übermäßige Hochachtung vor dem Kürbis und welch kaltherzige Mißachtung der unverheirateten jungen Dame sich hier verrät! Ein Baum ist männlich, seine Knospen aber sind weiblich und seine Blätter sächlich, Pferde sind geschlechtslos, Hunde sind männlich, Katzen weiblich, Mund, Hals, Busen, Ellenbogen, Finger, Nägel, Füße und Rumpf eines Menschen sind männlichen Geschlechts, was auf dem Hals sitzt, ist entweder männlich oder sächlich, aber das richtet sich nach dem Wort, das man dafür benutzt, und nicht etwa nach dem Geschlecht des tragenden Individuums, denn in Deutschland haben alle Frauen entweder einen männlichen „Kopf" oder ein geschlechtsloses „Haupt". Nase, Lippen, Schultern, Brust, Hände, Hüften und Zehen eines Menschen sind weiblich, und sein Haar, seine Ohren, Augen, Beine, Knie, sein Kinn, sein Herz und sein Gewissen haben gar kein Geschlecht. Was der Erfinder der Sprache vom Gewissen wußte, muß er vom Hörensagen gewußt haben.

Aus obiger Lektion wird der Leser ersehen, daß in Deutschland ein Mann zwar glauben mag, er sei ein Mann, aber sobald er sich die Sache nüchtern und genauer ansieht, müssen ihm Zweifel kommen: Er findet heraus, daß er in Wahrheit eine höchst lachhafte Mischung darstellt.

Im Zweifelsfalle: Tip 1– Wörterbuch! (S. 69)

6 Sprecht über Mark Twains Befunde im ersten Abschnitt. Lassen sie sich bestätigen und belegen? Was meint er am Schluß mit einer „höchst lachhaften Mischung“?

7 Stellt einmal die „höchst lachhafte Mischung“ eines Fahrrades oder eines Hauses zusammen.

8 Mark Twain hatte sicherlich auch bei einigen Pluralbildungen seine Schwierigkeiten. Wie wird bei diesen Nomen der Plural gebildet?
Atlas, Radio, Ballon, Thema, Komma, Apparat, Bonbon

9 Die meisten Nomen können den Singular und den Plural bilden. Es gibt Nomen, die nur den Plural bilden können, es gibt andere Nomen, die nur den Singular bilden können: Entscheide, ordne in eine Tabelle in deinem Heft ein.

Friede, Hoffnung, Glück, Margarine, Butter, Tropfen, Regen, Schnee, Fleisch, Zucker, Ferien, Körnchen, Salz, Scheibe, Flocke, Unkosten

Singular und Plural	nur Plural	nur Singular

10 Diese Wörter haben zwei Bedeutungen:
Tau, Kunde, Erbe, Bund, Bauer, Schild, Steuer, Mark, Junge, Leiter, Mast

Unterscheide mit Hilfe des Artikels, und umschreibe die Bedeutung.

Beispiel:	das Band	der Band
	(Faden)	(Buch)

An dem Stand für Nomen/Substantive werden ganz unterschiedliche „Sorten“ angeboten.
Manche Nomen bezeichnen Dinge, die man sehen und anfassen kann, manche bezeichnen nur Vorgestelltes.

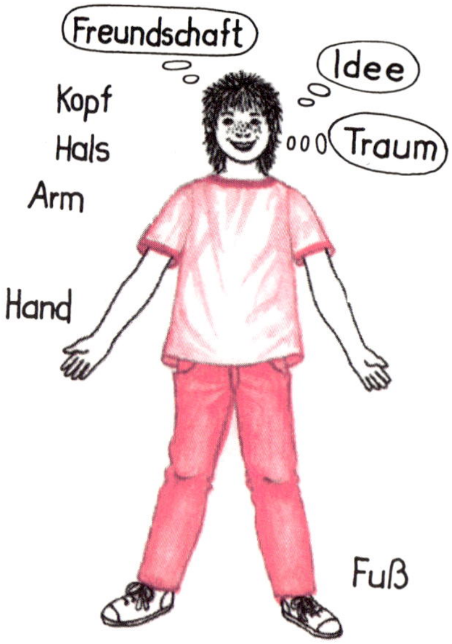

11 Versuche zu ordnen.

12 Suche weitere Beispiele.
Manche Nomen benennen ganz konkrete Dinge (Konkreta). Man kann sie sehen, anfassen oder malen.
Manche Nomen bezeichnen Vorstellungen, Gefühle, Zustände (Abstrakta).

13 Suche weitere Konkreta und Abstrakta aus den Texten auf S. 82 und S. 83. Ordne die Wörter entsprechend.

Auf ihrem Gang durch die Wörterstadt entdecken Trixi und Lucki auch dieses Bauwerk:

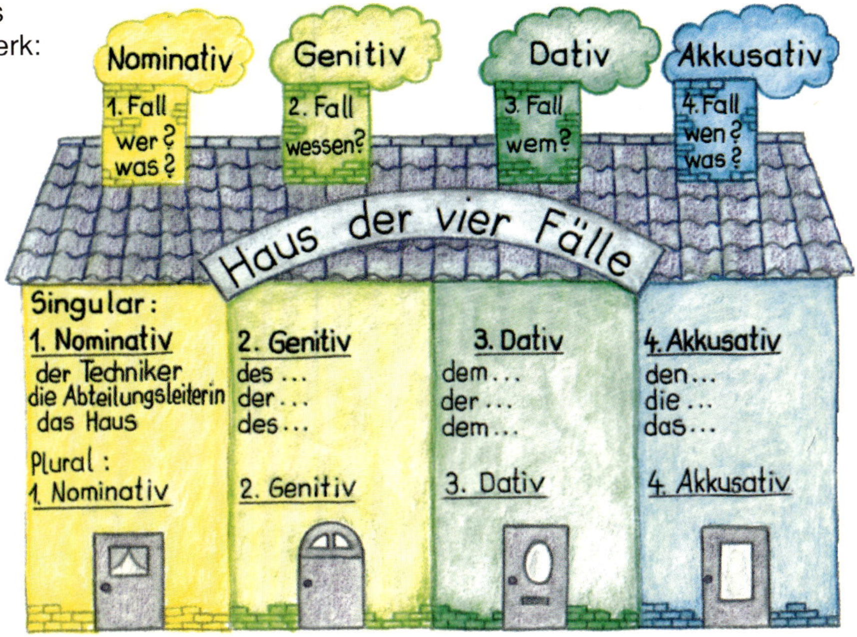

Kasus (Fall)
Deklination
(Beugung der Nomen und anderer Wortarten in den vier Fällen)

Mit den Fragen kann man den jeweiligen Fall bestimmen.

Beispiele: Der Techniker repariert die Maschine.
Wer/Was? repariert die Maschine?
Der Techniker (Nominativ)

Der Techniker repariert die Maschine.
Der Techniker repariert wen/was?
die Maschine (Akkusativ)

14 Bestimme genauso die unterstrichenen Ausdrücke.
Der Maschinist bedient die Hebel der Presse.
Der Ingenieur zeigt den beiden Kindern die Steueranlage.

15 Bestimme die unterstrichenen Wörter nach ihren Fällen. Die Nomen haben manchmal Begleiter bei sich, die im gleichen Kasus stehen.

Die beiden Freunde Trixi und Lucki sehen sich noch einmal auf dem Markt der Wörter um.
An einem Stand entdecken und bestaunen sie die große Auswahl der unterschiedlichen Wörter. Sie gehen zu einem großen Mann. Da sehen sie lange, bedeutungsschwere Wörter für eine besondere Gelegenheit; auch die feierlichen Wörter fehlen nicht. *„Hier gibt es die tollsten Ausdrücke in einer besonderen Qualität“*, preist der stattliche Verkäufer seine Waren an, *„wie wäre es mit einer Tüte der schönsten Eigennamen?“* Trixi geht mit ihrem Freund auf einen kleinen Stand zu. *„Wörter zum Selberbasteln“ steht auf* einem Schild. *„Die meisten Leute sind viel zu bequem, um sich ihre eigenen Wörter zu basteln“*, bemerkt der Buchstabenmann.

16 Dekliniere die folgenden Wörter im Singular und/oder Plural:
der Nomenhändler, die Wörterstadt, die Wortmaschine, die Worteinkäuferin, der Wortbaumeister

Diese Maschine ist darauf spezialisiert, Sätze auszudrucken.

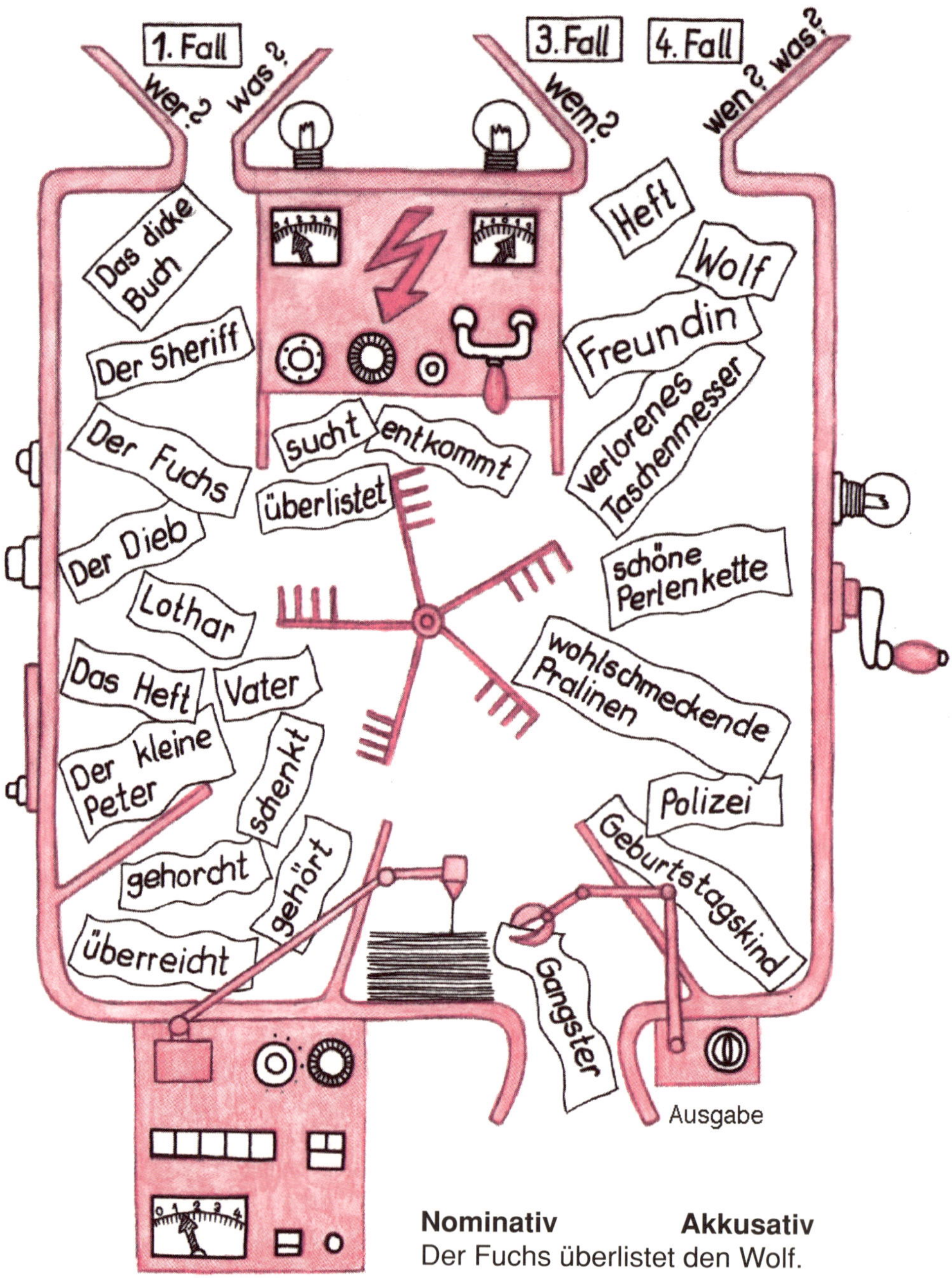

Nominativ **Akkusativ**
Der Fuchs überlistet den Wolf.

Nominativ **Dativ**
Der Dieb entkommt der Polizei.

17 Bilde weitere Sätze. Darauf mußt du achten:
- den passenden Artikel wählen,
- den richtigen Kasus bilden.

Kennzeichne den jeweiligen Kasus mit seiner Farbe.

baum
baum kind

kind
kind hund

hund
hund haus

haus
haus baum

baum kind hund haus

(Eugen Gomringer)

18 Was fällt dir an diesem Gedicht auf? Versuche, ein ähnliches Gedicht zu schreiben. Orientiere dich dabei, anders als der Verfasser Eugen Gomringer, an der üblichen Rechtschreibung.

4. Verben

Auch bei Verben hat der Computer große Schwierigkeiten.

Tom Sawyer und der Fremde

Tom Sawyer stehen einem fremden Jungen gegenüber. Er erblicken ihn zum ersten Mal hier. Keiner der beiden reden ein Wort. Schließlich sagen Tom: „Wie heißen du überhaupt"? „Das gehen dich einen Dreck an", antworten der fremde Junge. „Ich zeigen dir gleich, was mich das angehen." „Warum zeigen du es mir nicht sofort?" „Wenn du noch länger reden, zeigen ich es dir". Nach langem Hin- und Herreden kommen es zwischen den beiden Jungen zu einer Balgerei...

Personalform des Verbs (gebeugte Form)

Infinitiv (Grundform des Verbs)

Konjugation (Beugung des Verbs)

1 Was ist hier nicht richtig? Korrigiere den Text.

Im Satz verwendet man meistens die Personalform des Verbs. Man nennt dies konjugieren (beugen).
Verwendet man das Verb so, daß es sich nicht auf eine Person bezieht, heißt es Infinitiv (Nennform oder Grundform), z.B. stehen.

Singular	1. Person	– ich *stehe*
	2. Person	– du *stehst*
	3. Person	– er, sie es *steht*
Plural	1. Person	– wir *stehen*
	2. Person	– ihr *steht*
	3. Person	– sie *stehen*

Dies sind Konjugierspiele

- Für langweilige Autofahrten geeignet:
  Höringen, Schauerheim, Pinneberg, Liebenstein, Lüftelberg.
  Ich höre Inge, du hörst Inge...
- Auch diese Wörter eignen sich: Kochlöffel, Reißnagel, Lesezeichen
  Ich koche Löffel, du...

2 In diesem Gedicht tauchen Wörter auf, die es in unserer normalen Sprache nicht gibt.
Nenne die Verben. Woran hast du sie erkannt?

Ballade von den unsagbaren Geschehnissen

Und der Kallermarl ast Gimme
und die strohn ihm im Salleit,
Pritchie Pritcher ast ein Nimme,
doch den Nimme muhlt man neit.

Lang schon gohlt es im Betritsche,
pussert sich zum Rampelfurm,
meulich mammelt die Matitsche,
pauft die Jemmen in den Zurm.

Unter einem Himmergepsel
brault der Mugger seinen Prumpf,
doch gar bald betreupft Schamepsel,
und es pergelt Mörschenwumpf. [...]

(Christa Reinig)

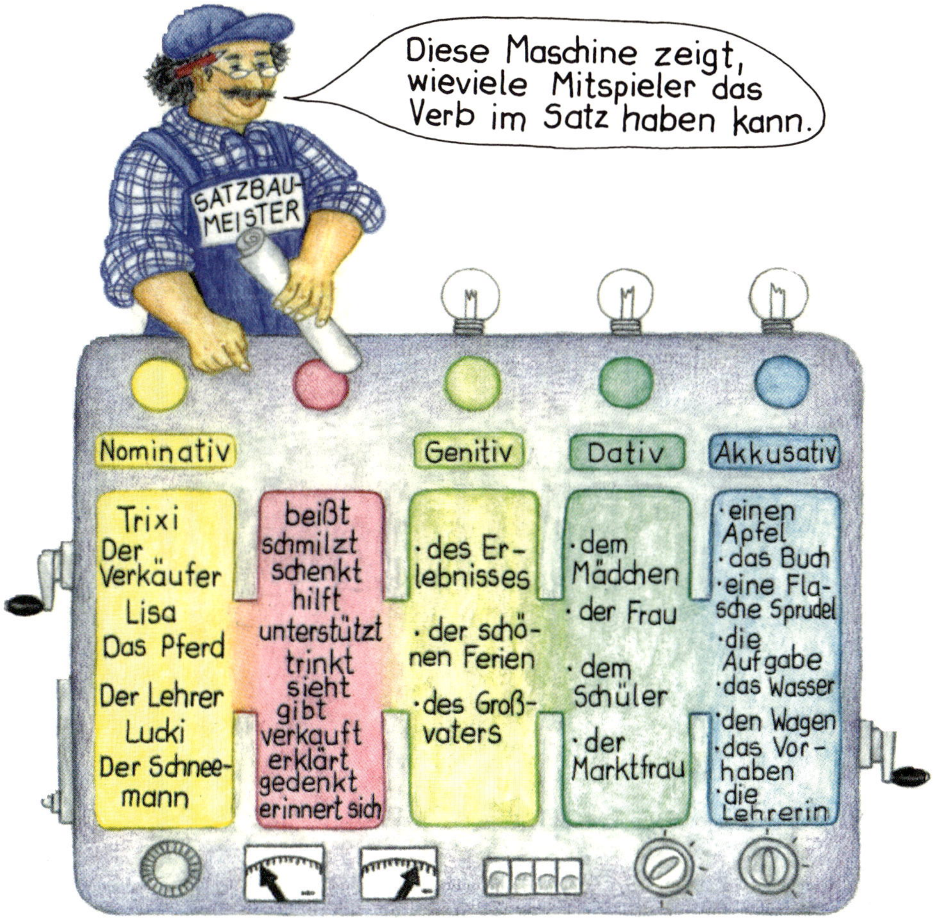

③ Bilde so viele Sätze wie möglich. Es gibt folgende Satzmuster.

a)	Nomen im Nominativ	Verb		
b)			Nomen im Genitiv	
c)			Nomen im Dativ	
d)			Nomen im Akkusativ	
e)			Nomen im Dativ	Nomen im Akkusativ

④ Die Maschine kann auch Unsinnsätze produzieren: Der Lehrer schmilzt.

5. Adjektive

Rätsel für Anna

Anna hat's im Fäustelein.

Es ist nicht groß, es ist nicht klein,
es ist nicht hart, es ist nicht weich,
es ist nicht arm, es ist nicht reich,
es ist nicht schwarz, es ist nicht weiß,
es ist nicht kalt, es ist nicht heiß,
es ist nicht dick, es ist nicht dünn,
es ist nicht gelb, es ist nicht grün,
es ist nicht blau, es ist nicht rot,
es lebt nicht, es ist tot,
es ist nicht gut und auch nicht böse –
nun streng dich an und löse!

Öffne Annas Fäustelein.

(Anna Möss)

gnusöL: sthcin

1. Wie heißt die Lösung des Rätsels?
2. In diesem Rätsel kommt eine ganze Reihe unterschiedlicher Adjektive vor. Erklärt die Aufgabe. Sprecht über die Bedeutung einzelner Adjektivpaare.

Wenn es keine Adjektive gäbe!

In diesem Text sind die Adjektive abhanden gekommen.

Die Geschichte vom _____ und

Es war einmal ein _____ Satz, darin kamen _____ „unds“ vor, und weil der Satz so _____ war, konnten die Wörter gar nicht richtig aufeinander aufpassen, und so lief ein *und* aus dem Satz heraus und legte sich in die Sonne und ließ sich bescheinen. In dem Satz nämlich stand es zwischen lauter _____ Worten, drum hatte es Sehnsucht nach der Sonne, aber als es so dalag, schlief es ein, und als es wieder aufwachte, war der Satz längst weitergegangen, und das _____ _____ *und* stand mutterseelenallein in der Welt.

Allein, das war noch _____ als zwischen Dunkel und Finsternis.

Das _____ *und* begann zu weinen.

„Was fang ich ganz allein auf der Welt an, ich _____ *und*!“ schluchzte es _____ .

Da kam ein _____ _____ H auf seinen zwei Beinen einhergestelzt.

„Ich bin auch so allein wie du“, sagte das _____ H, „komm, gehn wir zusammen!“

„Nein, ich will nicht“, sagte das _____ *und*, „da müßte ich ja immerzu bellen.“ [...]

(Franz Fühmann)

3. Setze an den markierten Stellen der Reihe nach ein Adjektiv ein. Nimm jeweils ein Adjektiv aus Trixis oder Luckis Ballon.

4. Schreibe zur Übung den Text ab. Aber Achtung: Du mußt die Adjektive manchmal im Text verändern.

5. <u>Ein</u> Adjektiv muß im Text gesteigert werden. Welches ist es?

6. Schreibe den Text weiter.

Zusammenfassung

- Adjektive kennzeichnen ein Lebewesen, ein Ding oder einen Vorgang genauer.
- Im Satz verändern sich die Adjektive; sie können zusammen mit dem Nomen gebeugt werden.
- Adjektive kann man steigern. Man unterscheidet
  - die Grundstufe (Positiv) : schön
  - die Vergleichsstufe (Komparativ) : schöner
  - die Höchststufe (Superlativ) : am schönsten / der schönste

6. Präpositionen

Diesen Wörterstand entdecken Trixi und Lucki in der hinteren Ecke des Wörtermarktes. Durch eine Unachtsamkeit fällt der ganze Stand um, und alle Wörter purzeln durcheinander.
Trixi und Lucki bemerken plötzlich ganz merkwürdige Dinge. Zum Beispiel hören sie, daß sich zwei Marktbesucher diese Geschichte erzählen.

Ich hab's

„Natürlich“, sagte das Kaninchen und nickte eifrig auf dem Kopf, „natürlich fürchte ich mich über der Schlange.“ „Ich auch“, piepste die Maus, „und wie!“ „Zwischen der Schlange?“ fragte das Kaninchen. „Klar“ sagte die Maus, „aber mehr noch zwischen der Katze. Katzen sind was Schreckliches!“ „Ich verstehe euch nicht“, meinte die Gazelle, „Katzen und Schlangen, wie man sich auf diesen Tieren fürchten kann? Ich sage euch, am schlimmsten ist der Löwe.“ „Ach, der Löwe“, sagte die Maus und verzog ihre Schnauze, „hinter dem Löwen habe ich eigentlich kaum Angst. Durch den bin ich zu klein, der macht sich höchstens für mich lustig. Es sei denn, er ist furchtbar hungrig und ich tanz' ihm direkt zwischen der Nase herum. Na, blöd werd ich sein. Nö, ich finde Löwen ganz nette Tiere.“ „Du hast vielleicht eine Ahnung“, sagte die Gazelle auf der Maus und probierte, hinter drei Beinen zu stehen. „Du“, fragte da das Kaninchen, „gibt es irgendein Wesen, an dem sich auch der Löwe fürchtet?“
Alle drei dachten angestrengt unter diese Frage nach. „Ich hab's“, rief das Kaninchen und nickte wieder eifrig nach dem Kopf, „ich glaube, der Löwe fürchtet sich auf dem Menschen.“ „Und der Mensch?“ fragte die Gazelle, die jetzt wieder neben vier Beinen stand, „mit wem fürchtet sich der Mensch?“ „Mit mir“, sagte die Maus vor einer kleinen Pause. Sie fand sich plötzlich riesig.

(Elke Kahlert)

1 Hier stimmt etwas nicht. Korrigiere.

Präpositionen (Verhältniswörter) geben an, welche Beziehungen und Verhältnisse (z.B. des Raumes, der Zeit, des Grundes) zwischen Wörtern oder Wortgruppen bestehen. Sie können vor Nomen oder Pronomen stehen und bestimmen den Kasus.
Beispiel: vor ihm, hinter dem Jungen

2 Spielt das Spiel „Ich sehe was, was du nicht siehst“ mit Präpositionen. Zum Beispiel: Liegt der Gegenstand auf dem Tisch, ...?

3 Wo sucht Bopperle ihr Wörterbuch? Wo sucht sie ihr Lineal?
Wohin könnte sie es gelegt haben?
Überlegt jeweils, welchen Kasus man setzen muß.
(in / unter / zwischen / auf / neben)

Bopperle sucht

(Jürgen Tamchina)

7. Pronomen

Im Drehen muß man gehen,
und niemand kann es sehen.
Sie müssen alle mit mir fort
und bleiben doch an ihrem Ort.

Er sitzt auf dem Dach und raucht.

Er kommt als schwarzer Mann ins Haus
mit Besen und mit Leiter...

Es hat keinen Mund und redet doch klug.
Es ist kein Baum und hat Blätter genug.

1 Versuche, das unvollständige Rätsel zu Ende zu schreiben.

2 Stelle jeweils das Rätselwort und den Stellvertreter gegenüber.

Die persönlichen Fürwörter (Personalpronomen) kann man deklinieren.

Singular	1. Person:	ich... mir, mich
	2. Person:	du... dir, dich
	3. Person:	er sie es
Plural	1. Person	wir
	2. Person	ihr
	3. Person	sie

3 Erkläre:
Welches Personalpronomen bezeichnet
- den Sprecher,
- den Angesprochenen,
- den oder das, worüber gesprochen wird.

4 Lies den Text auf Seite 276 (Die beiden Traumdeuter). Suche die Personalpronomen heraus, und kennzeichne sie.

5 Sicher kennst du Abzählreime wie diesen:
Ich und du, Müllers Kuh, Müllers Esel das bist du.
Welche Form bezeichnet die Rolle des Sprechers, welche die Rolle des Angesprochenen?

6 Am Stand der Fürwörter (Pronomen) gibt es manchmal ganz ulkige Mißverständnisse. Erkläre.
- Vor der Lehrerin stieg eine dicke Seifenblase auf, bis sie schließlich zerplatzte.
- Als Rosi gestern ihre kleine Katze in ihr Zimmer ließ, machte sie auf den Boden.
- Großmutter setzt sich mit ihrem Enkel vor den Fernsehapparat und knipste ihn an.

7 Dies ist ein Juxbrief des bayrischen Komikers Karl Valentin. Er spielt in diesem Text mit bestimmten Formulierungen, auch mit Pronomen. Erkläre.

Januar, den 33. München 19251/2

Lieber Geliebter!

Mit weinenden Hände nehme ich den Federhalter in meine Hände und schreibe Dir.
Warum hast Du so lange nicht geschrieben, wo Du doch neulich geschrieben hast, daß Du mir schreibst, wenn ich Dir nicht schreibe. – Mein Vater hat Dir gestern auch geschrieben. Er schreibt, daß er Dir geschrieben hätte. Du hast aber kein Wort davon geschrieben, daß er Dir geschrieben hat.
Hättest Du mir ein Wort davon geschrieben, daß Dir mein Vater geschrieben hat, so hätte ich meinem Vater geschrieben, daß Du ihm schon hättest schreiben wollen, hättest aber leider keine Zeit gehabt zum Schreiben, sonst hättest Du ihm schon geschrieben...
Verzeihe mir die schlechte Schrift, ich bekomme immer den Schreibkrampf unterm Schreiben, Du bekommst natürlich nie den Schreibkrampf, weil Du nie schreibst.

Gruß und Kuß

Deine NN

8 Nenne die Pronomen, bestimme sie als „Rollenwörter“ (Sprecher, Angesprochener...) und nach ihrem Kasus (Fall).

9 Bestimmte Pronomen werden in diesem Text groß geschrieben. Suche sie heraus.

In Briefen schreibt man Anredepronomen immer groß.

10 Das Pronomen kann auch als Begleiter des Nomens auftreten. Erkläre, warum dieses Pronomen besitzanzeigendes Fürwort (Possessivpronomen) heißt.

Possessivpronomen lassen sich zusammen mit dem Nomen deklinieren:

Singular	1. Fall	mein Vater, dein Vater, sein...
	2. Fall	meines...
	3. Fall	
	4. Fall	
Plural	1. Fall	meine Eltern, deine Eltern, . . .
	. . . . . .	

11 Erklärt den Witz in diesem Comic.

12 Bestimmt die Personalpronomen und die Possessivpronomen.

13 Schreibt den Text so um, daß nicht <u>Hägar</u> an <u>seinem</u> Boot hängt, sondern <u>seine Frau</u> an <u>ihrem</u> Boot. Die erste Sprechblase ist dabei besonders wichtig.

Wie schreibt man das – groß oder klein?

1. Was man groß schreibt...

Lucki erhält folgende Einladung zu einer Party:

lieber lucki,
herzlich lade ich Dich zu meiner Geburtstagsfeier ein sie soll am Montag, den 15.03.1991 stattfinden wir treffen uns in meinem Zimmer du weißt ja, wo wir wohnen trixi
kommt auch wir
wollen die Party als Zirkusfest aufziehen bringt Ihr Euch etwas zum Verkleiden mit bis zum Montag ich freue mich
Deine

Tina Albers

1. Um diesen Brief lesen zu können, muß man schon genau hinschauen. Woran liegt das?

2. Formuliere eine Grundregel für die Großschreibung. Schreibe den Text neu auf.

Dies ist eine Meldung, die direkt über den Fernschreiber kommt:

Telex - Telex - Telex

junge giraffe von dackel bis zur totalen erschöpfung gehetzt
dpa
während einer dressurnummer mit einer jungen giraffe riß sich ein wütender dackel, den ein mann mit in die zirkusvorstellung gebracht hatte, los und hetzte die verängstigte giraffe durch die zirkusarena. die giraffe geriet in panik und brach schließlich erschöpft zusammen. der tierarzt stellte ein kreislaufversagen fest. die giraffe kann längere zeit nicht auftreten. die zirkusdirektion verlangt schadenersatz vom besitzer des hundes. die ausbildung einer giraffe sei ebenso teuer wie die eines wissenschaftlers.

3. Wie wird die Rechtschreibung aussehen, wenn sie in der Zeitung erscheint? Was müßte geändert werden?

Du weißt ja bereits, daß Nomen/Substantive groß geschrieben werden, und alle anderen Wortarten normalerweise klein zu schreiben sind.

Hier einige Hilfen für das Erkennen von Nomen/Substantiven:

Wortarten ⇒ S. 78/79

	<u>Beispiel</u>
Ein Substantiv kann man daran erkennen, daß ein bestimmter oder unbestimmter Artikel davor steht oder davor stehen könnte.	● **das** Nilpferd ● **ein** Löwe ● (der) Tiger
Zwischen Artikel und Substantiv/Nomen steht manchmal ein Adjektiv; der Artikel kann auch fehlen.	● das **gefährliche** Raubtier ● **schöne** Pferde
Ein Artikel steckt auch in den Wörtern beim, vom, am, im, ins, zur (= bei dem, von dem, in das, zu der)	● **ins** Zelt ● **zum** Ausgang
Anstelle des Artikels kann auch ein anderer Begleiter stehen: mein, dieser, fünf, viele, manche	● **meine** Eintrittskarte ● **dieser** Clown ● **fünf** Akrobaten

4 Versuche nun, in der verbesserten Fassung der Nachricht (Arbeitsaufgabe Nr. 3) die Faustregeln nachzuweisen.

5 Schreibe den folgenden Bandwurmtext in dein Heft. Beachte die Hilfen oben.

6 Welche Wörter werden in der normalen Schrift groß geschrieben?

7 Schreibe den gesamten Text in korrekter Groß- und Kleinschreibung auf.

2. Wenn Verben zu Nomen werden...

1 In den Texten sind einige Verben groß geschrieben. Begründet die Schreibung. Formuliert zwei Merksätze.

2 Entwirf mit Hilfe der folgenden Sätze selbst Hinweis- oder Verbotsschilder. Verkürze dabei den Satz, indem du aus einem Verb ein Nomen machst.
- Die ausgeschilderten Wege dürfen nicht verlassen werden.
- Wenn Sie essen möchten, empfehlen wir unseren Schnellimbiß.
- Wer reiten möchte, kann dies während der Vorstellungspause tun.
- Während der Tierdressur selbst sollte man nicht laut rufen, weil dies die Tiere beunruhigt.
- Wenn das Tierschaugelände verlassen werden soll, wird dies durch ein Klingelsignal angezeigt.

3 Bei diesen Reimversuchen soll ein Adjektiv vor dem nominalisierten Verb stehen. Vielleicht fallen dir auch andere Verse ein.
- Das laute Wiehern dieser Pferde klang...
- Das fröhliche Schlenkern mit dem Rüssel, ...
- Drohendes...
- Beim gierigen...

4 Begründet die Schreibung von Verben: klein oder groß?
- Meine große Schwester Niki will mit mir eine Zirkusvorstellung ■esuchen
- Beim ■uchen eines Parkplatzes haben wir zuerst keinen Erfolg.
- Niki ■arkt schließlich zwischen den bunten Wagen.
- Beim ■inparken gebe ich ihr Zeichen.
- Vor der Zirkuskasse steht eine lange Schlange, so daß wir fast eine Viertelstunde ■arten müssen.
- Das ■arten stellt uns auf eine ziemliche Geduldsprobe.
- Beim ■ereingehen kauft meine Schwester ein Zirkusprogramm.
- Ein Mann in einer Zirkusuniform fordert uns auf, durch eine Sperre ■ereinzugehen.
- Zum ■uchen eines Platzes im Zelt nehmen wir uns Zeit. Ein Platzanweiser hilft uns schließlich, die richtigen Platzreihen ■ufzusuchen.

Mit Hilfe der folgenden Texte kannst du noch einmal dein Wissen überprüfen.

Hier hat der Textautomat nur Großbuchstaben ausgeworfen.

5 Welche Wörter behalten bei einer Übertragung in die normale Schrift ihre Großschreibung?
Achtung! Normalerweise werden Adjektive klein geschrieben. Ein Adjektiv wird in diesem Text groß geschrieben. Begründe diese Schreibung.

Bei diesem Text hat der Textautomat nur Kleinbuchstaben ausgedruckt.

Karlhans Frank
einfach aus dem hut zu zaubern

licht aus! spot an! da steht der mann,
der aus dem hute zaubern kann,

holt aus dem hut erst ein stück leder,
dann eine echte straußenfeder,

dann einen schwamm und einen kamm,
dazu ein strammes osterlamm,

jetzt holt er aus dem hut heraus
den nikolaus und eine maus,

nun eine flasche, neun pfund asche
in einer roten henkeltasche,

auch eine taube mitsamt haube,
das dreizehnte ist eine schraube.

vierzehn: jetzt hält er in der hand
ein band und einen elefant.

trara! ein tusch für diese rose
nebst einer langen unterhose,

für hahn und kahn und geisterbahn,
den schwan, den kran, den weisheits-
zahn –

der hut wird überhaupt nicht leer,
zaubere mit, zaubere mehr!

Numerale (Zahlwort)

6 Welche Wörter sind bei normaler Schreibweise groß zu schreiben?
Achtung! In diesem Text wird ein Zahlwort zu einem Nomen.

3. Anredepronomen im Brief – immer groß

Anredepronomen ⟹ S. 98

1 In dem Brief auf Seite 97 finden sich zwei Anredepronomen. Nenne sie.

2 Man hat sich darauf geeinigt, daß in Schulbüchern das Anredepronomen nicht groß geschrieben wird. Weise nach.

Achtung: Texte mit Fehlern!

3 Hier hat jemand noch nicht verstanden, was ein Anredepronomen ist:
Zu meiner Geburtstagsfeier am Mittwoch, den 15.08., lade Ich dich herzlich ein. Auf dein Kommen freue Ich Mich.

4 Und hier hat jemand Probleme mit den Wortarten. Findest du die „Stilblüte?“
Liebe Tante Mia!
Morgen komme ich zu Besuch. Mutti sagt, wenn ich zu Dir käme, würde es Dich Ungeheuer freuen (...)

Auf der Wortbaustelle

1. Aus Wortbausteinen Wörter zusammenbauen

1 Auf dieser Wortbaustelle ist vieles durcheinandergeraten. Schafft Ordnung. Die einzelnen Bausteine kannst du unterschiedlich kombinieren; manche kannst du auch zweimal verwenden.

2 Ordnet die zusammengebauten Wörter nach ihren Wortarten und schreibt entsprechend auf:
Nomen (groß geschrieben), Verben (klein geschrieben), Adjektive (klein geschrieben).

2. Wortbausteine, die zusammengehören

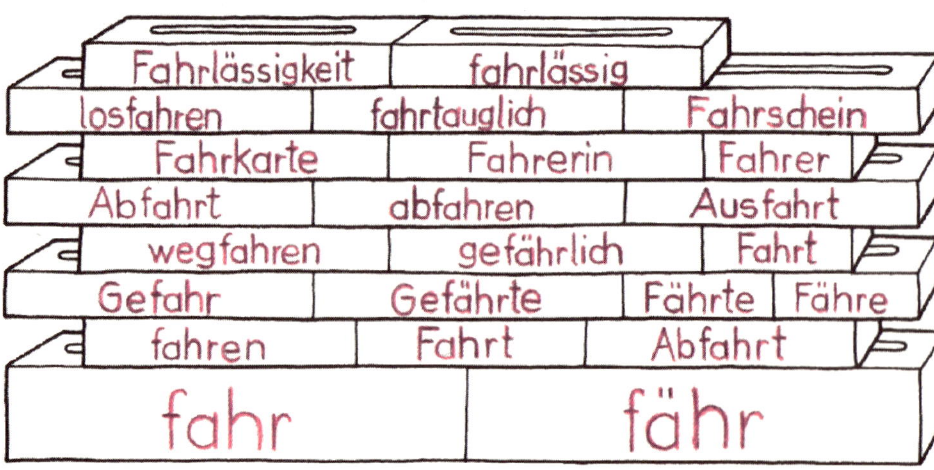

1 Bei diesem Wortbauwerk kann man als Fundament einen besonders wichtigen Wortbaustein ausmachen. Man spricht dabei auch vom Wortstamm. Versuche diesen Begriff zu erklären.

2 Die Wörter in diesem Wortbauwerk bilden eine Wortfamilie. Erkläre diese Bezeichnung.

3 Du könntest das Wortbauwerk auch als Stammbaum mit Ästen darstellen. Versuche eine solche Darstellung.

4 Suche noch weitere Verwandte zu dem Hauptbaustein (oder Wortstamm).

5 Probiere auf ähnliche Weise ein Wortbauwerk aus verwandten Wörtern zu bauen. Nutze dazu die folgenden Hauptbausteine:

Um diese Bausteine zusammenzubauen, sind als Verbindungsstücke kleine Steinchen oder Mörtel notwendig.

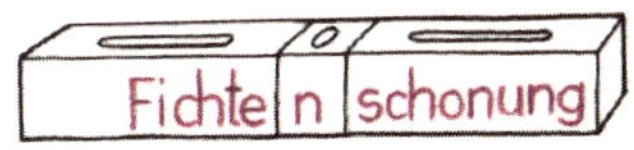

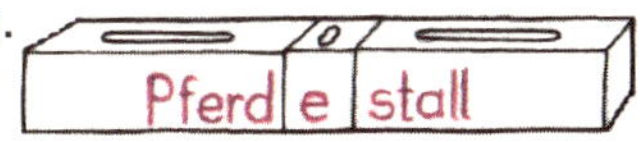

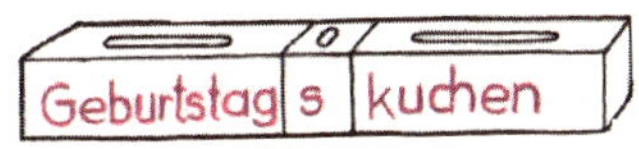

6 Baut auf diese Weise auch die folgenden Wörter zusammen:

3. Wortbaustelle für Nomen, Adjektive, Verben

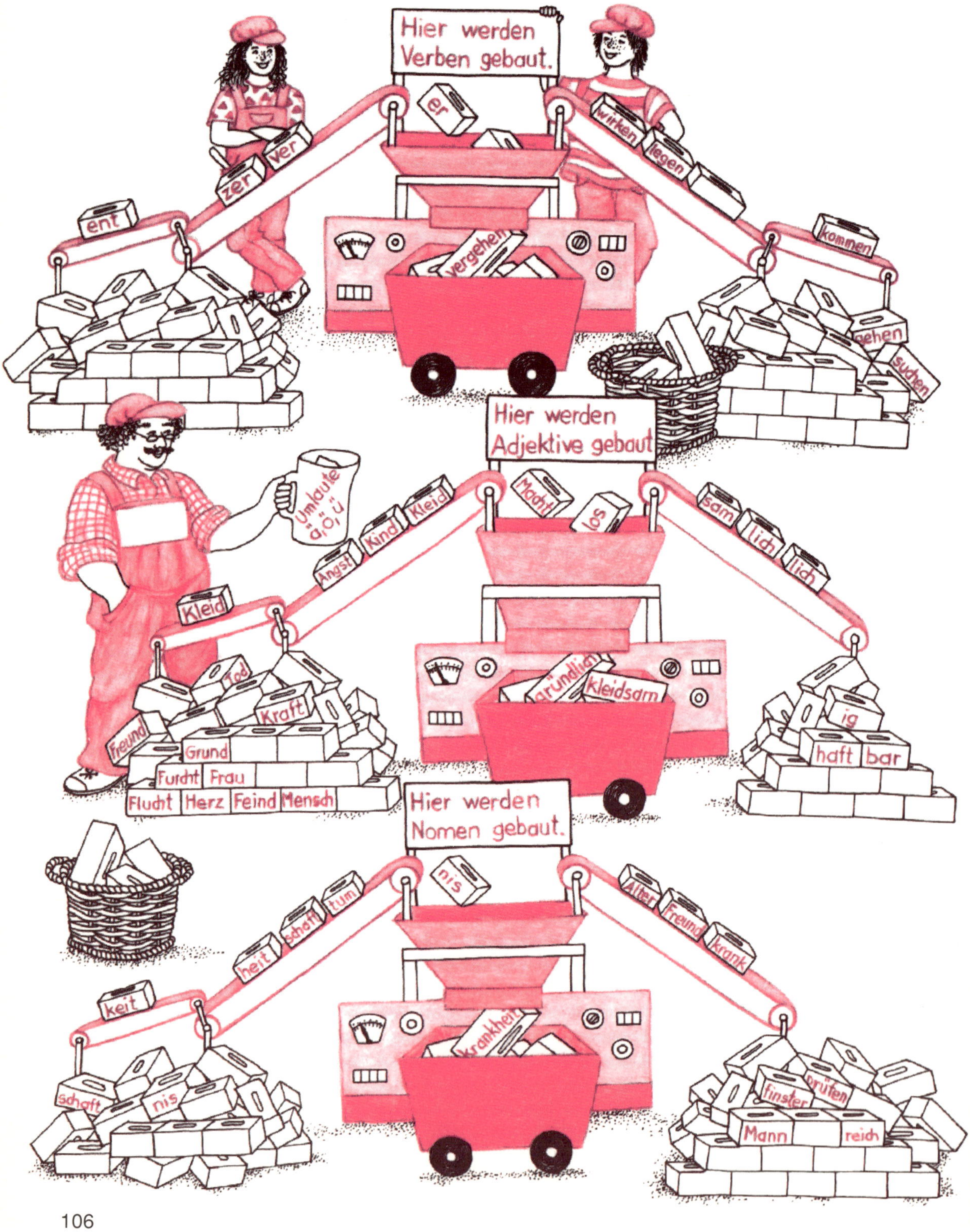

1 Schreibt die neuen Wörter auf, kennzeichnet die einzelnen Bausteine.

2 Sucht zu jeder Wortart weitere Wörter. Nutzt dazu für jede Wortart die passenden Wortbausteine.
An der Verb-Baustelle kann man auch diese Wortbausteine unterscheiden:

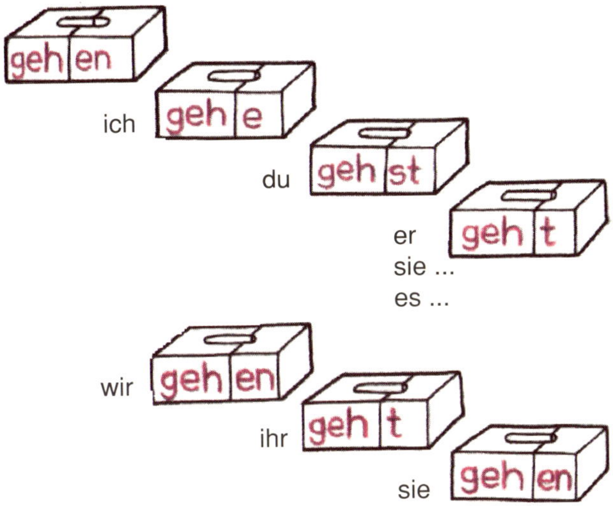

Infinitiv

– 1. Person Singular

– 2. Person Singular

– 3. Person Singular

– 1. Person Plural

– 2. Person Plural

– 3. Person Plural

3 Kennzeichnet auf ähnliche Weise in eurem Heft. Nehmt dazu die Verben kommen und rennen.

4. Wortbausteine und Rechtschreibklippen

Verben:

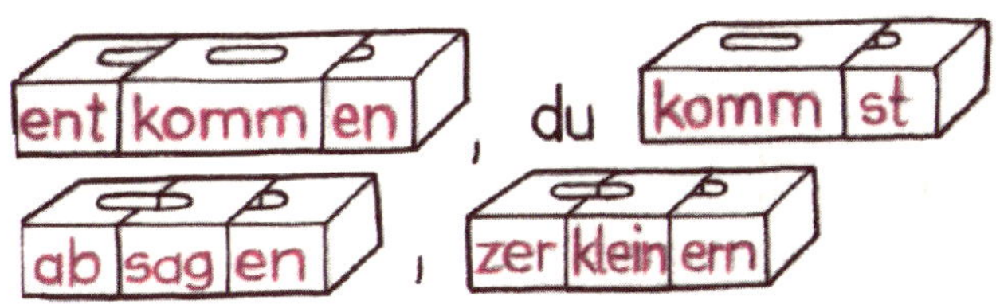

Nomen:

Adjektive:

1 Sucht weitere Beispiele zu den entsprechenden Wortarten.

Aus manchen Wortbausteinen kannst du jeweils eine Mauer mit Wörtern zu einer Wortart bauen.

2 Sucht weitere Mauersteine. Übernehmt sie in euer Heft.
3 Bestimmt die Wortarten (Nomen, Verb, Adjektiv).
Es kommt dabei immer auf den Wortbaustein am Schluß an.

4 Schreibt die Wörter in der üblichen Schreibweise in euer Heft.

Mit Hilfe von Wortbausteinen kannst du die richtige Schreibung ableiten und erklären.

• d oder t? b oder p? g oder k? •

So kannst du das Problem lösen:

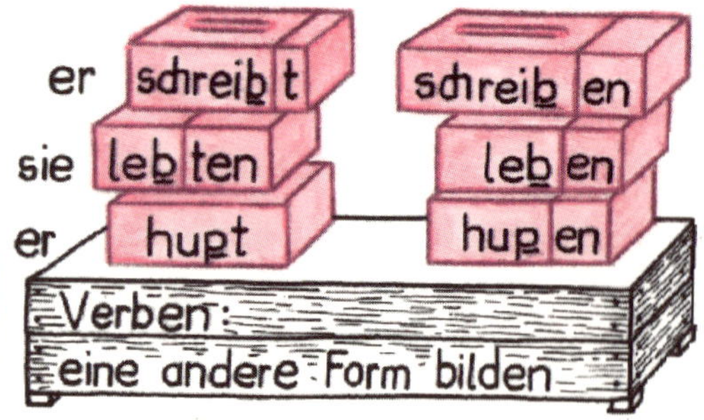

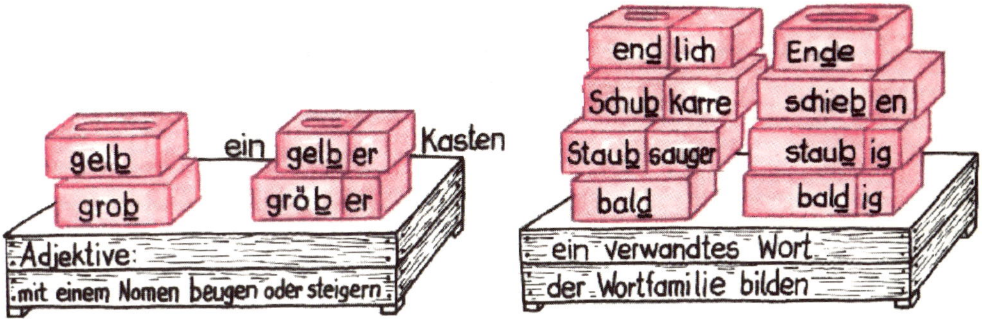

5 Erkläre die Schreibung dieser Wörter. Nutze eine der Lösungshilfen.
lieb, Korb, halb, Land, Rad, Hand, Berg, Feld, Wind, südlich, er stand, du sagst, sie legt, du kriegst, er mag, Schlag, Krieg,
Raubtier, Blutprobe, Behandlung, nördlich, Flugzeug

• e oder ä? eu oder äu? •

Viele Wörter mit ä oder äu kann man aus einem verwandten Wort mit a oder au ableiten. Dazu mußt du auf den Hauptbaustein (Wortstamm) zurückgreifen.

6 Übernimm die Wörter in dein Heft. Setze richtig ein: ä oder e, äu oder eu?

htung!
chs
örter kann
an nicht
leiten.

st■rker	t■tig	■ngstlich	W■lt
h■lfen	gef■hrlich	l■nger	du h■lst
H■ser	L■te	tr■men	Verk■fer
Fahrz■g	h■te	Str■cher	Fr■nde
h■fig			

Silbenrätsel: Wörter mit ä, e, eu und äu

re - er - der - heu - Träu - der - te - ber - cher - me - Käl - Häu - Rä - Fe - Feu - Fä - te - Fäh

– nicht gestern, nicht morgen
– Plural von Haut
– Unterabteilung im Schrank oder Regal (Plural)
– junge Rinder

– spitzes Ende eines Füllhalters
– Schiff zum Übersetzen
– Vorstellungen, die während des Schlafes auftreten
– zwei wichtige Teile des Fahrrades (Plural)
– es wärmt

7 Schreibe die Lösungswörter in dein Heft.

5. Übungs- und Partnerdiktate

Mit folgenden Texten kannst du auf unterschiedliche Weise üben:

a) Bei den unterstrichenen Wörtern erklärst du die Schreibung, zum Beispiel: eilig – eine eilige Sache
b) Du übst die Merkwörter gesondert, indem du ein verwandtes Wort dazuschreibst oder indem du das Merkwort in einem einfachen kleinen Satz anwendest.
   Beispiel: der Omnibus – die Omnibushaltestelle.
c) Nach entsprechender Vorarbeit (Text sorgfältig durchlesen oder Bearbeitung der Punkte a und b) läßt du dir durch eine Mitschülerin oder einen Mitschüler den Text diktieren. Danach solltet ihr mit der Vorlage vergleichen und korrigieren.

Merkwörter	**Teure Busfahrt**
Omnibus	Ein Mann steigt mit seinem Riesenschnauzer eilig in den Omnibus.
Erwachsene	„Zwei Erwachsene, das macht drei Mark“, sagt der Schaffner und hält die Hand auf.
teuer, beschwert	„Das finde ich aber ein starkes Stück, so teuer“, beschwert sich der Fahrgast grimmig.
viel Bus	„Also, wenn ich für meinen Hund so viel bezahlen muß, dann kann er auch im Bus einen Sitzplatz beanspruchen.“
erwidert allerdings	„Kann er“, erwidert der Schaffner ungerührt, „mit den Füßen allerdings darf er nicht auf den Sitz.“

	Der Löwendompteur
Wanderzirkus Stadt besetzt	Ein kleiner Wanderzirkus ist in die Stadt gekommen. Sogar ein Löwe ist dabei. Am Abend ist Galavorstellung, das Zirkuszelt ist bis auf den letzten Platz besetzt.
Dompteur Pistole	Endlich wird die tolle Löwennummer angekündigt. Der Dompteur erscheint, verneigt sich, aber schon schreit er auch: „Die Pistole, die Pistole!“ Erregung im Zuschauerzelt. Der Löwe scheint noch ganz ruhig.
vielleicht Direktor	Aber vielleicht ist das nur die Ruhe vor dem Sturm. Ein Helfer rennt aufgeregt zum Direktor. „Herr Direktor, der Dompteur hat seine Pistole vergessen!“ Der Direktor wird bleich. „Um Gottes willen“, stammelt er, „wie will er da den Löwen aufwecken!“

Trixi und Lucki in der Satzfabrik

1. Satzglieder und Satzproben

1 Versuche zu erklären, wie die Satzprobenmaschine funktioniert. Nimm auch die Aussage von Lucki und Trixi zu Hilfe.

2 Mache eine Umstellprobe und eine Ersatzprobe mit den anderen beiden Sätzen aus der Satzprobenmaschine.

Die Satzglieder sind die Bausteine des Satzes. Ein Satzglied kann aus einem Wort bestehen, es kann aber auch aus mehreren Wörtern bestehen.
Du kannst die Satzglieder mit Hilfe der Umstellprobe herausbekommen: Was bei der Umstellung zusammenbleibt, ist ein Satzglied.

Der folgende Satz hat drei Satzglieder:

Die beiden Kinder	probieren	die Umstellung der Satzglieder.

Die Umstellung der Satzglieder	probieren	die beiden Kinder.

Probieren	die beiden Kinder	die Umstellung der Satzglieder?

3 Nenne die Satzglieder aller Sätze, die in der Abbildung erscheinen.

4 Schreibe die folgenden Sätze in dein Heft. Ermittle die Satzglieder mit Hilfe der Umstellprobe, kennzeichne die Satzglieder durch Klammern.

- Ich erkläre meiner Freundin die Satzmaschine.
- Trixi vertraut ihrem Freund Lucki.
- Die beiden Kinder stehen vor den großen Papierrollen.
- Heute macht der Wortbaumeister um fünf Uhr Feierabend.

5 Hier stimmt etwas nicht. Die Maschine hat die Sätze falsch umgestellt. Korrigiere.

- Trixi beweist große Klugheit der Maschinen bei ihrer Erklärung.
- Eine junge Maschine bedient eine halbautomatische Frau.
- Das Rauchen von Maschinen ist bei der Reparatur nicht gestattet.

Mit der Ersatzprobe bekommst du heraus, welche Teile eines Satzes durch andere Wörter zu ersetzen sind. Teile, die als Ganzes austauschbar sind, sind Satzglieder.
Mit der Ersatzprobe kannst du beweisen, daß Satzglieder aus einem Wort oder aus mehreren Wörtern bestehen können.

6 Erkläre dies an der Satzprobenmaschine. Welche Satzglieder sind ersetzt worden? Erkläre auch die Wortarten bei der letzten Ersatzprobe.

7 Führe die Ersatzprobe an folgendem Beispiel durch. Probiere im Heft.

Im Kontrollraum	sitzt	ein Mann mit Bart.

8 Hier kannst du üben.
Kennzeichne zunächst die Satzglieder. Wende dabei im Zweifelsfall die Umstellprobe an. Versuche danach, einzelne Satzglieder zu ersetzen; nutze dazu die Ersatzprobe.

- Lucki und Trixi stehen vor einer Presse.
- Mit Getöse füllt der Kran den Container.
- An der Warenannahme wartet ein großer Laster.
- Um 9.30 Uhr machen die Techniker Frühstückspause.

9 Der folgende Text wirkt sprachlich nicht schön. Woran liegt das?

Eine Maus und ein Elefant sind Freunde. Die Maus und der Elefant spielen Fußball.
In der Hitze des Gefechts tritt der Elefant versehentlich auf das Mäuschen und stampft das Mäuschen in den Boden.
Als das Mäuschen sich wieder ausgebuddelt hat und sich den Staub aus dem Pelz klopft, entschuldigt sich der Elefant bei der Maus: *„Du, das hab ich nicht gewollt!“* *„Laß nur“*, sagt die Maus abwinkend zum Elefanten, *„das hätte mir ja auch passieren können.“*

10 Mache an passenden Stellen die Ersatzprobe. Schreibe den Text neu auf.

2. Satzglieder und ihre Aufgaben oder Rollen im Satz

So erklärt der Satzbaumeister die Satzglieder und ihre Aufgaben im Satz:

Maschine	**Satz**
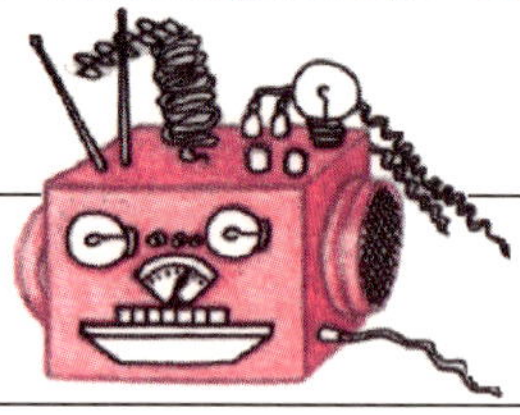	Trixi erklärt die Aufgaben der Satzglieder.
Die Maschine besteht aus Einzelteilen: Hebel, Schraube, Mutter, Gehäuse, Motorblock, Anschlüsse, Keilriemen	Der Satz besteht aus Einzelteilen, den Wörtern: Trixi, erklären, die, Aufgabe, das, Satzglied
Bestimmte Teile der Maschine gehören zusammen: Motorteile Stanzvorrichtung Eingabeteil ...	Bestimmte Teile des Satzes hängen zusammen; diese Bausteine heißen Satzglieder: [Trixi] [erklärt] [die Aufgaben der Satzglieder]
Diese Teile haben für die Maschine bestimmte Aufgaben oder spielen bestimmte Rollen. Beispiel: Der Motor treibt die Stanzvorrichtung an.	Die einzelnen Satzglieder haben eine bestimmte Aufgabe oder Rolle im Satz. Die wichtigsten Rollen im Satz übernehmen Subjekt, Prädikat und Objekt: Subjekt Prädikat [Trixi] [erklärt] Objekt [die Aufgaben der Satzglieder]

Subjekt (Satzgegenstand) und Prädikat (Satzaussage)

1 Bei dem folgenden Text hat eine Satzmaschine nicht richtig gearbeitet. Setze die passenden Teile ein.

Subjekt (Satzgegenstand)

Das Satzglied, das du eben eingesetzt hast, ist das Subjekt (der Täter, der Verursacher, die handelnde Person, der Gegenstand des Satzes).

Nach dem Subjekt fragt man **wer?/was?**. Das Subjekt steht immer im Nominativ (1. Fall).

Lies nach in der „Wörterstadt“ ⇒ S. 85

Die Satzmaschine hat nicht richtig gearbeitet.

Wer?/Was? hat nicht richtig gearbeitet?

Die Satzmaschine = **Subjekt**

Heute verwendet **der Satzbaumeister** ein neues Muster.

Heute verwendet **wer?/was?** ein neues Muster?

der Satzbaumeister = **Subjekt**

2 Wende jetzt für den Text unter Aufgabe 1 die Frage für das Subjekt an.

3 Suche auch im folgenden Text alle Subjekte heraus. Wende die Frage an.

Ein Elefant hat sich zu einem Schläfchen versehentlich auf einen großen Ameisenhaufen gesetzt. Die Ameisen fallen zu Tausenden über ihn her. Nachdem der Elefant ausgeschlafen hat, steht er auf, schüttelt sich und schwenkt seinen Rüssel hin und her, so daß die Ameisen bis auf eine von ihm abfallen. Diese hält sich mit aller Kraft an dem Hals des Elefanten fest. Da rufen die anderen Ameisen vom Boden herauf: „Würg ihn, würg ihn!“

Prädikat
(Satzaussage)

Und hier geht es um Prädikate

Das Prädikat ist der Teil des Satzes, der etwas über das Subjekt aussagt. Er gibt an, was geschieht oder was jemand tut. Das Prädikat besteht immer aus einem Verb oder einer Verbgruppe.
Im Aussagesatz steht es an zweiter Stelle der Satzglieder.

Beispiel:

| Trixi | **sucht** | eifrig | die Satzbausteine |.

Was tut Trixi? Trixi **sucht** ... = **Prädikat**

4 Weise die einzelnen Aussagen zum Prädikat an diesem Beispiel nach.

5 In dem folgenden Text hat der Satzbaumeister die Prädikate vergessen:

6 Suche die Prädikate aus den Sätzen unter 1. 4 und 1. 5 heraus.

7 Bestimme in den folgenden Sätzen die Prädikate, und beachte ihre besondere Bauform:
Das Mäuschen geht heute nicht weg.
Der Elefant ist gerade gekommen.
Er will das Mäuschen in die Stadt begleiten.
Es kommt gerne mit.

8 Man spricht bei solchen Prädikaten von einer Prädikatsklammer. Erkläre.

9 Schreibt die Sätze auf. Zeichnet die Prädikatsklammer.
Beispiel: (Sie) (geht (heute) weg.)

10 Subjekt und Prädikat kommen in jedem grammatisch vollständigen Satz vor. Belegt diese Aussage an den Beispielsätzen unter Nr. 7.

11 Bestimme die Subjekte in den ersten drei Zeilen. Das Subjekt in der zweiten Zeile wirkt besonders eigenartig. Du kannst jetzt sicherlich die Pointe des Textes erklären.

Der Lehrer sagte eben noch:
„Das Prädikat ist nie Subjekt“.

Da flüsterte ein Kind versteckt:
„In diesem Satze doch!“

⑫ Und wo sind in den folgenden Beispielen Subjekt und Prädikat? Erkläre.
Geh weg! Komm! Lauf jetzt endlich los!

⑬ In dem folgenden Text tauchen Kurzsätze ohne Prädikat auf. Gib eine Erklärung.

Heute stehen die menschlichen Sinnesorgane auf dem Stundenplan.
„So, wer sieht wohl besser als der Mensch?" fragt der Lehrer.
„Der Adler".
„Und wer hört besser als der Mensch?"
„Die Katze".
„Gut. Und wer riecht besser als der Mensch?"
„Die Rose", tönt es aus der hinteren Reihe.

⑭ Auch in dem Text unter Aufgabe 10 gibt es einen Satz ohne Prädikat.

Personalform des Verbs

Die Personalform des Verbs richtet sich in Numerus (Anzahlform: Singular und Plural) und Person nach dem Subjekt.

Vergleiche ⇒ S. 88

⑮ Weise dies an den folgenden beiden Sätzen nach.
- Lucki sucht sein Buch.
- Trixi und Lucki lösen die Aufgaben.

⑯ Übertrage den folgenden Übungstext in dein Heft.
Setze die Prädikate jeweils in die Personalform, die zu dem Subjekt paßt.

Seit einiger Zeit (geben) es einen sehr kleinen Computer. Dieser (kommen) mit vielen Aufgaben zurecht. Der kleine Computer (haben) einen großen Speicher. Er (können) sich eine ganze Menge merken. Die kleinen Computer (haben) zwei Laufwerke, wodurch sie die doppelte Menge an Informationen verarbeiten (können). Alles (gehen) in direktem Zugriff. Mit Hilfe einer flachen Tastatur (können) man den kleinen Computer leicht und bequem bedienen. Das Arbeiten (machen) damit richtig Spaß.

In dem Kapitel „Trixi und Lucki in der Wörterstadt" könntest du bei den Aufgaben 2.② und 4.① weiterüben.

Paul Maar
Land auf dem Sonntag

Im Scheinensonn
taubt eine Gurr.
Im Schattenhaus
katzt eine Schnurr.

Es hummelt ein Brumm
wie ein Wagenlast.
Sanft schweint ein Grunz
von der Wirtschaftsgast.

Im Weiherdorf
froscht tief der Tauch.
Oben am Dachhaus
schlotet der Rauch.

Ein Pinkel, der hundet
auf Blumenmohn.
Der Schimpf vatert laut
im Zimmerwohn.

Ein Fahrersonntag
wagent den Wende.
Das dauert sehr lange,
drum gedichtet das Ende.

⑰ Hier sind Prädikate und Subjekte völlig durcheinandergeraten. Schafft Ordnung. Auch einige Zusammensetzungen stimmen so nicht.

18 Schreibt den Text neu auf. Kennzeichnet die Subjekte und Prädikate mit ihrer Farbe. Achtet dabei besonders auf die richtige Personalform des Verbs.

Das Prädikat und seine Ergänzungen

Hier war die Automatik der Satzmaschine wieder falsch programmiert. Erkläre.

Nachdem der Techniker die Maschine repariert hat, „spuckt“ sie kurz darauf weitere Satzglieder aus.

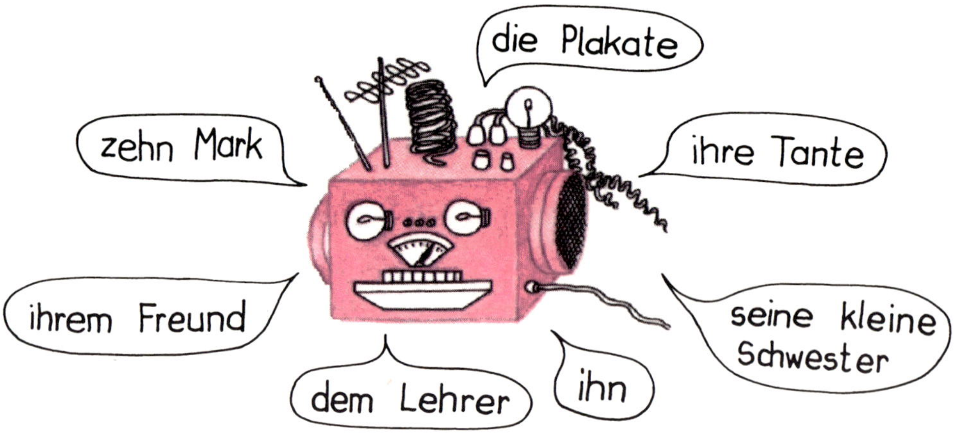

19 Bilde mögliche Sätze. Schreibe sie auf.

Objekte als Ergänzungen des Prädikats

Viele Prädikate erfordern im Satz als weiteres Satzglied eine oder mehrere Ergänzungen. Man nennt die Rolle, die diese Ergänzungen im Satz spielen, Objekte.
Man kann die Objekte durch Fragen ermitteln:

Objekt im 2. Fall	(Genitivobjekt: Wessen?)
Objekt im 3. Fall	(Dativobjekt: Wem?)
Objekt im 4. Fall	(Akkusativobjekt: Wen? Was?)

Präpositionale Objekte werden durch eine Präposition eingeleitet (durch wen? mit wem?...)

Sie	schuldet	ihm	zehn Mark

Sie schuldet **wem?** zehn Mark? = **ihm!** (Dativobjekt)

Sie schuldet ihm **wen? was?** = **zehn Mark** (Akkusativobjekt)

20 Klammert in den Sätzen aus Aufgabe 19 zunächst die Satzglieder ein und kennzeichnet danach die Objekte. Benutzt Abkürzungen (GO / DO / AO), oder kennzeichnet mit der entsprechenden Farbe.

21 Auch Objekte kann man ersetzen.
Schreibt die folgenden Sätze in euer Heft. Klammert die Satzglieder in der Rolle von Objekten ein und macht die Ersatzprobe.

Trixi und Lucki besuchen die Satzfabrik.
Die Mechaniker kontrollieren den großen Maschinenpark.
Der Techniker hilft dem Satzbaumeister.
Trixi spricht mit ihrem Freund Lucki.

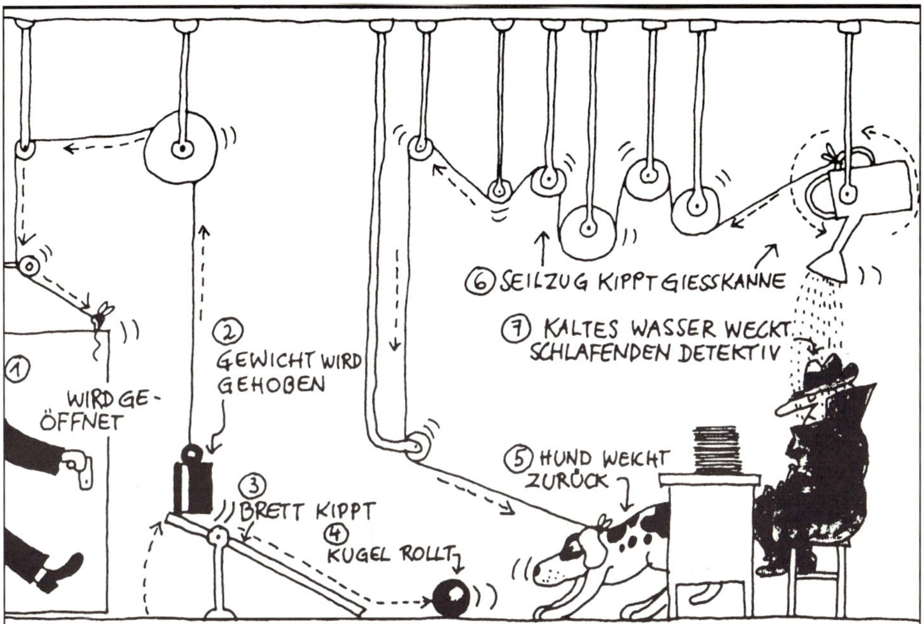

Einfache Alarmanlage für schlafbedürftige Detektive.

22 Beschreibt die Alarmanlage für schlafbedürftige Detektive. Hier sind passende Verben und Nomen:

Verben	**Nomen**
spannen, heben, erschrecken, zurückziehen, kippen, wecken	Tür, Gewicht, Brett, Hund, Seil, Seilzug, Gießkanne, Wasser

Benutzt möglichst viele Akkusativobjekte. So könnt ihr beginnen:
Ein Mann öffnet (die Tür).

23 Worin liegt die Pointe?

24 Erzählt die Bildgeschichte.
Es gibt unterschiedliche Möglichkeiten: Subjekt und Objekt können jeweils an unterschiedlichen Stellen des Satzes stehen. (Umstellprobe!) Um den Text zu verbessern, kannst du auch Satzglieder ersetzen. (Ersatzprobe!)
Hier ist eine Auswahl von Verben und Nomen, die dir helfen könnten:

Verben

Nomen

25 So könntest du anfangen:
Eines Morgens rief der Edelmann seinen Knappen zu sich. Er übergab ihm einen wichtigen Brief...

26 Was ihr in dieser Unterrichtseinheit gelernt habt, könnt ihr mit folgendem Satzbauspiel erproben.
Bildet unterschiedliche Sätze.

	Subjekt	Prädikat	Akkusativobjekt
Beispiel: a	Das kleine Mädchen	sieht	seine Tante.

	Subjekt	Prädikat	Dativ-objekt	Akkusativ-objekt	Präpositionales Objekt
a	Wer?/Was?	sieht	–	wen?/was?	–
b	Wer?/Was?	hilft	wem?	– –	–
c	Wer?/Was?	gibt	wem?	wen?/was?	–
d	Wer?/Was?	achtet	–	– –	auf was? auf wen?

a	b	c	d
sehen loben unterstützen heben besuchen reparieren	helfen begegnen gleichen entsprechen entgehen ähneln vertrauen	geben zeigen schenken schulden leihen	achten (auf) sprechen (mit) sich erinnern (an) sich kümmern (um) sprechen (mit) warten (auf)

27 Wer noch weiter üben möchte, findet Material in dem Kapitel „Trixi und Lucki in der Wörterstadt“, Aufgabe 3 17 und 4 3. Bestimme in deinen Sätzen jeweils das Subjekt, das Prädikat und die Objekte.

„In jenen Tagen..." – Weihnachten, gestern, heute und anderswo

Rainer Maria Rilke

Advent

Es treibt der Wind im Winterwalde
die Flockenherde wie ein Hirt,
und manche Tanne ahnt, wie balde
sie fromm und lichterheilig wird,
und lauscht hinaus. Den weißen Wegen
streckt sie die Zweige hin – bereit,
und wehrt dem Wind und wächst entgegen
der einen Nacht der Herrlichkeit.

Die Geburt Jesu

Lukas-Evangelium 2,1–20

In jenen Tagen erließ Kaiser Augustus den Befehl, alle Bewohner des Reiches in Steuerlisten einzutragen. Dies geschah zum erstenmal; damals war Quirinius Statthalter von Syrien. Da ging jeder in seine Stadt, um sich eintragen zu lassen.

So zog auch Josef von der Stadt Nazaret in Galiläa hinauf nach Judäa in die Stadt Davids, die Bethlehem heißt; denn er war aus dem Haus und Geschlecht Davids. Er wollte sich eintragen lassen mit Maria, seiner Verlobten, die ein Kind erwartete. Als sie dort waren, kam für Maria die Zeit ihrer Niederkunft, und sie gebar ihren Sohn, den Erstgeborenen. Sie wickelte ihn in Windeln und legte ihn in eine Krippe, weil in der Herberge kein Platz für sie war.

In jener Gegend lagerten Hirten auf freiem Feld und hielten Nachtwache bei ihrer Herde. Da trat der Engel des Herrn zu ihnen, und der Glanz des Herrn umstrahlte sie. Sie fürchteten sich sehr, der Engel aber sagte zu ihnen: Fürchtet euch nicht, denn ich verkünde euch eine große Freude, die dem ganzen Volk zuteil werden soll: Heute ist euch in der Stadt Davids der Retter geboren; er ist der Messias, der Herr. Und das soll euch als Zeichen dienen: Ihr werdet ein Kind finden, das, in Windeln gewickelt, in einer Krippe liegt. Und plötzlich war bei dem Engel ein großes himmlisches Heer, das Gott lobte und sprach:

Verherrlicht ist Gott in der Höhe,
und auf Erden ist Friede
bei den Menschen seiner Gnade.

Als die Engel sie verlassen hatten und in den Himmel zurückgekehrt waren, sagten die Hirten zueinander: Kommt, wir gehen nach Bethlehem, um das Ereignis zu sehen, das uns der Herr verkünden ließ. So eilten sie hin und fanden Maria und Josef und das Kind, das in der Krippe lag. Als sie es sahen, erzählten sie, was ihnen über dieses Kind gesagt worden war. Und alle, die es hörten, staunten über die Worte der Hirten. Maria aber bewahrte alles, was geschehen war, in ihrem Herzen und dachte darüber nach. Die Hirten kehrten zurück, rühmten Gott und priesen ihn für das, was sie gehört und gesehen hatten; denn alles war so gewesen, wie es ihnen gesagt worden war.

Der Evangelist Lukas schreibt etwa in dem Zeitraum 80–90 nach Christus seine Weihnachtsgeschichte auf. Die ersten, die zur Krippe gerufen werden, sind in dem Evangelium von Lukas Hirten. Hirten waren in der damaligen Zeit nur sehr gering angesehen; sie wurden als Volk vom Land verachtet und galten als besonders ungebildet. Ihr Zeugnis vor Gericht war nicht anerkannt.

- Überlege, warum es gerade die Hirten sind, die als erste zur Krippe gerufen werden.

Harald Wiberg

- Wie sind die Hirten in der Abbildung dargestellt? Beachte vor allem ihre Körperhaltung, ihren Gesichtsausdruck und die Kleidung. Wichtig ist auch die Blickrichtung der Personen und Tiere.

Ludwig Thoma
Heilige Nacht

So ward der Herr Jesus geboren
im Stall bei der kalten Nacht.
Die Armen, die haben gefroren,
den Reichen wars warm gemacht.

Sein Vater ist Schreiner gewesen.
Die Mutter war eine Magd.
Sie haben kein Geld nicht besessen,
die haben sich wohl geplagt.

Kein Wirt hat ins Haus sie genommen.
Sie waren von Herzen froh,
daß sie noch in den Stall sind gekommen.
Sie legten das Kind auf Stroh.

Die Engel, die haben gesungen,
daß wohl ein Wunder geschehn.
Da kamen die Hirten gesprungen
und haben es angesehn.

Die Hirten, die will es erbarmen,
wie elend das Kindlein sei.
Es ist eine Geschichte für die Armen.
Kein Reicher war nicht dabei.

Als ich bei meinen Schafen wacht

Volkslied aus Lothringen

1. Als ich bei mei- nen Scha- fen wacht.
ein En- gel mir die Bot- schaft bracht.

2. Er sagt, es soll ge- bo- ren sein
zu Beth- le- hem ein Kin- de- lein.

3. Er sagt, das Kind läg da im Stall
und sollt die Welt er- lö- sen all.

4. Als ich das Kind im Stall ge- sehn.
konnt ich nicht mehr von dan- nen gehn.

5. Den Schatz muß ich be- wah- ren wohl.
so bleibt mein Herz von Freu- den voll.

1.-5. Des bin ich froh, froh, froh, froh.

1.-5. Be- ne- di ca- mus Do- mi- no.

Ludwig Richter

Max Bolliger
Eine Hirtenlegende

Es war einmal ein Hirte, der lebte auf einem Felde in der Nähe Bethlehems. Er war groß und stark, aber er hinkte und konnte nur an Krücken gehen. Darum saß er meistens mürrisch am Feuer und sah zu, daß es nicht ausging. Die andern Hirten fürchteten ihn.

Als den Hirten in der Heiligen Nacht ein Engel erschien und die frohe Botschaft verkündete, da wandte er sich ab. Und als sie sich aufmachten, um das Kind zu finden, so, wie es ihnen der Engel gesagt hatte, blieb er allein am Feuer zurück.

Er schaute ihnen nach, sah, wie das Licht ihrer Lampen kleiner wurde und sich in der Dunkelheit verlor.

„Lauft! Lauft! Was wird es schon sein? Ein Spuk, ein Traum!"

Die Schafe rührten sich nicht.

Die Hunde rührten sich nicht.

Er hörte nur die Stille.

Er stocherte mit der Krücke in der Glut.

Er vergaß, frisches Holz aufzulegen.

Und wenn es kein Spuk, kein Traum wäre? Wenn es den Engel gab?

Er raffte sich auf, nahm die Krücken unter die Arme und humpelte davon, den Spuren der andern nach.

Als er endlich zu dem Stall kam, dämmerte bereits der Morgen.

Der Wind schlug die Tür auf und zu.

Ein Duft von fremden Gewürzen hing in der Luft.

Der Lehmboden war von vielen Füßen zertreten.

Er hatte den Ort gefunden.

Doch wo war nun das Kind, der Heiland der Welt, Christus der Herr in der Stadt Davids?

Er lachte. Es gab keine Engel.

Schadenfroh wollte er umkehren.

Da entdeckte er die kleine Kuhle, wo das Kind gelegen hatte, sah das Nestchen im Stroh. Und da wußte er nicht, wie ihm geschah.

Er kauerte vor der leeren Krippe nieder. Was machte es aus, daß das Kind ihm nicht zulächelte, daß er den Gesang der Engel nicht hörte und den Glanz Mariens nicht bewunderte!

Was machte es aus, daß er nun nicht mit den andern in Bethlehem durch die Straßen zog und von dem Wunder erzählte!

Was ihm widerfahren war, konnte er nicht mit Worten beschreiben. Staunend ging er davon. Er wollte das Feuer wieder anzünden, bevor die andern Hirten zurückkamen. Doch als er eine Weile gegangen war, merkte er, daß er seine Krücken bei der Krippe vergessen hatte. Er wollte umkehren.

Warum denn?

Zögernd ging er weiter, dann mit immer festeren Schritten.

Unter dem Begriff „Legende" versteht man ursprünglich die Lesung ausgewählter Kapitel aus dem Leben eines Heiligen am Tag seines Festes im Kirchenkalender.
Heute wird darunter eine Erzählung mit einem religiösen Kern verstanden. Vielfach wird in solchen Texten ein Mensch durch Gott auf wunderbare Weise in seinem Handeln beeinflußt.
Vom Märchen unterscheidet sich die Legende dadurch, daß ein Teil des Inhalts auf tatsächlichen Ereignissen beruht.
Den Ursprung des Begriffs findet man noch in dem Wort Heiligenlegende wieder.

- Beschreibe genau die äußeren Merkmale und Eigenschaften des Hirten. Was ändert sich im Verlauf der Handlung? Welche Erklärungen gibt es für diese Veränderungen?
- Der Autor nennt seinen Text „Eine Hirtenlegende". Erläutere die Überschrift mit Hilfe der Informationen zur Legende.

Joseph von Eichendorff
Weihnachten

Markt und Straßen steh'n verlassen,
Still erleuchtet jedes Haus,
Sinnend geh' ich durch die Gassen,
Alles sieht so festlich aus.

An den Fenstern haben Frauen
Buntes Spielzeug fromm geschmückt.
Tausend Kindlein stehn und schauen,
Sind so wunderstill beglückt.

Und ich wandre aus den Mauern
Bis hinaus ins freie Feld.
Hehres Glänzen, heil'ges Schauern!
Wie so weit und still die Welt!

Sterne hoch die Kreise schlingen,
Aus des Schnees Einsamkeit
Steigt's wie wunderbares Singen –
O du gnadenreiche Zeit!

- Welchen Weg geht die Person? Nenne anhand der vier Strophen die unterschiedlichen Orte.
- Was sieht die Person an den einzelnen Orten, und in welche Stimmung wird sie dadurch versetzt?
- Schreibe das Gedicht ab, und male zu dem Inhalt der einzelnen Strophen jeweils ein kleines Bild. Vielleicht wird daraus ein Weihnachtsgeschenk.

Jutta Richter
Weihnachten

Was würdest Du machen, wenn Weihnachten wär'
und kein Engel würde singen.
Es gäbe auch keine Geschenke mehr,
kein „Süsser-die-Glocken-nie-klingen".
Im Fernsehen hätte der Nachrichtensprecher
Weihnachten glatt vergessen.
Und niemand auf der ganzen Welt
würde Nürnberger Lebkuchen essen.
Die Nacht wäre kalt.
Dicke Schneeflocken fielen,
als hätt' sie der Himmel verloren.
Und irgendwo in Afghanistan
würde ein Kind geboren.
In einem Stall, stell es Dir vor.
Die Eltern haben kein Haus.
Was glaubst Du, wie ginge wohl dieses Mal
eine solche Geschichte aus?

Margret Rettich
Die Kurzschlußgeschichte

An ein besonderes Weihnachten, sagt Herr Probst, könne er sich nicht erinnern. Aber, sagt er, wie seiner Meinung nach Weihnachten einmal ganz besonders sein könnte, das wüßte er.
Herr Probst kommt von den Stadtwerken. Er liest vom Zähler den Stromverbrauch ab, dann rechnet er aus, wieviel man bezahlen muß. Er ist den ganzen Tag auf den Beinen, die tun ihm vom vielen Treppensteigen weh, denn er ist nicht mehr der Jüngste. Vielleicht ist er deshalb nicht besonders freundlich, aber er meint es nicht so. Er sagt, die schlechte Laune steige ihm langsam aus den Stiefeln nach oben, und gegen Abend würde es schlimmer, dann ärgere ihn einfach alles.
Wenn sein Dienst zu Ende ist, geht Herr Probst durch die großen Geschäftsstraßen nach Hause. Er sieht die vielen Lichterketten, die bereits im November eingeschaltet werden, obwohl das noch vier Wochen bis Weihnachten Zeit hätte.
„Denen möchte ich mal eine saftige Stromrechnung schicken", sagt er und ärgert sich.
Alle Schaufenster sind festlich dekoriert, denn alles, was es dort zu kaufen gibt, sollen sich die Leute gegenseitig zu Weihnachten schenken, seien es Waschmaschinen, Kleider, Reisewecker, Kaffeetassen, Gummistiefel, Parfum, Winterreifen oder Badehauben.

„Sie stecken sich mit dem Kaufen und Schenken an wie mit Schnupfen", sagt Herr Probst und ärgert sich.

Über den Eingängen der Läden und Kaufhäuser sind Lautsprecher, daraus erklingen Weihnachtslieder; sie kommen von Schallplatten und Tonbändern. Meist kann man zur gleichen Zeit mehrere Lieder hören, sie überschneiden und vermischen sich. Niemand achtet darauf.

„Es ist nicht besser als Katzenmusik", sagt Herr Probst und ärgert sich.

An den Ecken stehen verkleidete Weihnachtsmänner, die warten, daß Leute mit kleinen Kindern kommen. Sobald sie eines sehen, springen sie herbei, um das Kind auf den Arm zu nehmen. Ein Fotograf macht Bilder zur Erinnerung, die sollen die Eltern kaufen. Weil sich oft mehrere Weihnachtsmänner um ein einziges Kind balgen, beginnt es zu brüllen, und niemand kauft dem Fotografen diese Bilder ab.

„Geschieht ihnen recht", sagt Herr Probst und ärgert sich.

Alles, was er in dieser Zeit kauft, wird sorgfältig in schönes, buntes Papier gewickelt, mit Klebeband verschlossen und mit einer glänzenden Schleife verziert. Sei es Nähgarn, Waschpulver oder Katzenfutter, Herr Probst muß warten, bis ihm die Verkäuferin das Päckchen mit einem netten Lächeln überreicht. Dabei tun ihm die Beine weh.

„So ein Blödsinn. Nächstens verpacken sie die Brötchen einzeln als Geschenk", sagt er und ärgert sich, weil er zu Hause alles mühselig wieder auswickeln muß.

Er ärgert sich, weil alle Leute hetzen und jagen, kaufen und schleppen, außer Atem sind und keine Zeit haben.

Er ärgert sich, daß in den Vorgärten Tag und Nacht auf den Tannen die elektrischen Kerzen brennen und daß seine Schwiegertochter einen Plastikweihnachtsbaum kauft, den man auf- und zuklappen kann wie einen Regenschirm. Sie findet ihn so praktisch, weil er nicht nadelt.

Er ärgert sich, daß er einen Stapel Weihnachtsgrüße bekommt und auch welche schreiben müßte.

Er ärgert sich über das Fernsehen und die Zeitungen, über all den Trubel und die vielen Vorbereitungen und möchte seine Ruhe haben. Alle müßten ihre Ruhe haben. Es müßte still und behaglich sein. Darum denkt sich Herr Probst ein besonderes Weihnachtsfest aus.

Eines Tages wird er zu seinem höchsten Direktor gehen und sagen: „Es macht mir nichts aus, freiwillig am Heiligen Abend in den Stadtwerken Dienst zu tun. Alle anderen können nach Hause gehen."

Der Direktor wird ihm auf die Schulter klopfen und sagen: „Wir wissen, daß es ein Opfer ist, aber wir danken Ihnen, mein Freund."

Die Kollegen werden winken und ihm ein frohes Fest wünschen. Er wird ganz allein zurückbleiben.

Er wird herumwandern und kontrollieren, ob die Turbinen richtig arbeiten, ob die Kontrolluhren in Ordnung sind und ob die richtige Spannung im Netz vorhanden ist. Ganz genau weiß er natürlich nicht Bescheid, denn er ist nur ein Kassierer, aber es wird schon gehen. Er wird sich etwas umsehen und endlich den gewissen Hebel finden, den er betätigen muß, um den Strom abzustellen.

Die ganze Stadt wird ohne Licht sein.

Alle Laternen sind aus, die Straßenbahnen bleiben stehen, nicht einmal die Ampeln leuchten.

In den Wohnungen ist es stockfinster. Die elektrischen Kerzen an den Bäumen brennen nicht mehr, die Lampen sind dunkel.

Es ist auch ganz still, kein Fernsehen, kein Radio, kein Plattenspieler, kein Tonband läuft mehr.

Erst werden alle Leute erschrocken sein. Sie werden auch hin und wieder mal stolpern oder etwas umwerfen, wenn sie nun nach dem Feuerzeug oder nach Streichhölzern suchen. Sicher fummeln viele an den Sicherungen herum, bis sie aus dem Fenster sehen und merken, daß auch bei den anderen alles im Dunkeln liegt.

Sie werden herumkramen und irgendwo eine Kerze finden, die sie anstecken. Bei ihrem Schein werden sie um den Tisch sitzen. Manche werden sich langweilen und nicht wissen, was sie anfangen sollen. Die Kinder werden drängeln, denn sie wollen weiter Weihnachten feiern. Musik ist keine mehr da, fernsehen können sie auch nicht. Es bleibt ihnen nichts anderes übrig, als selbst zu singen, das sind sie nicht mehr gewohnt. Die Melodien müßten sie im Ohr haben, denn die sind seit Wochen überall erklungen. Sie haben nicht zugehört, wenn der Text gesungen wurde. Vielleicht weiß der eine oder andere noch eine Strophe, sonst müssen sie eben selbst dichten.

Vielleicht werden die Kinder ihre Eltern dazu bringen, mit ihnen zu spielen. Es gibt vieles, was man ohne Licht spielen kann.

Vielleicht werden auch alle einmal in das Treppenhaus gehen, um dort jemanden zu finden, der weiß, was eigentlich los ist. Sie werden ihre Nachbarn treffen, die sie ewig lange nicht gesehen haben. Vielleicht wird man sich überhaupt erst kennenlernen, obwohl man schon jahrelang Tür an Tür wohnt.

Bei manchem wird die Kerze abgebrannt sein, und er wird nebenan klopfen, wo noch ein Lichtschein ist. Sie werden zusammen sitzen.

Es wird still und behaglich sein.

Irgendwann später wird natürlich Herr Probst den gewissen Hebel wieder hochdrücken. Es wird wieder hell und laut.

Wahrscheinlich wird es einen Riesenkrach geben, und der allerhöchste Direktor wird ihn anbrüllen: „Sie haben versagt, Sie Kassierer!"

Aber das wird Herrn Probst egal sein.

Vorläufig denkt er sich alles nur aus, aber einmal wird er es tun.

Ein einziges Mal.

- Wie könnte Weihnachten für Herrn Probst „einmal ganz besonders sein"? Gib den Inhalt der Erzählung mit deinen eigenen Worten wieder.
- Herr Probst kritisiert das Verhalten der Menschen in der Weihnachtszeit. Was stört ihn im einzelnen?
- Was könnte es nach der Vorstellung von Herrn Probst bedeuten, wenn die Menschen Weihnachten ohne Strom auskommen müßten? Vergleiche ihr Verhalten mit den von Herrn Probst kritisierten Zuständen in der Weihnachtszeit.
- Schreibe eine Erzählung zu dem Thema „Weihnachten ohne Strom" in der Ich- oder Er-Form. Hilfen dazu findest du auf S. 54/55.

⇒ S. 54/55

Oh Tannenbaum

In Erwartung guter Weihnachtsgeschäfte haben japanische Schmuckdesigner ein hochkarätiges Meisterstück – einen Weihnachtsbaum aus glänzendem Gold und funkelnden Diamanten – entworfen. Das 90-Karat-Bäumchen trägt an seiner Spitze einen Goldstern, der mit einem sechskarätigen Brillanten und fünf birnenförmigen Diamanten besetzt ist. Auch der glitzernde Schnee und das strahlende Eis sind vom Feinsten, nämlich aus Platin und Diamanten gearbeitet. Der Wert der schmucken Weihnachtstanne wird umgerechnet auf 165 Millionen Mark geschätzt.

Kiek an, wat is de Himmel so rot!

Kiek an, wat is de Himmel so rot!
Dat is dat Christkind,
de backt dat Brot.
De backt den Wiehnachtsmann sin Stuten
for all de lütten Leckersnuten.

Plattdeutsches Weihnachtsgedicht

Im Zusammenhang mit dem Weihnachtsfest sind in vielen Ländern der Welt und in unterschiedlichen Regionen Deutschlands zahlreiche Bräuche entstanden, die z.T. mehrere hundert Jahre alt sind.
Das Gedicht verweist auf den Brauch, in der Weihnachtszeit besonders leckeres Backwerk herzustellen, welches ursprünglich am 25. Dezember gegessen wurde, um die Bedeutung dieses Tages herauszustellen. Bereits im 16. Jahrhundert backte man Lebkuchen, Printen und Spekulatien, die mit religiösen Motiven verziert waren. Im 18. und 19. Jahrhundert kamen Pfefferkuchenhäuschen, Sterne, Tiere und viele weitere Motive hinzu, weil in dieser Zeit die Kinder immer mehr in den Mittelpunkt des Weihnachtsfestes rückten.

- Erkundigt euch nach einem typischen Weihnachtsgebäck, und schreibt das Rezept dafür auf. Wie man dabei sinnvollerweise vorgeht, könnt ihr dem Stutenkerlrezept entnehmen.
- Heftet eure Rezepte an die Pinnwand, oder tauscht sie untereinander aus, um sie zu Hause auszuprobieren.

Stutenkerl-Familie

Diese wohlgenährte Stutenkerl-Familie ist aus Hefeteig.
Verziert haben wir sie mit Rosinen, Mandeln, Korinthen und Nüssen.
Glanz bekommt sie durch Eigelb.

Für den Teig:
1 kg Mehl
2 Pck. Trockenbackhefe
$^1/_2$ l lauwarme Milch
1 TL Zucker
1 TL Salz
150 g Butter oder Margarine
1 Ei

Zum Verzieren:
Rosinen oder Korinthen
ganze Mandeln
Backpflaumen
ganze Haselnüsse

Zum Bestreichen:
1 Eigelb
1 EL Milch

Mehl, Trockenbackhefe, Milch, Zucker, Salz, Fett und Ei in eine Schüssel geben und mit den Knethaken des Handrührgerätes oder mit den Händen zu einem glatten Teig verkneten. Kräftig durcharbeiten und zugedeckt an einem warmen Ort gehen lassen. Danach noch einmal durchkneten und den Teig halbieren. Von einer Teighälfte etwas Teig abnehmen für die Verzierungen. Das große Teigstück zu einem Kopf mit Rumpf formen. mit einem Messer das Oberteils rechts und links einschneiden und Arme formen. Aus den Teigresten Haare und Hut basteln. Dünne Kordeln für Schürze und Kleid drehen.
Den Teig mit etwas Wasser anfeuchten und die Kordeln, darauflegen. Mit Rosinen, Mandeln, Backpflaumen und Haselnüssen Gesicht und Verzierungen machen. Aus der zweiten Teighälfte einen zweiten Stutenkerl formen.
Die Figuren auf ein gefettetes oder mit Backtrennpapier ausgelegtes Backblech legen.
30 Minuten gehen lassen. Im vorgeheizten Backofen backen.

Backzeit: 25–30 Minuten
Elektroherd: 200–225 Grad
Gasherd: Stufe 3–4

10 Minuten vor Ende der Bakczeit Eigelb und Milch verrühren und die Stutenkerle damit bestreichen. Weiterbacken. Vom Blech nehmen und erkalten lassen. Frisch schmecken sie am besten.

- Welche weiteren Bräuche kennt ihr? Erkundigt euch auch bei den Eltern, Großeltern und Nachbarn.
- Versucht, den Ursprung und die Bedeutung einzelner Bräuche (z.B. Nikolaus und Knecht Ruprecht, Adventskranz, Barbarazweig) zu ergründen, indem ihr im Lexikon nachschlagt oder in der Bibliothek nach entsprechenden Büchern sucht.
- Faßt eure Informationen zu einzelnen Bräuchen in einem kurzen, informativen Text zusammen. Dabei könntet ihr folgende Fragen beantworten:
  - Um welchen Brauch handelt es sich?
  - Seit wann gibt es ihn?
  - Wo ist er verbreitet?
  - Welche Bedeutung hat er?

Wenn ihr alle Texte zusammenheftet, erhaltet ihr ein „Kleines Brauchtumslexikon“ eurer Klasse.

AN TEXTEN BASTELN

1. Experimente mit Reim und Vers

Eugen Roth
Die Torte

Ein Mensch kriegt eine schöne [redacted] .
Drauf stehn in Zuckerguß die Worte:
„Zum heutigen Geburtstag [redacted] !“
Der Mensch ißt selber nicht ein Stück,
Doch muß er in gewaltigen Keilen
Das Wunderwerk ringsum [redacted] .
Das „Glück“, das „heu“, der „Tag“ verschwindet,
Und als er nachts die Torte [redacted] ,
Da ist der Text nur mehr ganz [redacted] .
Er lautet nämlich nur noch: ... „burts“ ...
Der Mensch, zur Freude jäh entschlossen,
Hat diesen Rest vergnügt [redacted] .

1. Bei diesem Gedicht fehlen einige Wörter. Wie könnte das vollständige Gedicht lauten? Jeweils zwei Verse in Folge sollen sich am Ende reimen. Man spricht bei solchen Reimen von <u>Paarreim</u>.

2. Sicher kennt ihr Abzählreime mit Paarreim:

   Ich und du, Müllers <u>Kuh</u>,
   Müllers Esel das bist <u>du</u>.

Joachim Ringelnatz
Der Stein

Ein kleines Steinchen rollte munter
von einem hohen Berg herunter.
Dann rollte er ins Meer hinein,
ward es viel größer als es wollte.
„Jetzt bin ich eine Schneelawine.“
Da sprach der Stein mit stolzer Miene:
und sieben große Bäume aus.
Und als es durch den Schnee so rollte,
und dort versank der kleine Stein.
Er riß im Rollen noch ein Haus

Originalfassungen der Gedichte ⇒ S. 282

3. Bei diesem Gedicht sind alle Zeilen (mit Ausnahme der ersten beiden) durcheinandergeraten. Schreibe das Gedicht neu auf.
   Achte auf die Paarreime.
   Wieviele Strophen könnte das Gedicht haben? Eine Strophe kann aus mehreren Versen bestehen; aber sie muß wenigstens zwei Verse haben.

Jürgen Spohn
Ein Schauder

Ein Schauder stieg am Bahnhof aus, lief übern Damm ins nächste Haus und legt sich auf die Lauer, an einer dunklen Mauer. Dort um die Ecke bog ein Mann, den sprang er dann von hinten an; mit Wonne und Entzücken lief er ihm über'n Rücken.

4 Versucht, diesen Text in der Form eines Gedichts aufzuschreiben. Probiert unterschiedliche Möglichkeiten. Vergleicht jetzt mit der Originalfassung auf Seite 282. Was ist dort anders als in deiner Fassung? Versuche eine Erklärung zu finden.

5 Ordnet auch den folgenden Text als Gedicht an. Es soll drei Strophen mit jeweils vier Versen haben. Es soll sich am Ende eines jeden Verses reimen (Paarreim).

Joachim Ringelnatz
Die Schnupftabaksdose

Es war eine Schnupftabaksdose, die hatte Friedrich der Große sich selbst geschnitzt aus Nußbaumholz. Und darauf war sie natürlich stolz. Da kam ein Holzwurm gekrochen. Der hatte Nußbaum gerochen. Die Dose erzählte ihm lang und breit von Friedrich dem Großen und seiner Zeit. Sie nannte den alten Fritz generös. Da aber wurde der Holzwurm nervös und sagte, indem er zu bohren begann: „Was geht mich Friedrich der Große an!"

Eugen Roth
Autos überall

Joachim Ringelnatz
Flugzeuge

Summm – summm – summm –
Zwei Fliegen flogen vom Teller.
Du schimpfst mit Recht auf diese Welt,
Brumm – brumm – brumm –
Es drehen sich die Propeller.
Daß sie mit Autos ganz verstellt.
Zwei Flugzeuge stiegen
Hoch in die Luft. Und fast so gut
Der schönste Blick ist für die Katz –
Zum Parkplatz werden Park und Platz.
Bis zu den letzten Straßenkanten
Wie die beiden Fliegen.

Die Flugzeuge entfernten
Stehn Omnibusse-Elefanten,
Sich meilenweit mit Fleiß und Mut
Und landeten am rechten Ort,
Vorm Rathaus, um den Brunnen, frech
Drängt sich das buntlackierte Blech.
Und was tust Du? Trotz dem Gestöhne,
Zur rechten Zeit. Und dankten dort
Den Fliegen, von denen sie's lernten.
Daß also sterben muß das Schöne,
Zwängst Du, bezahlend ein paar Nickel[1]
Auch in die Herde Dein Vehikel!

[1] Zehnpfennigstück

6 Diese Gedichte sind durcheinandergeraten. Versuche mit Hilfe der beiden Überschriften, die Texte zu ordnen. Eines der beiden Gedichte ist durchgehend im Paarreim geschrieben. Schreibe auf, überlege dir eine Anordnung.

7 Sprecht über die Aussage der beiden Gedichte.

Heinz Brudler/Leo Kettler und andere

Schüttelreime

Ich fuhr auf einem Leiterwagen,
wo Steine und so weiter lagen.

Es sprach der Herr von Rubenstein:
„Mein Hund, der ist nicht stubenrein."

In der ganzen Hunderunde
sah man nichts als r... H...

Menschen mögen Möwen leiden,
während sie die...

Ins Teppichhaus die Käufer laufen,
sie alle wollen...

Warum trinken Warzenschweine
immer nur vom...
Weil sie, wenn sie weißen hätten,
würden anders heißen. Wetten?

Der Vater auf der Liege wacht.
Der Säugling in der ...
„Bleibt nur in dieser Lage, Wicht,
dann stört dich nicht das vage...

8 Warum heißen solche volkstümlichen Verse wohl Schüttelreime? Erkläre die Spielregel. Auf welche Wörter und Buchstaben kommt es in den Beispielen an?

Schüttelreime kannst du selbst machen. Hier sind einige Beispiele von Schülerinnen und Schülern:

Nirgends kann ein Würmchen stehen,
wenn irgendwo die Stürmchen wehen.

Willst du mit der Liese raufen,
mußt du wie ein Riese laufen.

Willst du einen Renner kaufen,
mußt du mit dem Kenner raufen.

Ich wollte Schuh aus Leinen kaufen,
doch damit sah ich keinen laufen.

Erna trägt nen Fingerring,
weil sie einen Ringer fing.

Als wir uns die Zeitung liehen,
wollt er grad die Leitung ziehen.

9 Probiert selbst. Hier sind einige Hilfen: Frau von Finkenstein, Klapperschlangen, Sonntagmorgen, Birkenwald.

10 Die folgende volkstümliche Versform heißt Klapphornvers.

Zwei Knaben gingen durch das Korn,
der eine fand ein großes Horn.
Der andere fand aber keines,
da bliesen sie beide in eines.

11 Wenn wir sprechen, betonen wir manche Silben, und andere bleiben unbetont. Probiert dies mit einigen mehrsilbigen Namen eurer Mitschülerinnen und Mitschüler. Beispiele:

	x́ x	x́ x x́ x	
Beispiele:	Peter	Katharina	Zeichenerklärung: x (unbetonte Silbe), x́ (betonte Silbe)

Die regelmäßige Folge von betonten und unbetonten Silben in Gedichten, Abzählreimen, Liedern nennt man Metrum.

12 Sprich den Klapphornvers von oben. Finde durch deutliches Sprechen heraus, wieviel und welche Silben in den einzelnen Versen betont werden. Klapphornverse fangen immer mit den beiden Worten „Zwei Knaben“ an. Natürlich könntet ihr dieses Schema auch einmal ändern, indem ihr mit „Zwei Mädchen“, „Zwei Omas“, „Zwei Opas“... beginnt.

13 Und jetzt seid ihr dran. Achtet darauf, daß Reime und Metrum stimmen.
Beispiel: Zwei Mädchen gingen durch den Ort,
...
Schreibt eure fertigen Verse auf ein Blatt, malt etwas dazu, sammelt die Blätter an eurer Pinnwand.

ie u a

2. Sp~~ü~~le mit B~~a~~chst~~u~~ben

Anton Krilla
Leider war das l unausgeschlafen

Leider war das l unausgeschlafen und zerstreut. Es setzte sich immer auf den falschen Platz in der Schulklasse.
Der Lehrer sagte: „Du lachst die Schumaufgabeln zur Slafe doppert.“ Da kachten die Schüner, knarrten die Tür zu und riefen ganz schlenn nach Lause.

Mira Lobe
Der verdrehte Schmetterling

Ein Metterschling
mit flauen Blügeln
log durch die Fluft.
Er wurde einem Computer entnommen,
dem war was durcheinandergekommen,
irgendein Rädchen, irgendein Drähtchen.
Und als man es merkte, da war’s schon zu spätchen.
Da war der Metterschling schon feit wort...,
wanz geit...
Mir lut er teid.

Helga Gebert
Kau der welsch
Hier sind wohl die Wörter verrutscht...

A ufe inerwi esesch läf te inri ese,
ersch läftsch onse itsi eben undsi eb zigjah ren,
e inra beni stet inse in enha aren,
inse in erna sewohn te insch af.
Weck tihnnich taufa usse inemsch laf!

Josef Guggenmos

Trops nie tsi netarlestär.
Fällt dir diese Sprache schwer,
frage eine kluge Fee.
Dann wird dir dieser Rat zuteil:
! REH NETNIH NOV ZTAS NESEID SEIL

1 Erklärt, nach welchem Prinzip in diesen Texten mit Buchstaben gespielt wird.

2 Versucht Ähnliches mit kurzen lustigen Texten aus diesem Buch. (Beispiele auf den Seiten 142, 143 und 266).
Laßt eure Mitschüler euren Text entschlüsseln.

Josef Guggenmos

O unberachenbere Schreibmischane

O unberachenbere Schreibmischane,
was bist du für ein wunderliches Tier?
Du tauschst die Bachstuben günz nach Vergnagen
und schreibst so schönen Unsinn aufs Papier!

Du tappst die falschen Tisten, luber Bieb!
O sage mir, was kann da ich dafür?

3 Hier passen einige Verse nicht zu der Überschrift, die die „Spielregel“ angibt. Versuche die entsprechenden Zeilen so umzuformen, daß sie zu dem übrigen Text passen. Vergleiche danach mit dem Originaltext von Josef Guggenmos auf S. 283.

Rudolf Spengler

Buchstabengeschichte

A traf B eines
schönen Morgens auf
der Landstraße
„Laß uns uns“,
schlug b vor,
„zusammentun!“
Das taten sie, und
zogen
ab.

4 Erklärt die Machart dieser „Geschichte“.

5 Überlegt euch nun selbst pfiffige Buchstabengeschichten. Hier ein paar Hinweise: da, du, es, Efeu, Esel. Vielleicht habt ihr noch ganz andere Ideen.

3. Wie kann man das darstellen? – Wörterbilder

Mira Lobe, Renate Welsh, Gerri Zotter

Die Wand

Worte
Worte
Worte
Worte
Worte
Worte
Worte
Worte
Worte
Worte
Worte
Worte
Worte
Worte
Worte
Worte
Worte
Worte
Worte
Worte
Worte
Worte
Worte
Worte
Worte
Worte
Worte
ICH Worte DU

Widerstand

jajajajajajajajajajajajajaja
jajajajajajajajajajajajajaja
jajajajajajajajajajajajajaja
jajajajajajajajajajajajajaja
jajajajajajajajajajajajajaja
jajajajajajajajajajajajajaja
jajajajajajajajajajajajajaja
jajajajajajaneinjajajajajaja
jajajajajajajajajajajajajaja
jajajajajajajajajajajajajaja
jajajajajajajajajajajajajaja
jajajajajajajajajajajajajaja
jajajajajajajajajajajajajaja
jajajajajajajajajajajajajaja
jajajajajajajajajajajajajaja
jajajajajajajajajajajajajaja

fliegen
fliegen
fliegen
fliegen
fliegen
fliegen
fliegen
fliegen
fliegen

hommage à brancusi (4)
Ernst Jandl

Timm Ulrichs
ordnung – unordnung

ordnung ordnung
ordnung ordnung
ordnung ordnung
ordnung ordnung
ordnung ordnung
ordnung unordn g
ordnung ordnung
ordnung ordnung
ordnung ordnung
ordnung ordnung
ordnung ordnung

Hardy Scharf
Verlustanzeige

irgendwoo
habe
ich
etwas
verl ren

Mira Lobe, Renate Welsh, Gerri Zotter
Die Brücke

Worte Worte Worte
Worte Worte Worte Worte
Worte Worte
Worte Worte
Worte Worte
ICH Worte Worte DU

1 Alle diese Texte haben etwas Gemeinsames. Sprecht über die Form, den Inhalt, die Bedeutung. Versucht, die Texte zu ordnen; welche sind sich ähnlich?

2 Bezieht die folgende Erklärung mit ein:
Die Anordnung und Gestaltung der Wörter und Buchstaben verdeutlicht den Inhalt und macht die Bedeutung (konkret) sichtbar.

3 Vergleicht die beiden Texte „Die Brücke“ und „Die Wand“. Erklärt die gegensätzlichen Bedeutungen.

4 Versucht eine andere Darstellung für „ICH und DU“. Ihr könntet zum Beispiel versuchen, das Thema *Freundschaft* darzustellen. Gebt eurem Text eine Überschrift.

5 Auch die Bedeutung einzelner Wörter läßt sich darstellen.

Beispiele: ORDNUNG UnOrdnuNG

6 Probiert so etwas mit anderen Wörtern, zum Beispiel: einsam, Schlange, herunterfallen, abbrechen, rückwärts, Luftballon, Spiegelschrift, zittern, Kamel, Stuhl, Giraffe.

7 Versucht die Bedeutung dieser Texte als Wörterbilder darzustellen:

Löwenzahnsamen schweben über eine große Wiese.
Geh doch nicht immer im gleichen Trott, Trottel!

8 Vergleicht mit den Originalfassungen auf S. 282 und 283. Aber nicht mogeln, erst selbst probieren!

Josef Guggenmos
Über die Bohlen

Über die Bohlen,
die hohlen,
im Keller
kollert die Kugel.
Knall, trifft sie Kegel.
Da brüllen die Kinder.
Das ist ein Krawall!
Und ein Widerhall
überall,
all,
all,
all,
all,
all,
all.

Josef Guggenmos
Mein Ball

Mein Ball
zeigt, was er kann,
hüpft
hoch wie ein Mann,
dann
hoch wie eine Kuh,
dann
hoch wie ein Kalb,
dann
hoch wie eine Maus,
dann
hoch wie eine Laus,
dann
ruht er sich aus.

9 In diesen beiden Texten von Josef Guggenmos lassen sich bestimmte Wörter, Ausdrücke, Sätze noch anschaulicher darstellen und anordnen. Arbeitet auf einem großen Blatt mit Wörterbildern.

4. Aus Gedichten werden Geschichten...

Erich Kästner
Fauler Zauber

Der Zauberkünstler Mamelock
hebt seinen goldnen Zauberstock.
„Ich brauche“, spricht er dumpf, „zwei Knaben,
die ziemlich viel Courage haben.“

Da steigen aus dem Publikum
schnell Fritz und Franz aufs Podium.
Er hüllt sie in ein schwarzes Tuch
und liest aus seinem Zauberbuch.
Er schwingt den Stock ein paar Sekunden.
Er hebt das Tuch – sie sind verschwunden!

Des Publikums Verblüffung wächst.
Wo hat er sie nur hingehext?
Sie sind nicht fort, wie mancher denkt.
Er hat die beiden bloß – versenkt!

Fritz sagt zu Franz: „Siehst du die Leiter?“
Sie klettern abwärts und gehn weiter.
Der Zauberkünstler läßt sich Zeit,
nimmt dann sein Tuch und wirft es breit.

Er schwingt sein Zepter auf und nieder, –
doch kommen Fritz und Franz nicht wieder!
Der Zaubrer fällt vor Schrecken um.
Ganz ähnlich geht’s dem Publikum.

Nur Fritz und Franz sind voller Freude.
Sie schleichen sich aus dem Gebäude.
Und Mamelock sucht sie noch heute.

Eugen Roth

Das Sprungbrett

Ein Mensch, den es nach Ruhm gelüstet,
besteigt, mit großem Mut gerüstet,
ein Sprungbrett – und man denkt, er liefe
nun vor und spränge in die Tiefe,
mit Doppelsalto und dergleichen
der Menge Beifall zu erreichen.
Doch läßt er, angestaunt von vielen,
zuerst einmal die Muskeln spielen,
um dann erhaben vorzutreten,
als gält's, die Sonne anzubeten.
Ergriffen schweigt das Publikum –
doch er dreht sich gelassen um
und steigt, fast möcht' man sagen, heiter
und vollbefriedigt von der Leiter.
Denn, wenn auch scheinbar nur entschlossen,
hat er doch sehr viel Ruhm genossen,
genau genommen schon den meisten –
was sollt er da erst noch was leisten?

1 Worin liegt der Clou, die Pointe in diesen Gedichten?

2 Versucht den Text so zu sprechen, daß die Pointe deutlich herauskommt.

3 Aus diesen Gedichten kann man gut eine Erzählung gestalten. Zum Beispiel kannst du Namen erfinden, die Situation näher ausmalen, die einzelnen Personen sprechen lassen, eine Einleitung verfassen. Überlege dir, wie du die Schlußpointe gestalten könntest. Sie müßte überraschend kommen und witzig wirken.

⟹ S. 54/55 Tips für das Erzählen kannst du in der Einheit „Erzählen will gelernt sein" nachlesen.

Wo holt sich die Erde die himmlischen Kleider?

Gedichte rund ums Jahr

Eduard Mörike
Septembermorgen

Im Nebel ruhet noch die Welt,
noch träumen Wald und Wiesen;
bald siehst du, wenn der Schleier fällt,
den blauen Himmel unverstellt,
herbstkräftig die gedämpfte Welt
in warmem Golde fließen.

Wetterbericht des Wetteramtes Essen vom 5. September

Nach Auflösung von Frühnebel teils wolkig, teils sonnig. Höchsttemperaturen am Nachmittag zwischen 18° im Norden und 23° im Süden. Leichter, gegen Abend etwas auffrischender Wind aus Südwest. In der kommenden Nacht ist erneut mit Nebelbildung zu rechnen.

- Hier erlebt jemand in einem bestimmten Augenblick die Schönheit des Herbstes. Benennt Beispiele aus dem Gedicht. Sprecht über eure eigenen Eindrücke und Erfahrungen.
- Vergleicht das Gedicht „Septembermorgen“ mit dem obigen Wetterbericht.

Wolfgang Bächler
Der Nebel

Der Nebel ist unersättlich.
Er frißt alle Bäume, die Häuser,
die parkenden Autos,
die Sterne, den Mond.

Der Nebel rückt näher,
unförmig gemästet,
wird dicker und dicker,
drückt gegen die Mauer,
leckt an den Fenstern
mit feuchter Zunge,
mit grau belegter,
frißt alles,
frißt dich.

- Beschreibt die Stimmung, die das Gedicht „Der Nebel“ vermittelt. Belegt dies durch Beispiele.
- Vergleicht nun den Inhalt dieses Gedichts mit dem Gedicht „Septembermorgen“. Welche Gemeinsamkeiten und Unterschiede stellt ihr fest?
- Sprecht das Gedicht so, daß man die Einstellung des Sprechers zum Nebel erkennt.

Joseph Freiherr von Eichendorff
Es ist nun der Herbst gekommen

Es ist nun der Herbst gekommen
hat das schöne Sommerkleid
von den Feldern weggenommen
und die Blätter ausgestreut.

Vor dem bösen Winterwinde
deckt er warm und sachte zu
mit dem bunten Laub, die Gründe,
die schon müde gehn zur Ruh.

- Wie sieht Eichendorff den Herbst im Vergleich zu anderen Jahreszeiten?
- Woran wird deutlich, daß es sich hier um ein Gedicht handelt?

Alfons Schweiggert
Zugvögel

Sie versammeln sich zu
Tausenden
auf den
Leitungsdrähten.
Man hört sie aufgeregt
vom sterbenden
Sommer reden.

Dann wirbeln sie gegen
Süden
wie schwarze
Schneeflocken.
Der Atem des Sommers
fängt an zu stocken.

Der Sommer legt sich
zum Sterben nieder.
Vor der Tür steht der
Herbst,
der neue Mieter.

- Auch hier geht es um Jahreszeiten. Mit welchen Formulierungen wird hier der Herbst umschrieben?

Bunt sind schon die Wälder

Text: Joh. Gaudenz von Salis-Seewis
Melodie: Joh. Friedrich Reichardt

2. Wie die volle Traube
aus dem Rebenlaube
purpurfarbig strahlt!
Am Geländer reifen
Pfirsiche, mit Streifen
rot und weiß bemalt.

3. Flinke Träger springen,
und die Mädchen singen,
alles jubelt froh!
Bunte Bänder schweben
zwischen hohen Reben
auf dem Hut von Stroh.

4. Geige tönt und Flöte
bei der Abendröte
und im Mondesglanz,
junge Winzerinnen
winken und beginnen
frohen Erntetanz.

- Welche Eindrücke zum Herbst findet ihr hier wieder? Vergleicht mit den vorausgehenden Texten. Welches typische Merkmal des Herbstes taucht hier zum ersten Mal auf? Schaut euch dazu noch einmal die Fotos auf Seite 144 an.

Theodor Storm
Inserat

Die verehrlichen Jungen, welche heuer
Meine Äpfel und Birnen zu stehlen gedenken,
Ersuche ich höflichst, bei diesem Vergnügen
Womöglich insoweit sich zu beschränken,
Daß sie daneben auf den Beeten
Mir die Wurzeln und Erbsen nicht zertreten.

- Was hat dieses Gedicht mit dem vorhergehenden gemeinsam?
- Erklärt die Überschrift. Wo gibt es normalerweise Inserate?
- Suche die Formulierungen heraus, die nicht zu einem Inserat passen.
- Auf welche persönliche Erfahrung könnte der Dichter sich beziehen?
- Welche Beziehung zwischen dem Sprecher im Gedicht und den anderen Personen wird deutlich?

Josef Guggenmos
Ich male mir den Winter

Ich male ein Bild,
ein schönes Bild,
ich male mir den Winter.
Weiß ist das Land,
schwarz ist der Baum,
grau ist der Himmel dahinter.

Sonst ist da nichts
da ist nirgends was,
da ist weit und breit nichts zu sehen.
Nur auf dem Baum,
auf dem schwarzen Baum
hocken zwei schwarze Krähen.

Aber die Krähen,
was tun die zwei,
was tun die zwei auf den Zweigen?
Sie sitzen dort
und fliegen nicht fort.
Sie frieren nur und schweigen.

Wer mein Bild besieht,
wie's da Winter ist,
wird den Winter durch
und durch spüren.
Der zieht eine dicken Pullover an
vor lauter Zittern und Frieren.

- Hier malt jemand mit Worten. Beschreibt sein Bild.
- Mit welchen Farben wird gemalt? Erkläre, warum gerade mit diesen Farben gemalt wird.
- Sprich das Gedicht. Wodurch wirkt es besonders einprägsam?
- Ihr könntet selbst ein Bild zum Winter malen. Dies sollte euren Eindruck von dieser Jahreszeit wiedergeben.

Wolfgang Borchert
Winter

Jetzt hat der rote Briefkasten
eine weiße Mütze auf,
schief und verwegen.
Mancher hat bei Glatteis
plötzlich gelegen,
der sonst so standhaft war.
Aber der Schnee hat leis
und wunderbar
geblinkt auf den Tannenbäumen.
Was wohl jetzt die Schmetterlinge träumen?

Peter Bichsel
Erklärung

Am Morgen lag Schnee.
Man hätte sich freuen können.
Man hätte Schneehütten bauen können
oder Schneemänner,
man hätte sie als Wächter vor das Haus getürmt.
Der Schnee ist tröstlich,
das ist alles, was er ist – und er halte warm,
sagt man, wenn
man sich in ihn eingrabe.
Aber er dringt in die Schuhe, blockiert die Autos,
bringt Eisenbahnen zum Entgleisen
und macht entlegene Dörfer einsam.

- Welche Einstellung zum Schnee bringt der Sprecher in diesem Text zum Ausdruck?
- Sprecht über den Aufbau des Textes.
- Was wird in diesem Text zu „erklären“ versucht?
- Vergleicht dieses Gedicht mit den Texten von Wolfgang Bächler und Wolfgang Borchert. Begründet jeweils Ähnlichkeiten und Unterschiede im Inhalt, in der Aussage und Wirkung und in der sprachlichen Form.

Wolfgang Bächler
Ins Weiße blickend

Schnee hat auf Katzenpfoten
den Garten zurückerobert,
die Dächer und Bäume besetzt.
Erfroren starren
die Knospen dich an,
schwarze Pupillen
im Weiß der Zweige.

Lucas von Valckenborch: Winterlandschaft

Der holländische Maler Lucas von Valckenborch (1535–1597) ist vorwiegend durch seine Landschaftsbilder bekannt geworden. Das Originalbild ist im Kunsthistorischen Museum in Wien ausgestellt.

- Welche Einzelheiten stellt der Maler auf dem Bild dar?
- Zu welchen Gedichten paßt das Bild?

Edith Linvers
Frühlingsahnung

Kreuz und quer über knackende Äste
durch Wälder, über Hänge flitzen
Den Kopf der Märzensonne entgegenstrecken
An gar nichts denken
Die Arme ausgebreitet zum Himmel recken
Unbeschwert, ganz wie einst als Kind
Fast übermütig mit einem Stock
Namen in die noch gefrorene Erde kritzeln
Dir, dem ersten Grün,
den schon blühenden Weidekätzchen
verliebte Blicke schenken
Vogelstimmen ringsherum
Mein Herz macht Freudensprünge
Ich schnappe nach Luft
Glückselig –
Kann den Frühling ahnen

- Aus welcher Stimmung heraus wird hier gesprochen? Wozu wird der Sprecher durch den nahenden Frühling angeregt?
- Welches Verhältnis hat der Sprecher zum Winter?

Eduard Mörike
Er ist's

Frühling läßt sein blaues Band
Wieder flattern durch die Lüfte;
Süße, wohlbekannte Düfte
Streifen ahnungsvoll das Land.
Veilchen träumen schon,
Wollen balde kommen.
– Horch, von fern ein leiser Harfenton!
Frühling, ja du bist's!
Dich hab' ich vernommen!

- Wie wird der Frühling hier dargestellt? Welche Bilder benutzt der Dichter, um ihn zu kennzeichnen?
- Vergleiche mit dem Text von Edith Linvers. Weise die Ähnlichkeiten nach. Worin unterscheiden sich aber die beiden Texte?

Heinrich Heine
Neuer Frühling

Leise zieht durch mein Gemüt
Liebliches Geläute.
Klinge, kleines Frühlingslied,
Kling hinaus ins Weite.

Kling hinaus, bis an das Haus,
Wo die Blumen sprießen.
Wenn du eine Rose schaust,
Sag, ich laß sie grüßen.

Ludwig Heinrich Christoph Hölty
Frühlingslied

Die Luft ist blau, das Tal ist grün,
die kleinen Maienglocken blühn
und Schlüsselblumen drunter;
der Wiesengrund
ist schon so bunt
und malt sich täglich bunter.

Drum komme, wem der Mai gefällt,
und freue sich der schönen Welt
und Gottes Vatergüte,
die diese Pracht
hervorgebracht,
den Baum und seine Blüte.

Constanze Fischer: Frühling

Michaela S.
Frühling

Wenn ich abends ins Bett gehe,
höre ich noch leise die Vögel singen.
Dann denke ich noch einmal
an den schönen Tag zurück.
Dann sehe ich die blühenden Blumen,
die bunten Knospen der Bäume.
Und die schöne Sonne.

Felix T.
Schöner Frühling?

Endlich ist der Frühling da,
Nicht so wie in jedem Jahr,
Zwar sind die Bäume frisch und grün,
Doch da drüben ackert kühn
Eine große Straßenwalze.

Ein Baum macht für die Autobahn Platz,
In seiner Krone piepst verzweifelt ein Spatz.

Diese beiden Gedichte sind von Schülern in eurem Alter gemacht worden. Beide handeln vom Frühling. Dennoch unterscheiden sich die Texte sehr deutlich. Begründe.

- Versucht selbst, ein kleines Gedicht zum Frühling zu verfassen. Überlegt euch:
  - Zu welchen Eindrücken oder Themen will ich schreiben?
  - Soll sich der Text reimen oder nicht?
  - Wie werden die Verse angeordnet?

Christel Süßmann
Sommerhitze

Kinder, ist das eine Hitze!
Kinder, ist das heute heiß!
Nur zwei Sachen gibt's,
die nützen:
Badengehen oder Eis.

Darum nur nicht lang gefackelt,
schnell die Badehose her!
Ist auch unser kleines
Schwimmbad
leider nicht das große Meer.

Morgen gehen wir wieder
baden –
und der Winter ist so weit!
Sonnenschein und Wasserplantschen!
Herrlich ist die Ferienzeit!

- Welche Eindrücke vom Sommer gibt der Sprecher in diesem Gedicht wieder?
- Welche Stimmung vermittelt das Gedicht? Sprecht es so, daß diese Stimmung deutlich wird.

Karl Krolow
Schlaflied im Sommer

Nun träumen im Kleefeld die Hasen
und spitzen im Schlafe ihr Ohr.
Im Dunkel duftet der Rasen.
Es spüren mit feinen Nasen
die Füchse am Gartentor.

Nun redet im Walnußbaume
vorm Fenster der nächtliche Wind.
Nun atmen Birne und Pflaume
und wollen reifen. Im Traume
mit Händen greift sie mein Kind.

Es rufen die Uhren die Stunde
durchs schlafende Sommerhaus.
Im Hofe knurren die Hunde.
Mein Kind ruht, die Fäustchen am Munde.
Ich lösche die Lampe aus.

- Welche Eindrücke vom Sommer gibt dieses Foto wieder? Vergleicht dazu auch mit dem Foto auf Seite 148.
- Versucht eure Eindrücke von diesem Foto in einem kleinen Text auszudrücken. Vielleicht gelingt euch sogar ein Gedicht. Denkt an die Möglichkeiten, euren Text in Strophen und Versen anzuordnen oder zu reimen.

Christine Busta
Wo holt sich die Erde

Wo holt sich die Erde die himmlischen Kleider?
Beim Wettermacher, beim Wolkenschneider.
Sie braucht keine eitlen Samte und Seiden,
sie nimmt, was er hat, und trägt froh und bescheiden
das Regenschwere, das Flockenleichte,
das Schattenscheckige, Sonngebleichte,
das Mondgewobne und Sternbestickte,
das Windzerrissene, Laubgeflickte,
das Gockelrote, das Igelgraue,
das Ährengelbe, das Pflaumenblaue,
das Gräserkühle, das Nesselheiße,
das Hasenbraune, das Schwanenweiße –
und schlendert die Jahre hinauf und hinunter:
je schlichter, je lieber, je schöner, je bunter.

Fachbegriffe, die euch bei der Bearbeitung von Gedichten helfen könnten, findet ihr auf S. 293.

Diskussion in Klasse 5a: Wo fahren wir hin?

1. Klasse 5a plant eine Klassenfahrt

In der Klasse 5a einer Bielefelder Schule wird über das Ziel des nächsten Wandertages diskutiert.

Frau Bertel:	Wir sollten jetzt einmal darüber sprechen, was wir am nächsten Wandertag in vier Wochen machen. Vielleicht müssen wir ja auch noch einen Bus bestellen. Bitte Svenja, fang du an!
Svenja:	Ich bin dafür, daß wir eine Radtour zum Wilhelmsberg machen.
Lars:	Das find' ich nicht gut! Radfahren können wir auch allein.
Simone:	Oder eine schöne Wanderung...

Sven (unterbricht unvermittelt):
Find ich doof! Immer in der Gegend herumlatschen!

Simone: Wir können ja erst mit dem Bus fahren und dann laufen...

Sven (unterbricht erneut):
Nun hör doch mal endlich auf mit so komischen Vorschlägen. Da macht doch keiner mit!

Frau Bertel: Jetzt ist Michael dran.

Michael: Ich weiß nicht, was du hast, Sven! So komisch finde ich den Vorschlag gar nicht.

Frau Bertel: Bitte äußert euch doch alle dazu! Das geht ja schließlich die ganze Klasse an. Bitte, Vera, du willst noch etwas sagen.

Vera: Ich finde, wir sollten mit dem Bus ein lohnendes Ziel ansteuern. Und den Vorschlag von Simone finde ich nicht schlecht.

Mike: Könnten wir nicht zu den Karl-May-Festspielen ins Sauerland fahren?

Boris: In Bad Segeberg gibt es auch Karl-May-Spiele. Warum fahren wir nicht dorthin?

Lars: Aber interessieren sich denn die Mädchen dafür?

Sara: Wie kommst du denn darauf? Ich würde mir das gerne mal ansehen.

Vera: Ich auch, wandern könnten wir dort ja wohl auch.

Sara: Vorausgesetzt, das Wetter macht mit!

Michael: Und wenn schlechtes Wetter ist, lassen wir das Wandern ausfallen und sehen uns nur die Aufführung an; die Sitzplätze sind nämlich überdacht.

Sara: Dann stimmen wir doch einfach ab.

Frau Bertel: Das können wir gerne tun...

1 Hier wird diskutiert.
- Um was geht es?
- Wo wird die Diskussion geführt?
- Wer ist beteiligt?
- Welche unterschiedlichen Meinungen treten auf? Zu welchem Ergebnis kommt die Diskussion?

2 Wertet die Beiträge. Wer macht Vorschläge, die die Diskussion weiterbringen, wer nicht? Welche Schülerin, welcher Schüler versucht zu vermitteln?

3 Frau Bertel übernimmt in diesem Gespräch die Aufgabe der Diskussionsleiterin. Woran erkennt man das?
Faßt ihre Aufgabe in einigen Punkten zusammen, zum Beispiel:
a) die Diskussion eröffnen
...

4 Macht euch Gedanken darüber, welchen Einfluß die Situation **Unterricht/ Schule** auf Art und Ablauf der Diskussion hat. Würde das Gespräch nachmittags auf dem Spielplatz anders verlaufen?

5 Versucht Gesprächsregeln für eine sachliche Diskussion in der Klasse zu formulieren, zum Beispiel
- dem anderen zuhören
- den anderen ausreden lassen
- sachlich bleiben
...

6 Entwerft eine Zusammenstellung dieser Regeln für die Pinnwand.

Das Echo-Spiel geht so:

Alle oder einige Schüler sitzen im Kreis. Zu einem bestimmten Thema (zum Beispiel: Indianerbücher auch für Mädchen?) sagt der erste Sprecher ganz kurz seine Meinung, der nächste wiederholt möglichst genau den Inhalt der Äußerung von Sprecher 1 und fügt seine eigene Meinung dazu, usw. (Beispiel: Jasmin meint, daß auch Mädchen Indianerbücher lesen sollten, damit sie über Indianer Bescheid wissen. Ich meine...)

Die Klasse entscheidet sich für eine Fahrt zu den Karl-May-Festspielen. Ob die Fahrt nach Elspe/Sauerland oder nach Bad Segeberg gehen soll, müßte später noch entschieden werden.
Mirna möchte wissen, wo Elspe und Bad Segeberg eigentlich liegen und wie man von Bielefeld dorthin kommt. Frau Bertel erklärt, daß die Freilichtbühne Elspe im Sauerland zwischen Olpe und Meschede, Bad Segeberg in dem Dreieck Hamburg–Lübeck–Kiel liegt.

7 Könntet ihr Mirna helfen? Schaut zu Hause im Erkundeatlas oder im Auto-Atlas nach. Beschreibt, wo die Orte liegen und wie man dorthin kommt.

Kurt erhält von der Klasse den Auftrag, die beiden Freilichtbühnen anzuschreiben. Er soll um die Zusendung einiger Informationsbroschüren und Prospekte bitten. Entwerft diesen Brief.

Sehr geehrte Damen und Herren,

...

⇒ S. 97 Denkt daran, im Brief alle Anredepronomen (zum Beispiel Du, Deine...) und Höflichkeitsformen (Ihnen, Sie...) groß zu schreiben.

Nach etwa 10 Tagen erhält Kurt Antwort. Er liest die Informationen sehr genau durch. In einer Unterrichtsstunde stellt sich Kurt als Experte für ein Gespräch zur Verfügung. Frau Bertel fordert die Klasse auf, Fragen an Kurt zu stellen.

So läuft das Interview ab:

Schülerinnen und Schüler fragen:	**Kurt antwortet:**
Dürfen wir dich jetzt alles fragen?	Ja.
Hast du von beiden Bühnen Antwort erhalten?	Ja.
Hast du Prospekte bekommen?	Ja.
Tritt Pierre Brice als Winnetou auf?	Ja.
Spielt er in Elspe?	Nein.
Spielt er dann in Bad Segeberg?	Ja.

Dieses Interview verläuft zu einsilbig. Deshalb greift Frau Bertel ein und rät der Klasse, andere Fragen zu stellen, um mehr zu erfahren. Der nächste Teil des Interviews verläuft so:

Fragen:	**Antworten:**
Wie lange dauern die Aufführungen?	Etwa zwei Stunden.
Was wird denn überhaupt aufgeführt?	...
......	...

8 Formuliert weitere Fragen und Antworten. Orientiert euch an den Hinweisen über die Freilichtbühnen in Elspe und Bad Segeberg.

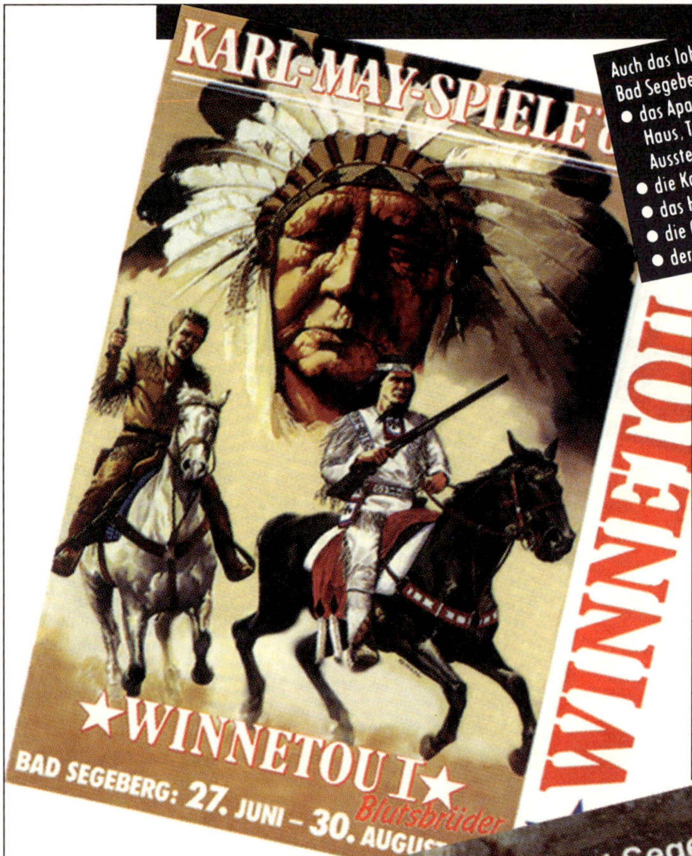

Auch das lohnt einen Besuch im Luftkurort Bad Segeberg:

- das Apatschen-Reservat mit Nebraska-Haus, Tipis und großer Indianer-Ausstellung
- die Kalkberg-Höhlen
- das Heimat-Museum
- die Otto-Flath-Ausstellung
- der Wassersport auf dem Großen Segeberger See

Das Apatschen-Reservat: Ein Besuch lohnt sich

Das Apatschen-Reservat, direkt neben dem Freilichttheater, ist zu einer großen Attraktion geworden. Tipis, Totempfähle und Blockhäuser versetzen die Besucher in den Wilden Westen. Im Nebraska-Haus kann man indianisches Handwerk bewundern, aber auch Bilder aus dem Indianer-Leben betrachten. Das Apatschen-Reservat ist bis zum 3. September täglich von 10 bis 18 Uhr geöffnet. Eintritt DM 3,– Erwachsene, DM 2,– Kinder.

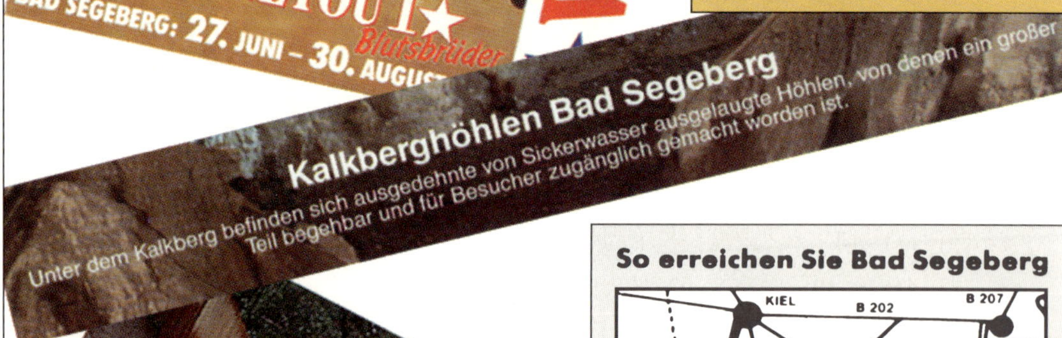

So erreichen Sie Bad Segeberg

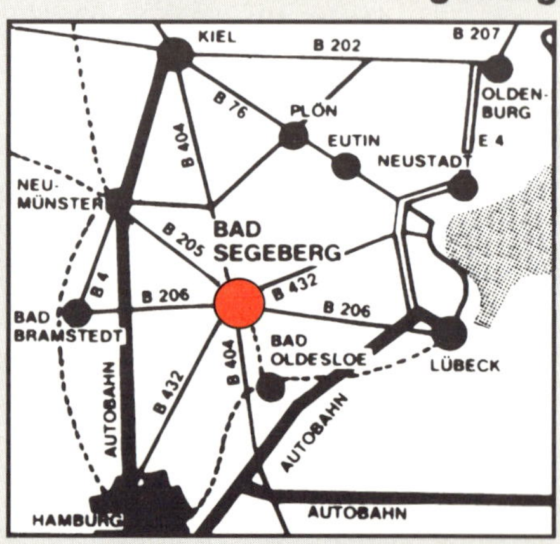

Sie erreichen die Karl-May-Spiele Bad Segeberg auch bequem mit der Deutschen Bundesbahn.

UNTER GEIERN

Winnetou und Old Shatterhand in einem packenden Karl-May-Abenteuer. Ein Western-Live-Erlebnis in freier Natur. Spannung, Action, Abenteuer. 4.500 überdachte, numerierte Plätze. Vorstellung: 14.45 Uhr bis 16.30 Uhr, abends 20.15 Uhr bis 22.00 Uhr.

KENNEN SIE DAS PROBLEM?

Sie planen Ihren Ausflug ein halbes Jahr im voraus. Alle freuen sich auf einen erlebnisreichen Tag – und dann spielt das Wetter nicht mit. Kein Problem beim Elspe Festival. Nahezu alle Sitzplätze sind überdacht – und alle Shows finden garantiert auch statt, bei jedem Wetter. Auch die Zeit, die Sie bei uns verbringen wollen, überlassen wir Ihnen. Denn Sie können wählen, welchen der beiden Festivalteile Sie besuchen: die Aufführung der Karl-May-Festspiele allein – das Showprogramm allein – oder beides zusammen. Und Sie zahlen auch nur für das, was sie tatsächlich in Anspruch nehmen wollen.

SHOWPROGRAMM 1991

jeweils zwischen 11.00 und 14.30 Uhr
bei Abendvorstellungen zwischen 17.30 und 20.00 Uhr

"COLOUR AND POWER"

Artisten aus Asien, Afrika und Amerika zeigen erstmals gemeinsam auf einer Bühne unterschiedlichste Spitzenakrobatik aus drei Kontinenten – eine eigens für das ELSPE FESTIVAL zusammengestellte Show. Dauer ca. 25 Minuten, 1.600 überdachte Plätze.

ACTION, STUNTS UND CASCADEURE

Erleben Sie, wie Pferde für Stunt- und Cascadeurarbeit vorbereitet werden, wie Stuntmen spektakuläre Schlägereien trainieren, gefahrlos aus großer Höhe springen, ohne sich zu verletzen und vieles mehr. Dauer ca. 25 Minuten, 2.200 Sitzplätze.

MUSIC...MUSIC...MUSIC

Happy Sound and Dancing von der amerikanischen Westküste, präsentiert von „Dance to the Music" aus den USA. Dauer ca. 30 Minuten, 1.600 überdachte Sitzplätze.

ÜBER 100 MITWIRKENDE UND MEHR ALS 40 PFERDE IN EINEM DER BEKANNTESTEN ABENTEUER VON KARL MAY.

9 Beurteilt und kennzeichnet die unterschiedlichen Fragesätze auf S. 157. Nutzt dazu die folgenden Informationen:

Es gibt zwei Arten von Fragesätzen:

- **Entscheidungsfragen**
  Die Personalform des Verbs steht am Anfang. Die Antwort kann heißen: *Ja. Nein. Vielleicht. Ich weiß nicht.*
  Beispiel: Kommst du mit?
- **Ergänzungsfragen**
  Der Fragesatz beginnt mit einem W-Fragewort
  Beispiel: Wann kommst du heute?

10 Bestimmt die Fragesätze in dem Gespräch auf S. 154/155.

2. Meinungen begründen: Wo fahren wir hin?

In den nächsten Tagen gibt es in der Klasse eine Diskussion darüber, ob die Klassenfahrt nach Elspe/Sauerland oder nach Bad Segeberg gehen soll.

Svenja: Ich möchte nach Bad Segeberg. Da spielt Pierre Brice!
Lars: Als ob das ein Grund wäre, dorthin zu fahren!
Hatice: Ich hätte Lust, in Bad Segeberg die Kalkberg-Höhlen zu besichtigen.
Svenja: Und außerdem: Da gibt es noch ein „Apatschen-Reservat“.
Kirsten: Stimmt, mein Bruder war schon mal da. Das lohnt sich, weil man nämlich sehen kann, wie Apatschen früher gelebt haben...
Kora: Auch in Elspe gibt es noch ein Beiprogramm und viele Attraktionen.
Kurt: In Elspe war ich schon mal. Find’ ich einfach toll!
Achim: Aber das Showprogramm find’ ich nicht gut. Es hat auch gar nichts mit der Aufführung zu tun.
Kurt: Das muß man sich doch nicht angucken!
Sven: Ich finde Bad Segeberg besser...
Miriam: Wir haben doch nur einen Tag zur Verfügung. Bad Segeberg ist einfach zu weit! Dann müßten wir ja schon ganz früh losfahren.
Micha: Mir ist das egal, wo wir hinfahren.

1 Beurteilt die Beiträge. Wer begründet seinen Beitrag, indem er ein Argument für seine Meinung oder seinen Vorschlag nennt? Wer tut dies nicht?

So argumentiert man:

Eine **Aussage**, eine **Meinung** oder einen **Vorschlag** äußern.	*Ich bin für Elspe*
Grund oder **Argument** für diese Aussage nennen.	*Dort gibt es nämlich überdachte Sitzplätze*

2 Formuliert die Begründung auf andere Weise.
Welche Schüler argumentieren? Unterscheidet jeweils Aussage und Begründung.

Die Schülerin Aysche macht einen Vorschlag.

„Wir könnten nach Elspe fahren, ganz früh losfahren, meine ich ... und dann sehen wir uns das gesamte Show-Programm und die Karl-May-Aufführung an."

Hier sind einige Antworten:

- ☐ Du bist ja nicht ganz!
- ☐ Das wär' mir einfach zu viel! Ich hätte dann nichts mehr von der Aufführung.
- ☐ Das Show-Programm ist doch langweilig!
- ☐ Nein, nein, auf keinen Fall!
- ☐ Das dauert mir viel zu lange; dann sitzen wir ja fast vier Stunden auf einem Fleck.

3 Beurteilt die Antworten. Mit welcher Antwort wird die Sprecherin beleidigt; welche Antwort enthält eine Begründung?

4 Begründet die folgenden Vorschläge von Schülerinnen und Schülern.

Simone

„Ich möchte auch gern den Western-saloon sehen."

Murat

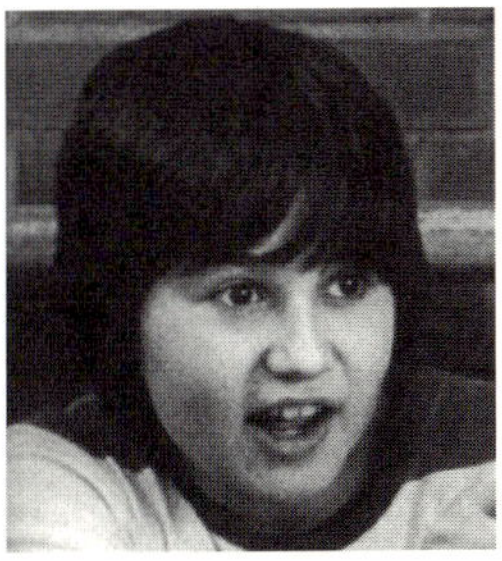

„Ich schlage vor, daß wir uns die Aufführung ansehen und dann noch etwas wandern."

Jens

„Wir fahren diesmal nach Elspe und im nächsten Jahr nach Bad Segeberg."

5 Prüft die Informationen aus den Prospekten. Formuliert weitere Aussagen mit einer Begründung für oder gegen den Besuch der jeweiligen Freilichtbühne.

6 Wie würdet **ihr** entscheiden? Welche Gründe haltet ihr für ausschlaggebend?

3. Informieren und appellieren

appellieren, von appellare (lat.) = zu etwas bewegen, anregen, antreiben

Schaut euch die Einzelheiten der Prospekt-Zusammenstellung noch einmal an.
Welche vermitteln dem Leser und Betrachter eher Informationen, welche wecken eher Interesse und Aufmerksamkeit und regen dazu an, das Angebot wahrzunehmen? Versucht zu ordnen und nennt entsprechende sprachliche Mittel:

dem Leser Informationen geben	Interesse und Aufmersamkeit des Lesers wecken

4. Aussagen, fragen, auffordern

Die Klasse 5a entscheidet sich für den Besuch der Freilichtbühne Elspe. Einige Tage vor dem Wandertag werden in der Klasse die letzten Hinweise gegeben.

Frau Bertel:	Ich habe inzwischen den Bus bestellt. Für Fahrkosten und Eintrittsgelder müßte jeder 20 DM mitbringen. Hilfst du mir wohl beim Einsammeln, Dirk?
Dirk:	Darf Micha noch mithelfen?
Frau Bertel:	Ich habe nichts dagegen. Seid doch mal still, jetzt! Anja möchte noch etwas fragen.
Anja:	Was sollen wir anziehen?
Frau Bertel:	Nehmt auf jeden Fall auch etwas Warmes mit! Könnt ihr noch mal zuhören? (Sven hat sich gemeldet.) Und du willst jetzt noch etwas sagen, Sven.
Sven:	Soll ich ein Fernglas mitbringen?
Simone:	Prima, Sven. Bring es mit! Aber laß mich neben dir sitzen!

In dieser Diskussion haben einige Äußerungen von Schülerinnen und Schülern eine ganz bestimmte Aufgabe:

a) es soll etwas mitgeteilt werden,
b) es wird gefragt,
c) es wird aufgefordert.

1 Versucht zu unterscheiden. Die folgende Zusammenstellung hilft euch dabei.

⇒ S. 61 Man unterscheidet im Gespräch drei Grundabsichten. Diesen entsprechen die drei Satzarten:

Grundabsichten	Satzarten
etwas aussagen	Aussagesatz (schließt mit einem Punkt)
jemanden nach etwas fragen	Fragesatz (schließt mit einem Fragezeichen)
jemanden zu etwas auffordern	Aufforderungssatz (schließt mit einem Ausrufezeichen)

2 Sucht weitere Beispiele für Satzarten aus dem Gespräch auf Seite 154/155.

3 Unterscheidet in den beiden Gesprächen (S. 154/155 und S. 162) die Fragesätze.
Nehmt die Zusammenstellung auf Seite 160 zu Hilfe.

5. Direkte und indirekte Aufforderungen

1 In dem Gespräch auf Seite 162 wird mit unterschiedlichen Äußerungen aufgefordert. Wo ist das der Fall?

2 Welche Äußerungen sind sofort und eindeutig als Aufforderung zu erkennen? Beachtet dazu die Satzart.

3 Bei welchen Äußerungen wird eher auf indirekte Weise aufgefordert?

4 Gebt Lucki eine Antwort. Sprecht Trixis Äußerungen; erprobt die richtige Betonung.

Bei Aufforderungen unterscheidet man

- **direkte Aufforderungen**
  Sie beginnen meist mit der Imperativform (Befehlsform) des Verbs:
  Beispiel: Hört mal zu!
- **indirekte oder versteckte Aufforderungen**
  Diese können auch als Fragesätze oder Aussagesätze formuliert sein. Sie werden aber in der jeweiligen Sprechsituation als Aufforderung verstanden:
  Beispiel: Könnt ihr jetzt mal zuhören?
  Jetzt ist die Diskussion zu Ende.

5 Sucht in dem Gespräch auf Seite 162 direkte und indirekte, versteckte Aufforderungen.

6 Formuliert die versteckten Aufforderungen in direkte Aufforderungen um.

Man kann Gespräche nach verschiedenen Gesichtspunkten untersuchen:

- Wer ist beteiligt?
- Was steht zur Diskussion?
- Welche Standpunkte werden geäußert?
- Wer reagiert eher sachlich, wer eher gefühlsmäßig?
- Wer begründet seine Vorschläge?
- Was ist unangemessen formuliert?
- Gibt es unterschiedliche Fragesätze? (Entscheidungs- und Ergänzungsfragen?)
- Welche Grundabsichten werden geäußert? (aussagen, fragen, auffordern)
- Mit welchen Äußerungen wird in direkter Weise, mit welchen in indirekter Weise aufgefordert?

Der Wilde Westen...

1. **Die Klasse 5a besucht die Karl-May-Aufführung „Unter Geiern“ auf der Freilichtbühne Elspe/ Sauerland**

Über den Inhalt des Stückes erfährst du im Programmheft folgendes:

URAUFFÜHRUNG

UNTER GEIERN

Winnetou und Old Shatterhand in einem packenden Abenteuer nach Karl May

★

In einer Wüstenebene zwischen Texas und New Mexico erpreßt die Geier-Bande Farmer und Rancher. Wer nicht zahlt, muß sterben. Viele Farmen gehen in Flammen auf. Genauso brutal ermorden die „Geier" viele von den hier lebenden Komantschen. Doch auch die vorbeikommenden Auswanderer werden von den Gangstern überfallen. Ein Treck reicher Diamantenhändler ist für die Bande ein gefundenes Fressen. Sie wollen die Planwagen in die Irre führen und ausrauben. Doch Winnetou und Old Shatterhand greifen schließlich ein.

1 Erklärt den Titel des Stücks.

2 Fasse den Inhalt kurz zusammen. Die folgenden Fragen helfen dir dabei.
- **Wo** spielt das Geschehen?
- **Welche Gruppen** stehen sich gegenüber? Welche Gruppe stellt die Bösen dar?
- **Zu welchem Stamm** gehören die hier erwähnten Indianer?

...

3 Das Ende des Geschehens bleibt offen. Warum wohl?

4 Du kannst dir sicher vorstellen, wie das Stück ausgeht. Begründe deine Meinung.

Dieser Text ist ein Auszug aus dem Karl-May-Roman „Unter Geiern".

Winnetou

Der Nahende war genau so gekleidet wie Old Shatterhand, nur daß er anstatt der hohen Stiefel Mokassins trug. Auch hatte er keine Kopfbedeckung. Sein langes, dichtes, schwarzes Haar war in einen hohen, helmartigen Schopf geordnet und mit einer Klapperschlangenhaut durchflochten. Keine Adlerfeder schmückte seine indianische Figur. Dieser Mann bedurfte keines solchen Zeichens, um als Häuptling erkannt und geehrt zu werden. Um den Hals trug er den Medizinbeutel, die Friedenspfeife und eine dreifache Kette von Bärenkrallen, Siegeszeichen, die er mit Lebensgefahr erkämpft hatte. In der Hand hielt er ein doppelläufiges Gewehr, dessen Holzteile dicht mit silbernen Nägeln beschlagen waren. Das war die berühmte Silberbüchse, deren Kugel niemals ihr Ziel verfehlte. Die Züge seines ernsten, männlich-schönen Gesichtes waren fast römisch zu nennen. Die Backenknochen standen kaum merklich vor, und die Hautfarbe war ein mattes Hellbraun mit einem leisen Bronzehauch.

Das war Winnetou, der Apatschenhäuptling, der herrlichste der Indianer. Sein Name lebte in jeder Blockhütte und an jedem Lagerfeuer. Gerecht, klug, treu, tapfer bis zur Verwegenheit, ohne Falsch, ein Freund und Beschützer aller Hilfsbedürftigen, gleichviel ob sie rot oder weiß von Farbe waren, so war er bekannt über die ganze Länge und Breite der Vereinigten Staaten und selbst über deren Grenzen hinaus.

Old Shatterhand hatte sich vom Boden erhoben. Er wollte sprechen, wurde aber durch eine Handbewegung Winnetous zum Schweigen aufgefordert. Ein zweiter Wink des Apatschen bedeutete ihn, zu horchen. [...]

Jetzt hörten die beiden Lauscher lautes Pferdegetrappel, und nun waren auch die Laute zu verstehen, die gesungen wurden. Es war nur das eine Wort: „Tso-ikwo, tso-ikwo!" Das bedeutet Skalphaut. Da wußte Old Shatterhand, daß die beiden Deutschen nicht entkommen waren.

Die Schoschonen ritten nun vorüber, auf indianische Weise einer hinter dem anderen. In der Mitte aber hatten zwei die beiden Gefangenen zwischen sich. Die weißen Jäger waren ihrer Waffen beraubt und mit Lassos auf ihre Pferde gebunden. Mit keinem Blick verrieten sie, daß sie einen verborgenen Helfer hier in der Nähe wußten. Die Schar verschwand. Eine kurze Zeit noch hörte man das eintönige „tso-ikwo, tso-ikwo", hierauf wurde es still.

Winnetou drehte sich um und verließ schweigend die Stelle, wo er neben Old Shatterhand gestanden hatte. Old Shatterhand wartete. Nach vielleicht zehn Minuten kehrte der Apatsche zurück, sein Pferd am Zügel führend, das in Rasse und Farbe dem Old Shatterhands glich. Es war Iltschi[1], der Bruder von Old Shatterhands Rapphengst Hatatitla[2], den ihm Winnetou einst geschenkt hatte. Fast unbegreiflich war es, wie es dem Tier gelingen konnte, sich auf dem abschüssigen Boden so sicher durch den dichten Wald zu bewegen. Jetzt fragte der Weiße:

„Der Häuptling der Apatschen hat den Ort entdeckt, wo die Krieger der Schoschonen ihre Lager aufgeschlagen haben?"

„Winnetou ist ihrer Fährte gefolgt", entgegnete der Gefragte. „Sie sind da, wo vor Zeiten das Wasser aus den Bergen in den See des Blutes floß, im trocknen Flußbett aufwärts geritten. Dann führt die Spur links über die Höhe in ein kesselförmiges Tal, wo sie ihre Zelte errichtet haben."

„Sind es Wohnzelte?"

„Nein, Kriegszelte! Der Anführer ist Oihtka-petay[3]. Winnetou hat sein Gesicht von weiten gesehen und ihn an den drei Narben auf den Wangen erkannt." – „Und was hat mein Bruder beschlossen?"

„Winnetou hat nicht die Absicht, sich den Schoschonen zu zeigen. Er fürchtet sich nicht; aber da sie sich auf dem Kriegspfad befinden, wäre ein Kampf unvermeidlich, und er möchte doch keinen von ihnen töten, weil sie ihm nichts getan haben. Mein Bruder Scharlih will die zwei befreien, und so wird Winnetou doch mit ihnen kämpfen müssen."

---

[1] Wind

[2] Blitz

[3] Tapferer Büffel

5 Wie wird Winnetou dargestellt? Welche Merkmale und Eigenschaften werden besonders hervorgehoben?

6 Wie könnte die Handlung weitergehen?

7 Was erfährt man in den Angaben zum Programmheft, was erfährst du in dem Romanausschnitt? Fasse den Inhalt jeweils kurz zusammen und vergleiche.

2. Wie war das wirklich? Wir informieren uns

In der ersten Deutschstunde nach der Karl-May-Aufführung taucht eine ganze Reihe von Problemen auf.

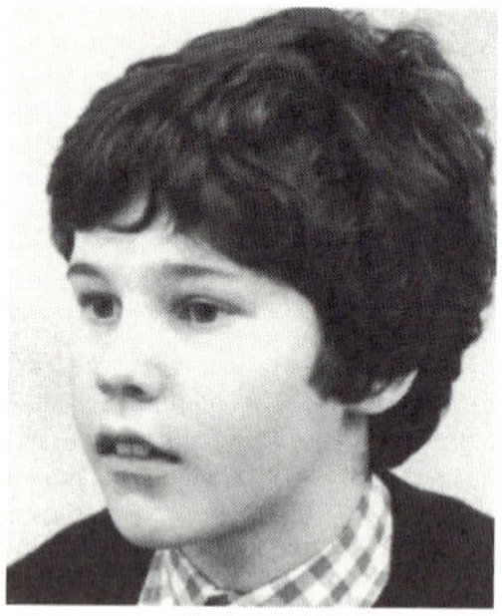

1 Informiert euch zur dritten Frage im Atlas.

2 Gebt auf die beiden anderen Fragen eine Antwort. Lest dazu die beiden folgenden Texte. In einem der Texte sind wichtige Stellen unterstrichen, die euch weiterhelfen.

Winnetou

Karl Mays Winnetou gilt heute vielen Freunden der Indianer als Idealbild vom edlen Indianer schlechthin. Karl May war nicht der erste Schriftsteller, der einen Indianer mit bestechenden Eigenschaften und solchem Edelmut schuf.
Karl Mays Winnetou wurde in verschiedenen Erzählungen erst langsam geformt, ehe er schließlich dem uns heute bekannten Apatschenhäuptling entsprach.

In der Erzählung „Old Firehand“ tritt zum ersten Male ein Apatschenhäuptling mit dem Namen Winnetou auf. Aber hier fehlen dem Indianer noch alle jene Charakterzüge, die den Winnetou der späteren Erzählungen auszeichnen. Später nimmt Karl May die endgültige Umformung des Apatschen-Häuptlings zum edlen, christlich denkenden Indianer vor.
Schon oft ist versucht worden, die Quellen darzustellen, die Karl May als Vorlage für seinen Indianerhäuptling benutzt hat. Karl May kannte zahlreiche bedeutende Werke über Indianer. Er formte seinen Indianerhäuptling nach verschiedenen historischen Häuptlingen, von denen Winnetou jeweils die besten Eigenschaften erhielt.

Karl May (1842–1912)

Am 25. Februar 1842 wurde in Hohenstein-Ernstthal (Sachsen) das fünfte Kind der Eheleute Heinrich August May und Christiane Wilhelmine, geb. Weise, geboren: Karl Friedrich May. Soziale Mißstände, unter denen besonders die Weber im Erzgebirge zu leiden hatten, und mangelnde Ernährung hatten zu dieser Zeit eine hohe Kindersterblichkeit zur Folge. Der kleine Karl erblindete bald nach seiner Geburt und erhielt erst nach vier Jahren durch eine Operation seine Sehkraft wieder. Diese Zeit der Blindheit

Karl May als Hadschi Kara Ben Nemsi Effendi ...

... und Old Shatterhand

sollte entscheidend für sein späteres Leben werden. Die märchenerzählende Großmutter und der Pate mit seinen Erzählungen von fremden Ländern regten schon früh die Phantasie des Jungen an.

Nachdem er seine Schul- und Seminarzeit erfolgreich abgeschlossen hatte, wurde Karl May Hilfslehrer in einer Fabrik. Durch eine Verkettung unglücklicher Umstände wurde er von einem Zimmermitbewohner des Diebstahls bezichtigt und zu einer Gefängnisstrafe verurteilt. Damit war seine Laufbahn als Lehrer beendet. Nach Verbüßung der Strafe beging Karl May neue, an sich belanglose Dummheiten, die ihn erneut mit dem Gesetz in Konflikt brachten. Unverhältnismäßig hohe Strafen – die heute bestenfalls als kleinere Gefängnisstrafen mit Bewährung ausgesprochen würden – waren die Folge. Insgesamt mußte Karl May Gefängnis- und Zuchthausstrafen von insgesamt acht Jahren verbüßen.

Nach seiner Entlassung wandte er sich dem Schriftstellerberuf zu. Der literarische Durchbruch gelang ihm mit seinen Reiseerzählungen, die ab 1892 in Buchform erschienen. Darin schildert Karl-May, meistens in der Ich-Form, die abenteuerlichen Erlebnisse seiner Helden. Das Honorar für seine schriftstellerische Tätigkeit ermöglichte ihm Reisen in jene Länder, die er in seinen Büchern so lebensnah beschrieben hatte.

Karl May starb am 30. März 1912 in Radebeul bei Dresden in der Villa Shatterhand. Seine letzten Lebensjahre waren umschattet von Anfeindungen in Form zahlreicher Prozesse und Pressefehden, bei denen seine schriftstellerischen Fähigkeiten in Frage gestellt wurden. Dennoch haben die Gestalten seiner Phantasie, zum Beispiel Winnetou und Old Shatterhand in Nordamerika und Kara ben Nemsi und Hadschi Halef im Orient, eine große Volkstümlichkeit erreicht. Karl May gehört auch heute noch zu den häufig gelesenen deutschen Schriftstellern.

3 Stellt stichwortartig die wesentlichen Daten der Lebensgeschichte Karl Mays zusammen. Gliedert dabei nach übergeordneten Gesichtspunkten wie: Geburt, Elternhaus, Kindheit...

4 Entsprechen die Abbildungen von Winnetou und Karl May euren Vorstellungen? Bedenkt dabei, daß der Schriftsteller Karl May sich selbst Old Shatterhand nannte.

5 Zieht weitere Erkundigungen über den Wilden Westen, Karl May, Old Shatterhand, Winnetou ein.
Informiert euch auch über spezielle Fragen, wie zum Beispiel:
- Warum heißen die Indianer eigentlich so?
- Gibt es den **typischen** Indianer?
- Bauten sich die Indianer schon Häuser?
- Wie wurde man Häuptling?
- Wie lebten die Frauen? Welchen Einfluß hatten sie?
- ...

6 Überlegt, was ihr alles machen könnt, zum Beispiel: Plakate entwerfen, Informationen an der Pinnwand anordnen, Informationen in einer Mappe sammeln, eine Bücherei besuchen...
Eure Lehrer in den Fächern Politik, Geschichte, Erdkunde helfen euch sicher weiter.

In solchen oder ähnlichen Büchern findet ihr weitere Informationen.

Und in solchen Büchern könnt ihr nach Lust und Laune schmökern:

- **Häuptling Büffelkind Langspeer erzählt sein Leben** (List Verlag, München 1958)
- **Indianer**, von F. Hetmann (Verlag Maier, Ravensburg 1990)
- **Abenteuer mit dem Schwarzen Büffel**, von Anne und Michael Politzer (Stalling Verlag, Hamburg 1978)

3. Die Indianerin „Schöner Tag“ und andere Personen beschreiben

An einem der nächsten Tage bringt die Deutschlehrerin Frau Bertel einen Ausschnitt aus dem Roman **Winnetou I** mit in die Schule. Er handelt von Nscho-tschi, Winnetous Schwester.

Karl May

Nscho-tschi – das heißt „Schöner Tag“

Old Shatterhand und seine Gefährten sind Gefangene des Indianerstammes der Apatschen. Ihr Häuptling ist der Vater Winnetous und Nscho-tschis.
Old Shatterhand ist bei der Gefangennahme verwundet worden. Im Lager der Apatschen wird er von Winnetous Schwester Nscho-tschi gesund gepflegt.

Wie lang ich geschlafen hatte, wußte ich nicht. Es war der Genesungsschlaf, der immer tief zu sein und lange zu währen pflegt. Als ich erwachte, wurde es mir nicht schwer, die Augen zu öffnen, und ich war bei weitem nicht mehr so schwach wie zuvor. Ich konnte die Zunge einigermaßen bewegen und mit dem Finger in den Mund fassen, um ihn von dem geronnenen Blut und dem Wundeiter zu befreien.
Zu meinem Erstaunen sah ich mich in einem viereckigen Raum, der von steinernen Mauern gebildet wurde. Er erhielt sein Licht durch die Eingangsöffnung, die durch keine Tür verschlossen war. Mein Lager befand sich in der hinteren Ecke. Man hatte da mehrere Grizzlybärenfelle übereinandergelegt und eine schöne, indianische Saltillodecke über mich gebreitet. Rechts und links vom Ausgang saßen zwei Indianerinnen, jedenfalls mir zur Pflege und zugleich zur Bewachung, eine alte und eine junge. Die junge trug ein langes, hemdartiges Gewand, das den Hals eng umschloß und an den Hüften von einer Klapperschlangenhaut gerafft und zusammengehalten wurde. Es war an ihr kein Schmuckgegenstand zu sehen [...]
Ihr einziger Schmuck bestand aus ihrem herrlichen langen Haar, das ihr in zwei starken, bläulich-schwarzen Zöpfen bis über den Gürtel herabreichte. Dieses Haar erinnerte an das Winnetous. Auch ihre Gesichtszüge waren den seinigen ähnlich. Sie hatte die gleiche Samtschwärze der Augen, die unter langen, schweren Wimpern halb verborgen lagen [...]
Sie sprach, jedenfalls um mich nicht aus dem Schlaf zu wecken, leise mit der Alten, und als sie dabei den schön geschnittenen Mund zu einem Lächeln öffnete, blitzten die Zähne wie reinstes Elfenbein zwischen den roten Lippen hervor. Die Farbe ihrer Haut war ein helles Kupferbronze mit einem Silberhauch. Das Mädchen mochte achtzehn Jahre zählen, und ich gewann die Überzeugung, daß es die Schwester Winnetous sei.
Die beiden Squaws waren emsig damit beschäftigt, weißgegerbte Ledergürtel mit roten Stichen zu verzieren.

1. Wer bereits den gesamten Roman gelesen hat, wird vielleicht den anderen kurz erzählen können, welches Schicksal Nscho-tschi in dem Roman später erleidet.

2. Nscho-tschi wird von Old Shatterhand beschrieben. Wie merkt man, daß der Erzähler angetan ist von der Schwester Winnetous? Was hältst du von der Darstellungsweise?

3. Stellt die äußeren Merkmale Nscho-tschis kurz zusammen, soweit der Erzähler sie nennt.

4. Versucht jetzt, die Indianerin mit euren eigenen Worten zu beschreiben. Laßt übertreibende Ausdrücke weg. Die Zusammenstellung hilft dir bei der Beschreibung.

In den Wilden Westen kamen auch viele Abenteurer und Gangster. Hier wird zum Beispiel der Gangster Billy Smith gesucht.

5 Entwerft einen Steckbrief. Denkt daran, daß man mit Adjektiven das Aussehen sehr genau und treffend beschreiben kann.

6 Überlegt euch für die Beschreibung eine sinnvolle Reihenfolge.
- Du kannst von der Gesamterscheinung ausgehen.
- Du kannst aber auch an einem auffallenden Merkmal (wie Größe, Bart, Kleidung) ansetzen.

7 Nutzt die Zusammenstellung auf Seite 173. So könnte der Steckbrief beginnen:
Gesucht wird der Gangster Billy Smith wegen mehrerer Eisenbahnüberfälle und wegen Bankraub. Er...

8 Gestaltet den Steckbrief so, daß er auch wirklich Aufmerksamkeit erregt.

Frederik Hetmann
Beschreibung

Ein Fremder ritt über Land, hielt einen Augenblick im Lager der Cowboys am Wagen des Kochs und setzte dann seinen Ritt fort.
Ein paar Tage später tauchte ein Sheriff auf und fragte die Cowboys: „Habt ihr einen Fremden herumreiten sehen?"
„Hm."
„Und wie sah er aus?"
„Nun, Sir", erklärte der Koch langsam, „er ritt ein braunes Pferd mit weißen Strümpfen. Am linken Hinterbein war ein Hufeisen locker, und das Tier hatte ein X-Brandzeichen. Muß so um die vier Jahre alt gewesen sein. Trug einen mexikanischen Sattel und eine rot-weiß gestreifte Navaho-Decke. Der Mann

war'n Meter achtzig groß, hatte Jeans, ein blaues Hemd und eine Samtweste. Narbe an der rechten Wange. Zwei Tage alter Bart. Scharfe Augen, Farbe gegen Blau hin. Lange Nase, die Spitze leicht nach links gebogen. Hatte einen Hut mit einem abgetragenen Hutband. Hab' ihn mir nicht allzu genau angeschaut, aber etwas ist doch hängengeblieben.

9 Worin liegt der Witz dieses Textes?

10 Auch hier wird genau beschrieben. Schreibt die wichtigsten Informationen über Pferd und Reiter heraus, ordnet sie. Verfaßt einen Steckbrief des Reiters.

11 Bei bestimmten Gelegenheiten im Alltag muß man Personen sehr genau beschreiben können.
Stell dir vor: Ein 4–5jähriges Kind ist auf einer großen Kirmes von den Eltern getrennt worden.
Beschreibe das Kind möglichst so genau, daß es nach dieser Beschreibung wiedererkannt werden kann. Stell dir dabei deinen Bruder oder deine Schwester, eine/n sonstige/n Verwandte/n oder ein Kind aus der Nachbarschaft vor.

12 Könntest du dir noch andere Situationen vorstellen, in denen eine Personenbeschreibung notwendig ist?

4. Einem Menschen einen Gegenstand beschreiben, den er noch nicht kennt

Der Papalagi – Ein Südseehäuptling erlebt unsere Zivilisation: Von den steinernen Truhen

Der Papalagi[1] wohnt wie die Seemuschel in einem festen Gehäuse. Er lebt zwischen Steinen, wie der Skolopender[2] zwischen Lavaspalten. Steine sind rings um ihn, neben ihm und über ihm. Seine Hütte gleicht einer aufrechten Truhe aus Stein. Einer Truhe, die viele Fächer hat und durchlöchert ist. Man kann nur an einer Stelle des Steingehäuses ein- und ausschlüpfen. Diese Stelle nennt der Papalagi den Eingang, wenn er in die Hütte hineingeht, den Ausgang, wenn er hinausgeht; obwohl beides ganz und gar ein und dasselbe ist. An dieser Stelle ist nun ein großer Holzflügel, den man kräftig zurückstoßen muß, ehe man in die Hütte hinein kann. Man ist jetzt aber erst am Anfang und muß noch mehrere Flügel zurückstoßen, dann erst ist man wirklich in der Hütte.
Die meisten Hütten sind nun von mehr Menschen bewohnt, als in einem einzigen Samoadorfe[3] leben, man muß daher genau den Namen der Aiga[4] wissen, zu der man auf Besuch will.
[...]

[1] Der Weiße, der Fremde
[2] Hundertfüßer mit Giftklauen
[3] Samoa-Inselgruppe in der Südsee
[4] Familie

Wohnt die Aiga nun oben, ganz unter dem Dache der Hütte, so muß man viele Äste hinaufsteigen im Zickzack oder rund im Kreise, bis man zu der Stelle kommt, wo der Name der Aiga an die Wand geschrieben ist [...]
Jede Truhe – die der Papalagi ein Zimmer nennt – hat ein Loch, wenn sie größer ist, zwei oder noch mehr, durch die das Licht hereinkommt. Diese Löcher sind mit Glas zugetan, das man fortnehmen kann, wenn frische Luft in die Truhen soll, was sehr nötig ist. Es gibt aber viele Truhen ohne Licht- und Luftloch.

1 Welche Gegenstände werden hier beschrieben?

2 Kennzeichnet und begründet die Art und Weise, wie der Südseehäuptling diese Gegenstände beschreibt.

3 Stellt euch vor, ihr solltet einer Eingeborenen oder einem Eingeborenen früherer Zeiten in unserer Sprache etwas erklären, was sie/er noch nicht kennt. Dies könnten ganz einfache Gegenstände sein, wie: Bleistift, Regenschirm, Tasche, Kochtopf, Löffel...So könnte man anfangen:
Dieser Gegenstand hat bei uns den Namen Bleistift. Er ist dünner als der kleine Finger und dreimal so lang. Der Gegenstand hat immer einen grauen Kern. Er ist von einer Hülle aus Holz umgeben...

4 Wähle dir einen Gegenstand, und versuche ihn auf ähnliche Weise für den Menschen aus der anderen Welt zu beschreiben. Beachte die folgenden Hinweise.

5 Überlege dir Gelegenheiten und Situationen der heutigen Zeit, bei denen du Gegenstände genau beschreiben mußt.
Wer ist dabei dein Gegenüber? Welche Erwartungen hat dieser? Welche Absicht verfolgst du selbst dabei?

5. Wie sich die Indianer verständigten

Sprechen alle Indianer „indianisch“

Das ist ein glatter Witz! Wir Europäer sprechen auch nicht „europäisch“. Es gab nicht eine einzige allgemeine Indianersprache für alle, sondern so unglaublich viele, daß Forscher meinen, Amerika sei das Gebiet mit der größten Sprachverschiedenheit der Erde. Als Kolumbus ankam, gab es über 500 unterschiedliche Sprachen, die teils soviel gemeinsam hatten wie Deutsch und Chinesisch. Hinzu kamen noch Dialekte in Hülle und Fülle.

Waren diese Sprachen „primitiv“

Das könnte man fast glauben, denn in den Wildwest-Romanen brummen die Indianer meist nur „Uff“ oder „Howgh“. In Wirklichkeit aber ist die Grammatik außerordentlich kompliziert, der Wortschatz sehr groß und für uns enorm schwer zu erlernen. Von diesen wohlklingenden Sprachen meinte der berühmte William Penn: „Ich kenne keine europäische Sprache, die in Klangfärbung und Betonung mehr Worte der Freundlichkeit und Weitherzigkeit besitzt wie die ihre.“ Also eine primitive Sprache?

Kleines Wortverzeichnis der Sioux-Sprache

Ich – mia; du – nia; Sonne – Wee; ja–how; nein – ea; Büffel – Petay; wie geht es dir? – how ke che wa?; gut – wash tay; Hund – Shonka; Pferd – Shon ka wakon.

Wie unterhält man sich in der Zeichensprache

Man benutzte sie zur Verständigung unter den Stämmen, aber auch auf Kriegszügen, wo des Feindes wegen Ruhe geboten war. Mit diesen Gebärden und Gesten vermochte man die verwickeltsten Gespräche zu führen, ja selbst Märchen zu erzählen. Könner unterhielten sich mit diesen Zeichen schneller als mit Worten.

Wie das ging? – Jeder Stamm benützte ein eigenes Symbol als Erkennungszeichen. Nach dem Reiseziel fragte man, indem man mit den Händen die Zeichen für „Frage“, „du“, und „gehen“ formte. Ein Tipi[1] stelle man durch Falten der Hände dar. Für „schlecht“ machte man eine wegwerfende Handbewegung. Um einen Weißen zu bezeichnen, zog man einfach mit dem Finger einen Strich quer über die Stirn, was den Hutrand andeuten sollte.

[1] Tipi = Stangenzelt bei bestimmten Indianerstämmen

1 Begrüßung
2 Freund
3 wie viele?
4 trinken
5 schlafen
6 essen

Kannten die Indianer eine eigene Schrift ?

Die Indianer kannten noch keine Schrift in unserem Sinne. Sie verständigten sich schriftlich durch eine einfache Bilderschrift.

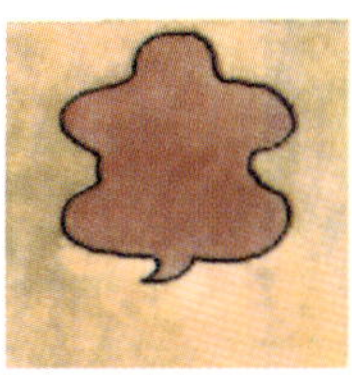

Fell

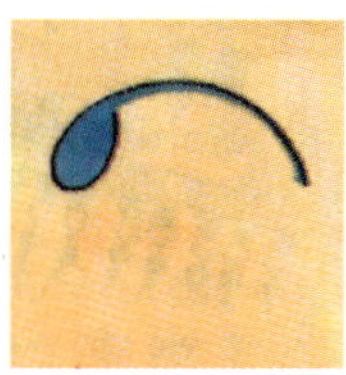

Tag

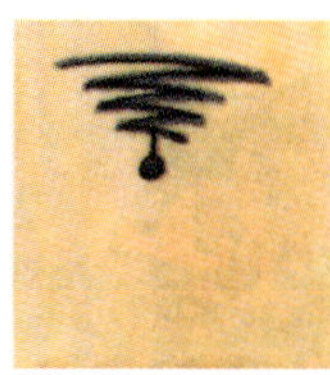

Nacht

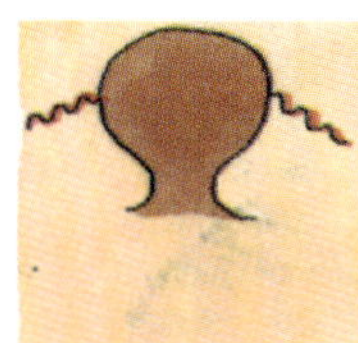

Hören

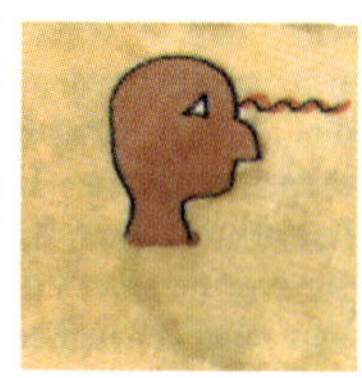

Sehen

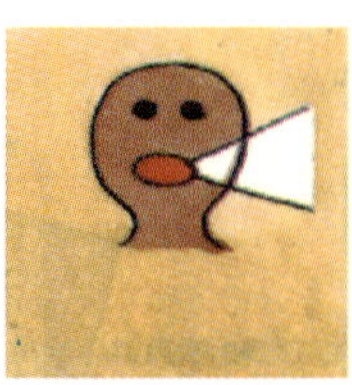

Sprechen

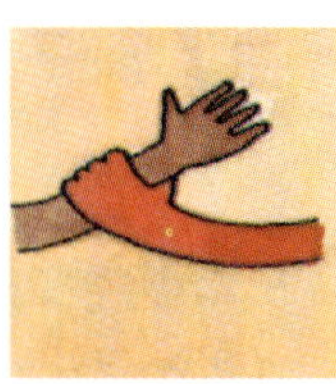

Gefangener

Weißer Mann

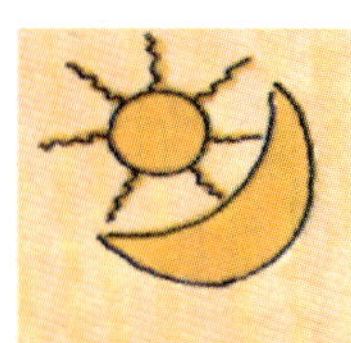

Hitzemonat Juli

1 Welche Handzeichen der Indianer weisen besonders klar auf die Bedeutung hin?
Spielt die Handzeichen nach, erfindet neue, z.B. Baum, Trauer...

2 Auch bei uns gibt es die Möglichkeit, sich durch Handzeichen zu verständigen.
Nennt Situationen, wo dies sinnvoller ist als die gesprochene Sprache.

3 Erklärt die Bedeutung von optischen Zeichen im Straßenverkehr.

4 Auch heute noch gibt es bei uns außer der Sprache Zeichen, die man mit den Rauchsignalen der Indianer vergleichen kann.

5 Erklärt die Zeichen der indianischen Bilderschrift. Versucht weitere einfache Zeichen darzustellen, zum Beispiel: gehen, Zuneigung, Pferdespuren, Lager.

6. Der „lachende Wilde Westen“

Verhör in Wildwest

Vor dem Sheriff steht ein Mann ohne Papiere, den der Hilfssheriff aufgegriffen hat. Der Sheriff beginnt, den unbekannten Mann anzusprechen.

„Es ist Ihnen ja sicher bekannt, daß Sie sich ausweisen müssen, nicht wahr? Woher kommen Sie, bitte?“

„Woher soll ich kommen, Sir? Von da und dort!“

„Schön, Sie wollen es nicht sagen. Auch gut. Warum arbeiten Sie nicht? Arbeiten Sie überhaupt?“

„Gewiß, Sir, ab und zu, wenn's recht ist.“

„Und was arbeiten Sie da?“

„Dies und das, Sir!“

„Zum Donnerwetter, in welcher Branche?“

„Nun ja, in dieser und jener, Sir, wie's sich gerade ergibt.“

„Wir werden schon sehen, was sich ergibt!“

„Bei wem haben sie im letzten Jahr gearbeitet?“

„Bei dem einen und anderen, Sir.“

„Ihre Auskünfte sind wahrhaft erschöpfend.“ (Sheriff schlägt mit der Faust auf den Tisch)

„Darf ich mich vielleicht noch erkundigen, wohin die Wanderung von hier aus gehen soll?“

„Warum nicht, Sir?“

„Also: wohin?“

„Hierhin und dorthin, Sir!“

„Okay, da bin ich ja im Bilde.“ (Sheriff wendet sich an seinen Hilfssheriff)

„Los, John, lochen Sie ihn ein!“

„Halt!“ (unbekannter Mann protestiert und wird plötzlich lebhaft)

„Sie wollen mich allen Ernstes einsperren, Sir?“

„Gewiß!“

„Und wann lassen Sie mich wieder heraus, wenn die Frage erlaubt ist?“

„Wann?“ (Sheriff lächelt freundlich)

„Früher oder später, mein Freund, früher oder später.“ (nach Martin Mulow)

1. Worin liegt der besondere Witz dieses Textes?
2. Wer fühlt sich in diesem Text zunächst als der Überlegene? Wer ist schließlich „der, der zuletzt lacht"? Auf welche Weise wird der Unbekannte mit seinen eigenen sprachlichen Waffen geschlagen?
3. Spielt den Text.
   Achtet besonders darauf, wie die Personen im ersten Teil sprechen und wie sich dann das Verhältnis umkehrt. Dieses ist ganz wichtig, damit auch die Pointe herauskommt. Beachtet auch die Regieanweisungen.

Günther Stiller/Susanne Kilian

Das war der Western im Fernseh'n gestern

War ganz einfach zu verstehn,
konnte man gleich sehn:
Der Schöne mit Hut
war gut.
Der Häßliche, Nervöse
war der Böse.
Der Häßliche kam groß ins Bild:
Er ballert wild
dum-dum-dum
feige von hinten drei Farmer um.
So ist es geschehn!
Der Gute hat alles gesehn,
fetzte rasant wie nie
durch die Prärie
hinter dem Bösen her!
Das arme Pferd schwitzte schwer.
Der Böse hat sich davon gemacht.
Es war Nacht
in Gunhill.
Alles still.
Plötzlich im Saloon Geschrei:
große Keilerei.
Schon raste der Gute rein –
nein!
In all dem Getöse
war er nicht, der Böse.
Nur 'ne Dame namens Mary Lou
schrie „huuu!"
und warf sich dem Guten an den Hals.
Dann kam Geschmuse und Schmalz.
Die Keilerei
war leider vorbei.
Später gingen die beiden noch
die Treppe hoch
in Mary Lous Zimmer.
Dasselbe wie immer!
Beim Abschied
das alte Lied
„Ich vergesse dich nie,
Mary Lou, Lou Mary!"
Die nächste Stadt hieß Tombstone.
In 'ner Kneipe fand er den Bösen schon.
Und der Gute schrie:
„Sei ein Mann und zieh!
Farmer in den Rücken schießen,
das wirst du büßen!
Glotz nicht so dumm!
Hast du keinen Mumm,
dreckiger Hund?"
Dann ging's rund:
Der gute und der böse Mann
starrten sich lange, lange an.
Natürlich traf zuerst der Gute.
Der Böse lag tot in seinem Blute.
Die Gerechtigkeit hatte gesiegt.
Dann hat der Gute Mary Lou gekriegt.
Sie wurden in Gunhill getraut.
Mary Lou war eine schöne Braut.
Schluß. Ende. Aus. Vorbei!
schloß der Kay.

4 Auch in diesem Text will der Verfasser nicht informieren, er übertreibt und macht sich lustig. Sprecht darüber, erklärt auch die besondere Form des Textes.

5 Wer erzählt hier vom „Western im Fernseh'n gestern“? Woran merkt man das?
Was fällt euch an dem Verhalten der beiden männlichen Hauptpersonen und der Frau auf? Beurteilt es.

6 Beim Vortrag kann man gut zwischen dem Bösewicht, dem Helden und Mary Lou unterscheiden. Auch die Geräusche lassen sich verdeutlichen.
Wenn ihr diesen Text sprecht und spielt, dürft ihr ruhig etwas übertreiben. Warum wohl?

Tips für das Erzählen erhältst du auf den Seiten 54/55.

7 Du könntest dieses Gedicht auch in eine tolle Wildwest-Story umschreiben; auch dabei darfst du übertreiben. Denk vor allem daran, daß du nicht informieren, sondern spannend erzählen willst, um den Leser oder Zuhörer zu unterhalten. Formuliere eine möglichst übertriebene und dramatische Überschrift.

Stacheldraht auf der Prärie

Die folgenden Seiten sind ein Ausschnitt aus der Comic-Reihe Lucky Luke:
Farmer haben Prärieland von der Regierung gekauft und lassen sich als neue Siedler auf diesem Land nieder. Dies paßt dem Rinderkönig Cass Casey, der die Stadt Cow Gulch zu seinem Hauptquartier erkoren hat, überhaupt nicht, weil er der Meinung ist, die Prärie gehöre ihm und seinen Rindern. Er läßt daher das Land der Farmer von seinen Rinderherden zertrampeln und ihre Häuser zerstören. Als der Farmer Georg Kraut versucht, sich Stacheldraht zu besorgen, um seinen Acker einzuzäunen, will Cass Casey dies auf jeden Fall verhindern.

Lucky Luke, der sich als Indianer verkleidet, hilft den Farmern gegen die Viehzüchter.

Mit Hilfe seiner „Medizin“ gelingt es Lucky Luke, die Leute von Cass Casey müde zu machen und ihnen zu entkommen.

Sehr schnell begibt sich jeder an die Arbeit. Amalie Kraut setzt sich an die Nähmaschine, Georg Kraut zieht Stacheldraht um seinen Besitz. Cass Casey erfährt davon und reitet wutentbrannt zur Kraut-Farm.

8 Wie wird Lucky Luke, der Held dieser Serie, im Vorspann gekennzeichnet? Wie wirkt diese Kennzeichnung? Welche Bedeutung spielen dabei die Adjektive?

9 Gib den Inhalt der Episode wieder. Inwieweit wird die Beschreibung von Lucky Luke, die im Vorspann gegeben wird, in dieser Episode bestätigt?

10 Sprecht über die Namen der Personen und des Pferdes. Wodurch wirkt die gesamte Darstellung witzig?

11 Weise die besonderen Darstellungsmittel der Textart Comic nach. Welche besonderen Zeichen werden bei dieser Textart verwendet? Gib dafür ein Beispiel an.

12 Beurteilt kritisch, wie hier die Rollen von Mann und Frau dargestellt sind.

13 Zum Schluß könntet ihr in eurer Klasse eine Umfrage machen. Ihr könntet zum Beispiel fragen:
- Wer hat schon einmal eine Wildwest-Geschichte gelesen?
- Wer hat einen Roman von Karl May gelesen?
- Wer hat schon einmal eine Verfilmung eines Karl-May-Romanes gesehen?
- Wer besitzt eine Kassette zu einem Karl-May-Abenteuer?

Überlegt euch weitere Fragen. Wertet am Schluß euren Fragebogen aus, zum Beispiel nach der jeweiligen Gesamtzahl, nach der Zahl von Mädchen und Jungen. Sprecht über die Ergebnisse.

7. Rechtschreibung trainieren

In diesem Kapitel tauchen unter anderem folgende Wörter auf:

Achtung! Merkwörter

Abenteuer, Erzählung, **Indianer**, endgültig, Häuptling, Forscher, **Charakter**, gesund, unglaublich, pflegen, quer, **primitiv**, Brand, langsam, einzäunen, **kompliziert**, Pferd, Abschied, **nervös**, häßlich, nie, außerordentlich, Strümpfe, **Jeans**, Glas, nämlich, **Grammatik**, man, Tag, ganz, gar nicht, ziemlich, zuletzt, Haus, Rauch, Beispiel, beispielsweise, Unterschied, Fernseher, üblich, bald, viel, Gespräch

Die fett gedruckten Wörter sind besonders schwierig zu schreiben. Es sind häufig benutzte Fremdwörter, deren Schreibung man sich gut einprägen muß. Auch die anderen Wörter werden häufig gebraucht und falsch geschrieben.

1 So kannst du die Wörter üben:
- die Wörter jeweils neu aufschreiben und dabei nach dem ABC ordnen: Abenteuer, Abschied...
- alle Nomen herausschreiben und den bestimmten Artikel davorsetzen: das Beispiel,...
- einzelne Wörter mit anderen Wörtern verknüpfen. Aber keine neuen Fehler machen! **viel** Geld, **ganz** schön,...
- eine komische kleine Geschichte oder einen lustigen Reim schreiben; dabei sollen viele der Lernwörter auftauchen und wenig andere Wörter, damit du möglichst wenig Fehler machst.

  Beispiele: Diese **vielen Abenteuer**
  waren mir nicht ganz geheuer...

  Der **Häuptling** der **Indianer** zog sich **Jeans**
  und **Strümpfe** an, sprang **unglaublich** schnell
  aufs **Pferd** und ritt **ziemlich langsam** auf
  das **Haus** zu.
- zu einem Wort andere Wörter der Wortfamilie suchen:
  Schule, Schulfreundin, einschulen, verschult...
  Abenteuer, abenteuerlich, abenteuerlustig
  Häuptling,... Haus, ... Fernsehen,...
- die Schreibung von Wörtern erklären
  Tag – Tage
  Pferd –
  Häuptling –
  Haus –

Hier geht es um Tip 4: Ableiten und Regeln anwenden! ⟹ S. 75

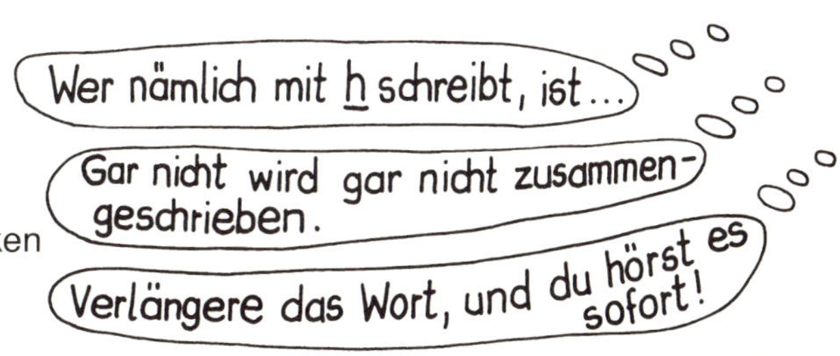

2 Vielleicht fallen dir für einige Wörter Eselsbrücken oder Regeln ein.

3 Jetzt könntet ihr euch in Partnerarbeit die einzelnen Wörter diktieren.

Noch ein letzter Tip:

Schreibt diese Merkwörter auf ein großes Blatt, hängt es eine Zeitlang an die Pinnwand. Übt sie immer wieder, bis sie sich ganz fest eingeprägt haben.

Die folgenden beiden Texte sind Übungsdiktate für die Partnerarbeit.

Warum bemalten sich die Indianer?

Indianer bemalten sich / nicht nur für den **Kriegspfad.** / Eine kunstvolle **Gesichtsbemalung** / war für sie / eine **alltägliche** Angelegenheit. Die Farbe / gab Aufschluß / über die **persönliche** Laune, / über traurige / und freudige Stimmungen. / Die Bemalungen / galten als Glücksbringer. / **Das Rot** / war für die Indianer / eine heilige Farbe; / mit ihr / **verzierte** man / nicht nur das Gesicht / sondern auch Kleidung / und **Pferd.** / Die Kriegsbemalung sollte / **möglichst** furchterregend / aussehen / und die Feinde erschrecken. /

Woher stammen die Mustangs?

Mustang ist spanisch / und heißt „verwildert". / Als die spanischen Eroberer / vor etwa 500 Jahren / Amerika eroberten, / brachten sie / ihre Pferde / mit nach dort. / Die Indianer / hielten sie anfangs / für heilig. / Sie nannten sie / „Büffelhunde", / weil sie glaubten, / die Pferde seien / große Hunde. / Doch die Indianer / lernten schnell. / Nach kurzer Zeit / benutzten sie / die großen Tiere / zum Jagen. / Sie züchteten / eigene Herden / und entwickelten / ihre meisterhaften Reitkünste. /

4 So könnt ihr mit diesen Texten arbeiten:
- den gesamten Text sorgfältig lesen und die Wörter gut einprägen,
- schwierige Wörter unterstreichen und gesondert üben. Im ersten Text sind Wörter fett gedruckt.
- dem Partner den Text diktieren,
  (Die Querstriche markieren jeweils Sprechabschnitte, hier machst du eine Pause, damit der Partner mitschreiben kann.)
- die Fehler korrigieren; macht euch dabei klar,
  - ob es sich um einen *Flüchtigkeitsfehler* handelt,
  - ob eine *bekannte Regel nicht beachtet* wurde,
  - ob es um ein *Merkwort* geht, dessen Schreibung du nicht erklären kannst.

Rechtschreibklippen: S-Laute

1. Richtig sprechen – richtig schreiben

Wenn Riesen niesen

Sieben Riesen, die
mit bloßen Füßen
über nasse Wiesen
liefen,
niesen mit ihren
Riesennasen so
laut,
daß von diesem
Riesenniesen
sieben Wieselkinder,
die in tiefen Zimmern
schliefen,
aufwachten und
„Gesundheit!“
riefen.

(Josef Guggenmos)

Tip 3
⇒ S. 74

1. Lies den Text, achte besonders auf die Wörter mit s-Lauten. Sie werden unterschiedlich ausgesprochen.
   a) In manchen Wörtern hört man einen weichen, gesummten s-Laut: Riesen, sieben...
   b) In manchen Wörtern hört man einen scharf ausgesprochenen gezischten s-Laut: Füße, nasse...

2. Ordne jeweils die noch fehlenden Wörter aus dem Text zu.

3. Ordne die folgenden Wörter jeweils nach der ABC-Ordnung in die Tabelle ein. Übernimm die Tabelle in dein Heft.
   Fuß, beißen, Hase, besser, Hose, Schlüssel, fleißig, Interesse, Insel, Klasse, Käse, Messer, Pause, fließen, rosa, tausend, Bremse, Amsel, also, dieser, Küsse, Nuß, Schluß

weich (gesummt) ausgesprochener s-Laut	scharf (gezischt) ausgesprochener s-Laut	
geschrieben: s	geschrieben: ss	geschrieben: ß

2. Weicher s-Laut oder scharfer s-Laut – das ist hier die Frage...

Riese	sausen	Gräser	Tasse	rasen
Wiese	br...	Gl...	Kl..	bl..
gießen	blaß	Straße	Vase	
fl...	n...	M...	N...	

1. Bilde Reimwörter mit weich und scharf ausgesprochenem s-Laut. Schreibe in dein Heft.
2. Löse die folgenden Rätselwörter mit Hilfe der Silben. Was haben alle Wörter gemeinsam? Schreibe die Wörter in dein Heft.

Rätselspiele

Jeder muß das Rätsel l [redacted] , dabei darf jetzt keiner d [redacted] .
Willst du machen eine R [redacted] , dann vergleich zunächst die Pr [redacted] .
Wenn warme Winde um uns k [redacted] , möchte jeder gern ver [redacted] .
Ißt du eine gute Sp [redacted] , genieß sie auf besondere W [redacted] .
Lucki will jetzt wieder l [redacted] , doch er gewinnt heut' nur zwei R [redacted] .
Bist du erkältet und mußt n [redacted] , laß dir die Laune nicht ver [redacted] .
Wenn die Stürmer zum Angriff b [redacted] , beginnt das Publikum zu r [redacted] .

bla, dö, krei, lo, lö, mie, nie, Prei, ra, Rei, rei, Ro, se, se, se, se, sen, sen, sen, sen, sen, sen, sen, sen, sen, sen, Spei, Wei,

Tip 4 ⟹ S. 75

Schwierig wird es mit der Schreibung des gesummten s-Lautes, wenn das gesummte s nicht mehr zu hören ist. Es bleibt dann trotzdem erhalten. Du mußt dann nämlich die Schreibung durch Ableiten erklären.

3. Setze passende Verben aus dem Rätselspiel in der richtigen Personalform (Präsens) in den folgenden Text ein und schreibe sie in dein Heft.
   Kommissar Blech d [redacted] vor sich hin. Nach einem anstrengenden Arbeitstag trottet er spät abends nach Haus. Seine Frau ist ver [redacted] . Erkältet ist er auch, denn er n [redacted] dreimal hintereinander. Sein Gedankenapparat kr [redacted] um die Diebesbande. Ob er den Fall bald gel [redacted] hat? Drüben blitzt jetzt eine Taschenlampe auf. Blech ist hellwach. Er tr [redacted] los. Aber wieder Fehlalarm! Ein Hausbesitzer hat nur seinen Schlüssel gesucht.

4. Leite die Schreibung der folgenden flektierten Verbformen ab. Bilde den Infinitiv.
   Beispiel: er verspeist – verspeisen

   Schreibe in dein Heft.
   sie liest, sie sausten, er brauste, wir niesten, sie speiste, er hauste, sie lausten sich, er fräst
   Versuche auch die Schreibung der folgenden Nomen/Substantive abzuleiten, indem du den Plural bildest.
   Gras, Gans, Haus, Maus, Los, Glas, Hals, Preis, Gleis, Fels,

Tip 4 ⟹ S. 75

3. ss oder ß?

ss ⟶ Wa ss er

ß ⟶ flie ß en, es flie ß t
ß ⟶ Spa ß , spa ß ig
ß ⟶ Ha ß , hä ß lich, er ha ß t

1 Ergänze die Eselsbrücken und Hilfen.
Begründe die Schreibung der Wörter.

ss { wird geschrieben, wenn ein [redacted] Vokal vorausgeht und ein Vokal folgt.

ß { steht nach [redacted] ausgesprochenem Vokal oder Doppellaut/Zwielaut.

steht am Ende einer Silbe oder eines Wortes.

steht vor dem Konsonanten t.

2 Schreibe in dein Heft und setze ein: ss oder ß?
Ka[redacted]e, flie[redacted]en, Spie[redacted]e,
grü[redacted]en, Ta[redacted]e,
Flo[redacted]e, be[redacted]er,
Schlü[redacted]el, schlie[redacted]en,
sto[redacted]en, Stra[redacted]e,
Ga[redacted]e, drei[redacted]ig,
au[redacted]en, So[redacted]e.

4. Eine Wortfamilie – aber unterschiedliche Schreibung!

der Fluß	–	die Flüsse	–	Flußlauf
er läßt	–	lassen	–	verläßlich
sie beißen	–	sie bissen	–	bissig
er vergißt	–	vergessen	–	vergeßlich

1. Erkläre die unterschiedliche Schreibung des s-Lautes in der gleichen Wortfamilie.

2. Diese s-Laut-Maschinen produzieren neue Wörter und Wortformen. Schreibe in dein Heft, stelle dabei gegenüber. Achte auf die richtige Schreibung des scharf ausgesprochenen s-Lautes.

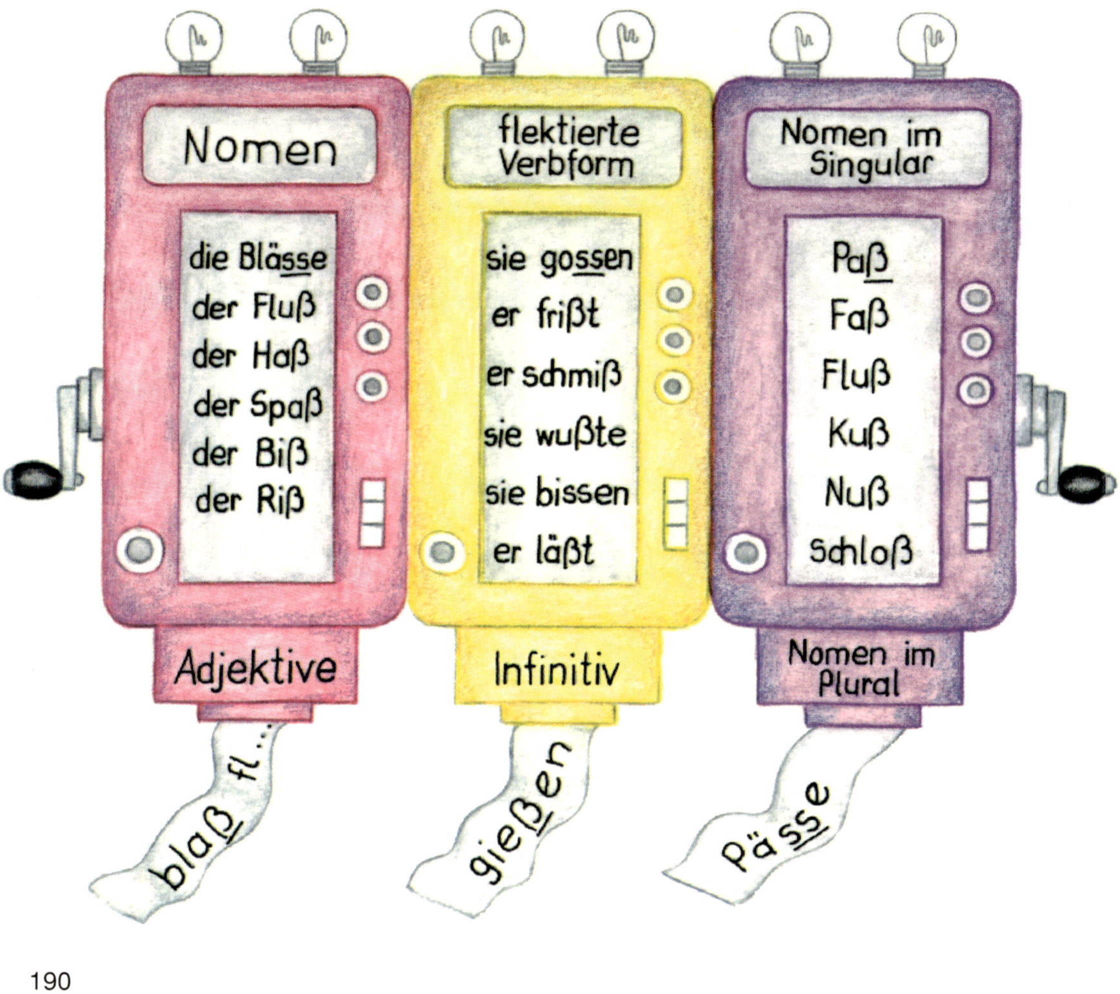

5. Und hier kannst du üben

1 Schreibe in dein Heft. Beachte die erlernten Regeln.

2 Schreibe die Wörter, in denen der fehlende s-Laut markiert ist, in dein Heft. Schreibe zu jedem Wort zusätzlich ein Wort aus der jeweiligen Wortfamilie auf.
Beispiel: Reise – verreisen, reiselustig

Eine Rei■e nach Karlshafen
Familie Berger macht in den Herb■tferien eine Rei■e nach Karlshafen. Sie wollen Gro■mutter Berger be■uchen. An die Pä■e braucht Mutti diesmal nicht zu denken. Martina mu■ ihre Siebensachen selb■t zusammenpacken. „Vergi■ dein Schmuseki■en nicht", sagt Mutti noch. Schon geht es los. Jetzt in den Ferien sind die Stra■en besonders dicht befahren. Viele Reisebu■e sind unterwegs. „Du ra■t ja schon wieder so", mahnt Vati, „fahr ruhig langsamer, wir haben doch Zeit!"
Als sie am Ziel sind, be■orgt Vati für die Gro■mutter einen rie■igen Strau■ Blumen.

3 Schreibt mit Hilfe der Wortsterne möglichst viele Wörter auf.

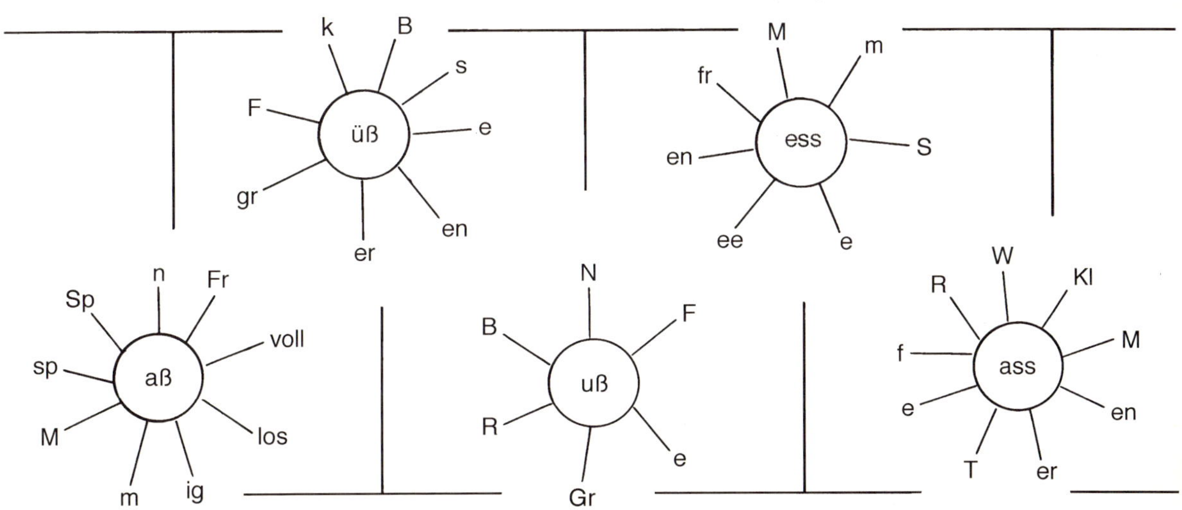

4 Schreibe die Wörter aus der Wörterschlange auf. Einzelne Buchstaben können zugleich als Endbuchstaben oder Anfangsbuchstaben eines Wortes genommen werden.

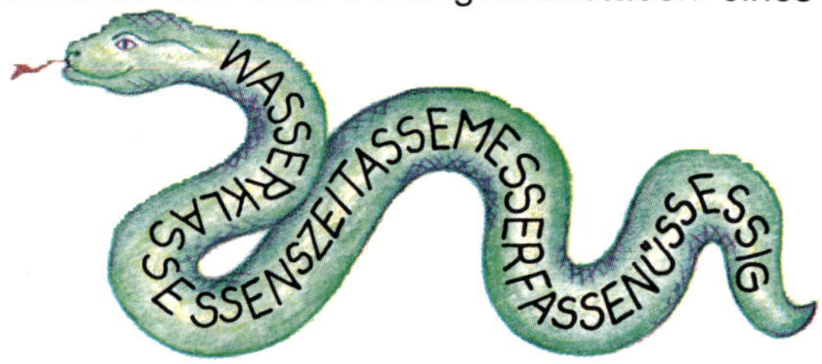

6. Was ich mir besonders merken muß...

Bei Merkwörtern kann man die Schreibung des einfachen s nicht erklären. Du mußt dir diese Wörter einprägen. Wie man Merkwörter üben kann, steht auf Seite 185.

Bus, los, als, bis, eins, aus, daraus, es, uns, was, etwas, heraus, abends, morgens...

1 Suche aus dem Text 2. 3 Wörter mit st und sp heraus.

Und das habe ich über die Schreibung von s, ss und ß gelernt:

s
- Der weich oder gesummt gesprochene s-Laut wird immer mit einfachem s geschrieben:
  Gemüse, leise, Gräser
- Durch Ableiten kann man die Schreibung des einfachen s erklären, das wie ein scharfes s ausgesprochen wird: Gras kommt von Gräser
  er liest kommt von lesen

ß ss
- Der scharf ausgesprochene s-Laut wird meistens mit ss oder ß geschrieben
- ss steht nur, wenn ein kurzer Vokal vorausgeht und ein Vokal folgt. Daher steht am Ende einer Silbe oder eines Wortes nie ss, sondern ß.
  Beispiel: Ga ss e
- Entsprechend schreibt man ß bei allen anderen Möglichkeiten:
  - der vorangehende Vokal ist lang: flie ß en, Stra ß e
  - es folgt kein Vokal mehr: Flu ß , er grü ß t.

st sp Hast, bist, Spange, Speer, lispeln...

Merkwörter bis, aus...

7. Partnerdiktate

Die folgenden Texte könnt ihr euch gegenseitig diktieren. Lest sie zunächst sorgfältig durch. Merkt euch schwierige Wörter. Achtet besonders auf die Wörter mit einem s-Laut; sie sind unterstrichen.
Die Querstriche markieren Sprechabschnitte. Beim Diktieren muß der Sprecher an dieser Stelle eine kleine Pause machen, damit der Übungspartner beim Schreiben auch mitkommt.

Aufforderung an alle Lehrer

Besonders
im Schulbereich / hat sich jeder Lehrer /
so zu verhalten, / daß kein Kind /
verletzt oder geschädigt, / gefährdet
oder belästigt wird. / Das Spielen, /
Herumrennen und Raufen / der Lehrer /
in den Klassenräumen / und auf
den Gängen / ist zu unterlassen. /
Insbesondere darf / von den Lehrern /
nicht mit Schneebällen, / Steinen
und anderen Gegenständen / auf die
Schüler geworfen / und geschossen werden. /
Wer von den Lehrern / sein Butterbrot-
papier / auf den Schulhof wirft, / in der
Pause / das Lehrerzimmer / nicht verläßt /
und in den Toiletten raucht, / wird
unnachsichtig bestraft. / Außerdem ist
es / den Lehrern verboten, / während
des Unterrichts / herumzualbern / oder
Kaugummi zu kauen.

Anekdote aus dem Wilden Westen

Zur Zeit / eines großen Sandsturms / kam ein Mann / aus dem Osten / nach Texas. / Er war zu Gast / auf der großen Ranch / seines Onkels. / Zur Begrüßung des Gastes / blies der Wind / drei Tage und drei Nächte./ Der Sand / deckte schließlich / alles Gras zu. / Als man / zum erstenmal / nach dem Sturm / hinausritt, entdeckte der Reitertrupp / auf einer Sandkuppe / einen Hut. / Als die Reiter / näher herankamen, / sahen sie, / daß der Hut / auf dem Kopf / eines Mannes saß. / Hastig legten sie / den Kopf des Verschütteten frei. / Dieser nieste kräftig / und ließ sich dann / dazu herab, / den Cowboys / etwas zuzurufen: / „Holt eine Schaufel, / ich sitze auf dem Pferd.“ (nach Frederik Hetmann)

Eine Reise nach Karlshafen (Dieser Text steht unter Nr. 5. 2)

Familienbilder

Christine Nöstlinger

Wolfgang Hogelmann und seine Familie

Also, ich muß wahrscheinlich zuerst sagen, wer wir sind. Wir, das sind Opa und Mama und Papa und Martina und Niki und ich.

Opa ist fast siebzig und hat vom letzten Schlaganfall einen steifen Fuß und einen schiefen Mund. Aber mit dem schiefen Mund kann er noch immer eine Menge gescheiter Sachen sagen. Mehr als viele andere Leute mit ganz geraden Mündern. Opa ist der Vater von Papa.

Papa ist um vierzig und Abteilungsleiter in einer Autoversicherung, aber nur ein sehr kleiner Abteilungsleiter. Mama sagt, daß er in der Firma höchstens drei Leute anschreien darf. Darum schreit er wahrscheinlich zu Hause so viel, meint Opa.

Mama ist auch vierzig. Sie sieht angeblich viel jünger aus. Sie hat blondgefärbte Haare und wiegt nur fünfzig Kilo. Meistens ist sie lustig. Manchmal ist sie wütend und schimpft, daß sie nur unser Dienstbote ist und daß sie wieder arbeiten gehen wird, und dann können wir uns unseren Krempel alleine machen.

Martina geht in die fünfte Klasse vom Gymnasium. Sie ist dünn und lang und hat blonde Haare. Aber die sind echt. Sie sieht schlecht, weil ihr die Stirnfransen über die Augen hängen. Sie liebt den Berger Alex, der in ihre Klasse geht. Papa schreit deswegen, weil der Berger Alex lange Haare hat. Mama sagt, das macht nichts, weil die Martina trotzdem die Klassenbeste ist und man die erste Liebe sowieso nicht heiratet. Verglichen mit ihren Schulfreundinnen ist Martina aber keine sehr blöde Gans.

Niki ist unser kleiner Bruder. Ich nenne ihn oft Nik. Er lernt gerade in der Schule, wieviel zwei mal zwei ist, obwohl er das schon seit drei Jahren weiß. Unlängst war eine Riesenaufregung wegen ihm, weil er mitten in der Rechenstunde aufgestanden ist und „auf Wiedersehen“ gesagt hat und fortgegangen ist. Er ist aber nicht nach Hause gegangen, sondern zum alten Hubert, unserem Tischler. Dort hat er die Hobelspäne zusammengekehrt. Er will einmal Tischler werden. Die Lehrerin hat Mama angerufen und gesagt, daß der Niki eine Zwei in Betragen bekommen wird.

Ich bin der Wolfgang und zwölf Jahre alt. Ich gehe in die zweite Gymnasiumklasse. Martina sagt, ich sehe verboten aus. Mir ist ganz gleich, wie ich aussehe. So, wie ich wirklich gern aussehen möchte, kann ich sowieso nicht aussehen. Drum trage ich auch die Kieferregulierung nicht, obwohl sie fünftausend Schilling gekostet hat. Weil es bei mir auf die Hasenzähne schon nicht mehr ankommt. Bisher war ich immer ein guter Schüler. Aber jetzt haben wir den Haslinger als Klassenleiter bekommen, und der kann mich nicht leiden. Der haut mir in Mathematik und in Geographie einen Fünfer nach dem anderen hin. Am liebsten gehe ich schwimmen. Ich bin beim Schwimmverein. Wenn ich mich anstrenge, sagt der Trainer, kann ich in zwei Jahren Landes-Jugendmeister im Rückenkraulen werden.

Wir haben ein Haus gekauft, mit einem Garten. Seit drei Jahren wohnen wir da. Bis der Papa die Schulden für das Haus abgezahlt hat, ist er steinalt, hat die Mama gesagt. Darum müssen wir sparen, und der Opa kauft uns von seiner Pension die Schuhe und die Hosen und die Kleider für Martina. Das ist sehr angenehm, dem Opa ist es nämlich ganz gleich, ob ein Ruderleibchen rot-blau-weiß gestreift ist, oder ob vorn der Cassius Clay draufgedruckt ist. Und Hosen, um drei Nummern zu groß zum

Hineinwachsen, kauft er auch nicht. Vorigen Sommer hat er für Martina einen Bikini gekauft, aus Spitzenmuster. Der war angeblich viel zu durchsichtig. Papa war wütend darüber. Er hat geschrien: „Da kann meine Tochter ja gleich nackt herumlaufen!“ Und der Opa hat gekichert und gesagt: „Endlich hat mein Sohn mal einen vernünftigen Einfall!“ Papa hat sich furchtbar geärgert, aber er hat nichts drauf gesagt, weil er vor uns nicht mit dem Opa streiten will. Er ist zur Mama in die Küche gegangen und hat geschimpft, aber die Mama hat gesagt, alle Mädchen haben jetzt solche Bikinis.

Jetzt habe ich aber genug von uns erzählt.

- Stellt stichwortartig für die einzelnen Personen zusammen, durch welche Merkmale sie gekennzeichnet werden.
  Beispiel:
  Opa: fast siebzig, steifer Fuß, schiefer Mund, sagt oft gescheite Sachen...
- Wie sieht der Erzähler das Verhalten der Personen?

Hans Manz

Sogar die liebsten Kinder

Sogar die liebsten Kinder sind böse Kinder,
verwünschen den Vater ein für allemal ins Pfefferland,
beerdigen in ihren Träumen den Bruder,
hoffen, der Teufel würde die Schwester holen,
und die Mutter würde für immer verloren gehen.

Sogar die bösesten Kinder sind liebe Kinder,
pfeifen den Vater aus dem Pfefferland zurück,
lassen den Bruder wieder auferstehen,
jagen dem Teufel die Schwester ab,
und lösen die Mutter auf dem Fundbüro aus.

- Worum geht es in diesem Text?
- Welchen Aufbau weist das Gedicht auf? Vergleicht die Gegensätzlichkeit in den Wortbedeutungen.
- Hast du schon einmal ähnliche Erfahrungen gemacht?

Gina Ruck-Pauquèt

Mutter sagt immer nein

Nie würde ihre Mutter das erlauben!

Franka trug die Schultasche über der rechten Schulter. Der andere Riemen war schon wieder abgerissen.

Nie würde ihre Mutter erlauben, daß sie die Radtour mitmachte. Nie. Aber Franka war nicht gewillt, so leicht aufzugeben.

„Alle fahren mit“, würde sie sagen. „Alle meine Freundinnen. Die Jutta, das Mareile und die Christel auch.“
„Das ist mir ganz gleichgültig“, würde die Mutter sagen. „Du fährst trotzdem nicht!“
„Warum nicht?“ würde Franka fragen.
„Weil es zu gefährlich ist“, würde die Mutter antworten.
„Aber wir sind doch keine kleinen Kinder mehr“, würde Franka ihr entgegenhalten. „Du sagst doch selber, daß man lernen muß, sich in der Welt zurechtzufinden.“
„Ja“, würde die Mutter sagen. „Aber langsam und vorsichtig. Nach und nach.“
„Warum dürfen denn die anderen?“ würde Franka wieder anfangen.
„Das weiß ich nicht“, würde die Mutter sagen. „Und das ist mir auch ganz egal.“
An dieser Stelle spätestens würde Franka anfangen zu heulen.
„Laß mich doch mit!“ würde sie betteln.
Und die Mutter würde sagen „Nein!“ und „Basta!“
Als Franka in ihren Gedanken so weit gekommen war, stand sie vor der Wohnungstür. Sie war so angespannt wie jemand, der losspringen will.
„Na“, sagte ihre Mutter. „Da bist du ja.“
Und jetzt fängt es an, dachte Franka.
„Die anderen machen eine Radtour an den Steinsee“, sagte sie. „Darf ich mitfahren?“
„Ja“, sagte ihre Mutter.

- Erklärt den überraschenden Schlußsatz. Setzt ihn in Beziehung zur Überschrift.
- Erläutert in diesem Zusammenhang die häufige Verwendung der Verbform „würde“.

Ursula Wölfel

Das Balg

Corinna war zehn Jahre alt, und Gigi war vier. Corinna sollte immer vernünftig sein, sie war ja die Ältere. Gigi durfte so unvernünftig sein, wie sie wollte. Das fanden die Erwachsenen dann drollig.
Corinna hatte am liebsten ganz kleine Sachen. Auf dem Wandbrett über ihrem Bett standen Nußschalenbettchen mit winzigen Püppchen, ein Tablett mit Täßchen und einer Teekanne, nicht größer als ein Fingernagel, und viele kleine Tiere aus Holz und Glas und Plastik.
Gigi mochte nur große Sachen. Auf ihrem Wandbrett saßen zwei dicke Stoffhunde und ein riesiger Teddy und eine große Puppe ohne Arme und Beine.
Corinna hatte gern Ordnung in ihren Sachen. Aber wenn sie in der Schule war, spielte Gigi manchmal mit Corinnas kleinen Sachen. Sie brachte alles

durcheinander, sie zertrat drei von den kleinen Täßchen, sie brach dem gläsernen Storch den Schnabel ab, und mit den winzigen Kissen aus den Nußschalenbettchen putzte Gigi sich die Nase.

Wenn Corinna dann wütend wurde, sagten die Erwachsenen: „Gigi ist doch noch so klein!"

Oft haßte Corinna ihre Schwester. [...] Aber das merkte niemand, auch Gigi merkte es nicht.

Dann kam Tante Felizitas zu Besuch.

Sie mußte wohl sehr reich sein, denn sie sagte zu den Mädchen:

„Wir gehen in den Spielzeugladen, und ihr dürft euch aussuchen, was ihr wollt. Das kaufe ich euch." Sie gingen in den Laden.

Corinna suchte sich einen Puppenliegestuhl aus, der hatte einen rot-weiß gestreiften Bezug, und er war nicht länger als eine Hand, aber man konnte ihn richtig zusammenklappen und den Sitz verstellen. Tante Felizitas schenkte Corinna noch eine kleine Puppe dazu.

Gigi suchte sich die größte Puppe aus, die war fast so groß wie Gigi selbst. Die Puppe hatte ein Gesicht mit Apfelbacken und blauen Klimperaugen, und ihr Mund war breit auseinandergezogen. Sie grinste immerzu.

Tante Felizitas lachte und sagte: „Ein scheußliches Balg!"

Gigi machte sich nichts daraus.

Corinna freute sich, daß Tante Felizitas das gesagt hatte.

Zu Hause spielte Corinna mit dem Liegestühlchen. Sie stellte es auf die Fensterbank in die Sonne und setzte die neue Puppe hinein. Sie ließ es Abend werden und klappte das Liegestühlchen zusammen, sie ließ es Morgen werden und stellte das Liegestühlchen wieder auf. Dann nähte sie einen Badeanzug für das neue Püppchen.

Gigi schleppte die neue Puppe durchs Haus und zeigte sie den Leuten in allen Wohnungen. Dann wußte sie nicht mehr, was sie tun sollte.

Gigi kam zurück ins Zimmer. Sie nahm das Liegestühlchen von der Fensterbank, stellte es auf den Fußboden und setzte die große Puppe darauf. Das Liegestühlchen kippte um, und die Puppe fiel hin.

Corinna sagte: „Laß! Das geht nicht. Dein Balg ist zu groß!"

Aber Gigi sagte: „Doch das geht. Meine Puppe will auch im Liegestuhl sitzen."

Sie versuchte es noch einmal. Sie stemmte sich mit beiden Armen auf den Puppenbauch, sie preßte das dicke Puppenhinterteil auf das Liegestühlchen. Das Liegestühlchen knickte zusammen. Das Holz war zersplittert.

„Kaputt!" sagte Gigi erschrocken. „Kaputt!" Sie sah Corinna an.

Corinna legte das Nähzeug weg. Ganz langsam tat sie das, und ganz langsam kam sie durchs Zimmer.

Sie stieß die große Puppe mit dem Fuß unter Gigis Bett. Dann hob sie das Liegestühlchen auf.

Gigi fragte: „Man kann's wieder flicken, Corinna, ja?"

„Nein. Kann man nicht!" sagte Corinna.

Und sie schlug Gigi ins Gesicht.

Gigi rannte zur Tür.

„Geh doch! Sag's doch!" rief Corinna.

Gigi kam zurück. Sie bückte sich und zog die Puppe unter dem Bett hervor. Sie hielt sie Corinna hin.

„Da!" sagte sie. „Deine!" Mehr konnte sie nicht sagen, ihr Mund zitterte zu sehr.

Corinna nahm die Puppe und ließ sie gleich wieder fallen.

„Das blöde Ding will ich nicht haben", sagte sie. „Und heul jetzt bloß nicht! Ich heule ja auch nicht, und du hast mein Liegestühlchen kaputtgemacht, du wolltest es kaputtmachen. Du Balg, du scheußliches Balg!"

Gigi drehte sich um. Sie preßte das Gesicht in ihr Kopfkissen und weinte.

Lange Zeit stand Corinna hinter Gigi und sah zu, wie sie weinte.

Dann hob Corinna die Puppe auf. Sie zupfte ihr das Kleid zurecht.

„Sei doch still, Gigi", sagte sie. „Ich sag das nie wieder. Und vielleicht kann man es ja doch noch flicken, mit Pflaster oder Klebstreifen."

„Ich helf dir!" flüsterte Gigi. Sie schluchzte immer noch.

Corinna legte die Puppe neben Gigis Kopf auf das Bett.

„Komm, wir holen den Klebstreifen", sagte sie.

- Worum geht es in diesem Streit?
- „Lange Zeit stand Corinna hinter Gigi und sah zu, wie sie weinte." (Zeile 69). Schreibt auf, welche Gedanken Corinna in diesem Moment gehabt haben könnte.
- Spielt das Gespräch zwischen Corinna und Gigi als kleines Rollenspiel.
- Beurteilt die von der Autorin vorgegebene Lösung.

Manfred Mai

Bettgeflüster

Du –
schläfst du
oder hörst du zu?

Ich kann noch nicht schlafen,
ich freu'mich zu sehr,
daß ich mit euch
spielen darf.

Du –
schläfst du
oder hörst du zu?

Ich würde am liebsten
jetzt gleich runter gehn
und mit dem Ball
noch üben.

Du –
schläfst du
oder hörst du zu?

Ich kann's noch gar nicht glauben,
ich bin nicht zu klein!
wie Mutti bisher
immer sagt.

Du –
schläfst du
oder hörst du zu?

Ich muß dir was sagen:
Du bist jetzt mein Freund
und nicht mehr einfach
mein Bruder.

- Wer spricht hier mit wem? Erklärt die Gesprächssituation.
- Erfindet eine Vorgeschichte, die den Inhalt des Gesprächs erklären könnte.

Clark Stede

Hamdah, das Nomadenmädchen

Hamdah, elf Jahre alt, ist ein Nomadenmädchen. Sie lebt im Stamm der Rashaida. Die Nomaden und ehemaligen Seeräuber leben an der Küste des Roten Meeres. Das kleine Volk – längst vergessen von der Außenwelt – zieht durch die Wüste mit seinen Karawanen.

Der rauhe Nordwind bläst durch das Nomadenzelt. Staub, der wie Puderzucker aussieht, bedeckt uns und kriecht in die Augen. Salim, der Hausherr, erzählt mir seit Stunden die Geschichte seines Volkes: Die Rashaidanomaden verloren vor 150 Jahren ihr Land in Saudi-Arabien. Sie verloren Wasserloch für Wasserloch. Und die letzte Rettung waren ihre Dhaus, die Segelboote, mit denen sie nach Afrika flüchteten.

Salims Tochter Hamdah ist elf Jahre alt. Mit fünf Jahren muß sie ihr Gesicht verschleiern, wenn Fremde in die Zelte kommen. Die ganze Zeit bekomme ich ihr Gesicht nicht zu sehen. Hamdah reicht mir frisches Wasser aus dem Brunnen.

„Mädchen und Schule? Das ist unvorstellbar!"

Mein Dolmetscher Ibrahim, der alle Gespräche übersetzt, führt das Interview mit dem Nomadenmädchen: „Warst du in einer Schule?" Hamdah schüttelt den Kopf. „Nein, hier gibt es keine Schulen. Meine Mutter unterrichtet mich in arabischer Sprache und Schrift. Sonst nichts. Die Jungen gehen oft zur Schule und bleiben im Internat. Aber Mädchen und Schule, das ist wirklich unvorstellbar."

Ibrahim fragt weiter: „Was macht ein Mädchen bei den Rashaida-Nomaden den ganzen Tag?“ Hamdah muß lachen und verdreht die Augen: „Na, du bist gut! Egal ob Jungen oder Mädchen, wir arbeiten alle! Ich bin jetzt elf, und da gibt es ganz klare Aufgaben für mich. Morgens melke ich die Ziegen. Danach wasche ich ab – natürlich ganz sparsam mit Wasser, weil wir das von weither holen müssen. Nach dem Abwasch spiele ich mit meinen Freundinnen. Dann Mutter helfen beim Kochen. Wieder abwaschen. Koranschule. Handarbeit oder Teppich weben. Und dann wird's bald dunkel.“ So beschreibt das Nomadenmädchen seinen Alltag. Ab dreizehn, vierzehn dürfen Jungen und Mädchen nicht mehr zusammen spielen. Beide Geschlechter wachsen in getrennten Welten auf.

Nachmittags sitzen die Frauen im Zelt. Mit ihnen die Mädchen. Auch Hamdah unter ihnen. Sie besticken schwarze Tücher mit Silberperlen. Noch trägt Hamdah ein einfaches schwarzes Tuch. Doch in zwei Jahren, wenn sie im Kreis der Frauen aufgenommen ist, wird sie wie die anderen Frauen ein schönes Tuch vor dem Mund tragen. Einige Frauen haben viel Schmuck um den Hals.

Ich bin erstaunt über den Reichtum. Hamdah bemerkt mein verwundertes Gesicht. „Da bekommt man große Augen, Clark“, grinst sie und sagt: „Die Frauen sind alle verheiratet. Oft heiraten bei uns die Mädchen schon mit 15 oder 16 Jahren. Und die Männer müssen ein großes Brautgeschenk machen. Viel Geld kostet die Ehe.“

Mir fällt auf, daß überall die alten Menschen dabei sind. Ibrahim fragt Hamdah: „Was machen die Alten bei euch?“ Hamdah wäscht sich eilig die Hände und antwortet: „Sie sind bei uns. Wo denn sonst? Meine Oma und mein Opa haben ihr eigenes Zelt. Doch sie essen mit uns und sind überall dabei!“

Hamdah mit ihrem Vater im Nomadenzelt. Innen ist es mit prachtvollen Tüchern ausgehängt.

Isoliert in ihrer Welt und begleitet von den Träumen aus der alten Seeräuberzeit, ziehen die Nomaden durch die endlosen Wüsten am Roten Meer. Hamdahs Vater sagt: „Die Wüste ist ein kaltes Land mit einer heißen Sonne. Sie gibt uns entweder alles oder nichts. Sie kann unsere Herden nähren oder töten. Aber wir lieben das Leben. Hier sind wir der Herr.“

Dieser Preis kann hart sein! Zieht doch Hamdahs Familienclan jedes Jahr rund 3500 km zu Fuß durch die Wüste, immer der spärlichen Regenzeit folgend, um wenigstens etwas Nahrung für die Herden zu finden. Salim besitzt 240 Kamele und 80 Ziegen. Hamdahs beide Brüder helfen beim Herdentrieb, den Hamdah liebt. Warum? Sie sagt selbst dazu: „Wenn wir durch die Wüste ziehen, dann reite ich den ganzen Tag. Frauen sitzen bei uns auf den Kamelen. Die Männer treiben die Herde.“

Die Sonne geht gerade auf! Hamdah boxt einen Ledersack. Im Sack ist Ziegenmilch. Durch die harten Schläge „buttert“ sie das Fett aus der Milch. Zehn Minuten später reicht sie mir Brotfladen und Ziegenfett. „Hier hab'ich ein gutes Frühstück. Weißt du, ich glaube, bei euch die Mädchen haben es schwer. Es gibt da eisige kalte Zeiten. Viele Autos. Nur Häuser und kaum Platz zum Leben.“ (...)

Hier, in der Nubischen Wüste im Sudan, lebt Hamdah. Jedes Jahr zieht sie mit ihrem Familienclan über dreitausend Kilometer zu Fuß durch die Wüste, immer der spärlichen Regenzeit folgend, um etwas Nahrung für die Herde zu finden. Hamdahs Vater sagt: „Die Wüste gibt uns alles oder nichts. Aber wir lieben dieses Leben. Hier sind wir der Herr!“

- Klärt die Lebensbedingungen und -verhältnisse Hamdahs und ihrer Familie.
- Welche besonderen Regeln gelten in dieser Welt für Mädchen?
- Wie verstehst du Hamdahs Aussage „..bei euch die Mädchen haben es schwer“?
- Verschafft euch Informationen über das alltägliche Leben von Kindern in anderen Ländern, vor allem in Entwicklungsländern. Ihr könntet zum Beispiel die UNICEF, das Kinderhilfswerk der Vereinten Nationen, anschreiben.

U. u. W. Buresch

Ein Todesfall

Seit zwei Wochen liegt Großvater im Bett. Der Arzt kommt täglich. Großvater ist sehr blaß und sehr still – gar nicht mehr so lustig wie sonst, wenn er für Michael Geschichten erfand oder sie zusammen einen Drachen bastelten. Mutter und Vater gehen mit ernsten Gesichtern umher, sie schließen leise alle Türen, die sonst doch immer offenstehen. Großvater soll nicht gestört werden. Nur Sabine hat von alledem nichts mitbekommen. Sie kräht fröhlich herum, fährt ihren Puppenwagen in der Wohnung spazieren und lacht, wenn sie dabei über ihre dicken Beinchen stolpert.

Michael sitzt ein Kloß im Hals. Er weiß nicht, was geschieht. Manchmal ist er ärgerlich auf Sabine, weil sie so fröhlich sein kann, dann wieder lenkt ihr Spiel ihn von seinen Gedanken ab. Warum sind alle so ernst? Muß Großvater sterben? Michael wagt nicht, seine Mutter zu fragen, er hat Angst, sie könnte „ja" sagen.

Als er am nächsten Mittag aus dem Kindergarten kommt, ist der Vater zu Hause. Sofort weiß Michael, daß etwas passiert sein muß.

Mutter sitzt im Wohnzimmer, Vater spricht im Flur mit dem Arzt. Jetzt fragt Michael doch:

„Was ist mit Großvater, ist er tot?"

„Nein", sagt die Mutter, „aber Großvater wird sterben, sein Herz macht nicht mehr mit. Er ist achtundsiebzig Jahre alt, da muß man jeden Tag damit rechnen."

Michael fühlt, wie ihm kalt wird. Er will nicht, daß der Großvater stirbt, sein bester Freund – außer Thomas natürlich.

„Kann ich zu Großvater...?"

„Michael, geh nicht hinein. Schau, du hast den Großvater so lustig und lebendig in Erinnerung. Jetzt ist er ohne Bewußtsein. Er kann dich nicht mehr erkennen."

Michael weint. Er geht in sein Zimmer.

In der Nacht wird Michael wach. Schritte, Türenschlagen, Stimmen. Er öffnet seine Zimmertür einen Spalt und schaut hinaus. Vater und Mutter sprechen mit dem Arzt. Michael weiß: Jetzt ist der Großvater tot.

Am nächsten Morgen haben die Eltern viel zu tun. Sie laufen hin und her, ein Mann im schwarzen Anzug kommt und redet lange mit ihnen. Der Vater fährt weg, ist aber bald darauf wieder da. Die Tür zu Großvaters Zimmer ist verschlossen. Michael möchte hineingehen, traut sich aber nicht. Niemand kümmert sich um ihn, er wird auch nicht wie sonst in den Kindergarten gebracht.

Traurig sitzt Michael in seinem Zimmer. Ist das immer so, wenn einer stirbt? Haben die Erwachsenen dann keine Zeit mehr für Kinder? Michael hätte viele Fragen. Einmal nimmt seine Mutter ihn kurz in den Arm und streichelt ihn.

„Du bist traurig, nicht wahr?" fragt sie und erwartet gar keine Antwort, weil sie sehen kann, daß Michael am liebsten weinen möchte. Aber wenn alle in der Wohnung so herumrennen und keiner ihm zuhört – inzwischen ist auch Tante Inge da, sie kümmert sich um Sabine –, bleiben die Tränen und die Fragen in einem drin stecken.

Dann hält ein schwarzer Wagen vor dem Haus. Zwei Männer tragen einen Sarg in die Wohnung. Es dauert eine Weile, bis sie mit ihm aus Großvaters Zimmer wieder herauskommen. Michael hat sich halb hinter seiner Zimmertür versteckt. Die Mutter weint.

Eine Stunde später stehen Tür und Fenster von Großvaters Zimmer weit auf. Die Mutter hat das Bett abgezogen, alles Geschirr und die Arzneiflaschen weggeräumt. Großvater ist fort.

Am Abend kehrt endlich Ruhe ein in der Wohnung. Beim Essen sitzen alle zusammen: Mutter, Vater, Tante Inge und Michael. Sabine ist schon im Bett. Die Erwachsenen reden über die Beerdigung. Über Kränze, Musik, ein Essen, zu dem sich die Trauergäste hinterher versammeln sollen. Michael versteht das alles nicht. Er ist unglücklich. Großvater kommt nicht wieder.

„Sein Herz macht nicht mehr mit“, hat die Mutter gesagt.

„Aber sein Herz war doch so fröhlich“, denkt Michael, „gar nicht müde oder krank.“

Schweigend stochert Michael im Essen herum. Da steht sein Vater auf, nimmt ihn bei der Hand und führt ihn aus dem Zimmer. Auf dem Flur legt er ihm den Arm um die Schulter und sagt:

„Komm. Ich hab etwas für dich.“

Gemeinsam gehen sie in Großvaters Zimmer. Der Vater zieht die oberste Schublade der großen Kommode auf. Darinnen steht eine alte Spieluhr des Großvaters, die Michael immer so bewundert hat. Prächtige Blumen und schillernde Paradiesvögel zeigt das Bild auf dem Deckel.

„Diese Spieluhr gehört jetzt dir“, sagt der Vater. Michael nimmt sie in die Hand. Er weiß nicht, was er sagen soll. Er ist glücklich und muß doch daran denken, daß der Großvater nicht mehr zurückkommen wird.

Michael trägt die Spieluhr in sein Zimmer. Er öffnet den Deckel. Sie beginnt zu spielen, Großvaters Lieblingslied. Michael hört zu, lange Zeit, er kennt die Melodie auswendig. Jetzt denkt er an den Großvater und hört ihn mitsummen.

Peter Härtling

Wie Kalle zu Oma kam

Mit siebenundsechzig Jahren ist man alt, behaupten die Leute. Oma bestreitet das. Sie sagte immer – und das sagen eine Menge alter Leute –, man ist so jung, wie man sich fühlt. Oma fühlte sich ziemlich jung. Sie sagte auch, ich bin außen ein altes Weib und innendrin ein Mädchen. Wer sie gut kannte, glaubte ihr das. Oma hatte nicht viel Geld, schimpfte manchmal über die kleine Rente und über ihren verstorbenen Mann, der auch keine Größe gewesen sei, doch sie lachte lieber als daß sie schimpfte. Und sie verstand sich einzurichten. Ihre Wohnung in München war klein

und fast so alt wie sie. Die Couch war schon ein paarmal unter zu schweren Gästen zusammengekracht. Der Ölofen war der einzige neue Gegenstand, und mit ihm kam sie nicht zurecht. Sie fürchtete, eines Tages mit ihm in die Luft zu fliegen. Wenn er anfing zu blubbern, redete sie auf ihn ein, als wäre er ein störrischer Esel. Sie redete überhaupt gern mit sich selbst und mit den Sachen, die um sie herum waren. Daran mußten sich Leute, die sie nicht gut kannten, erst gewöhnen. Denn selbst in Unterhaltungen fing sie manchmal an, mit sich selber zu reden, und wenn der andere sie dann erstaunt ansah, schüttelte sie bloß den Kopf, ihn hatte sie ja gar nicht gemeint.

Oma wurde Oma gerufen, auch von den Nachbarn im Haus, von dem Bäcker an der Ecke, auch von den Jungen im Hof, die sie manchmal hänselten, aber im Grunde gern hatten, ihr sogar manchmal die Tasche in den fünften Stock trugen. In dem Haus, in dem Oma wohnte, gab es nämlich keinen Aufzug. Fürsten sind wir keine, pflegte sie zu sagen, wenn ihr der Atem im dritten Stock ausging und sie eine Pause machen mußte. „Frau Erna Bittel“ stand in Zierschrift auf dem Schild an der Wohnungstür. Ihr Sohn hatte sie gefragt, weshalb sie „Frau“ vor ihren Namen geschrieben habe. Sie hatte ihm geantwortet: Du bist dumm. So will ich angeredet werden. Schließlich könnten die Leute nach Ottos Tod glauben, ich bin eine alte Jungfer. Das bin ich aber nicht.

Omas Sohn hatte wiederum einen Sohn. Von ihm und Oma wird die Geschichte erzählen. Er heißt Karl-Ernst oder genauer: er hieß so, denn er wurde von Anfang an Kalle gerufen.

Kalle wuchs in einer kleinen Stadt in der Nähe von Düsseldorf auf. Sein Vater arbeitete im Büro einer Fabrik. Er rechnet immer zusammen, was die anderen dann in die Lohntüten kriegen – so erklärte Kalle den Beruf seines Vaters.

Manchmal ging Kalles Vater in die Kneipe, meistens am Freitagabend, und dann kam er betrunken nach Hause und beweinte die Welt. Kalles Mutter schimpfte: Immer am Wochenende das heulende Elend!

Kalle konnte diese Ausbrüche nicht verstehen, denn eigentlich war sein Vater ein fröhlicher Mann. Er kam gut mit ihm aus. Besser als mit der Mutter, die immerfort über den Dreck klagte, den die beiden Männer ihr hinterließen und den sie wegputzen mußte. So putzte sie den ganzen Tag. Ganz normal ist das nicht, fand Kalles Vater.

Kalles Eltern kamen bei einem Autounglück um, als Kalle fünf Jahre alt war. Sie hatten gar kein eigenes Auto, sondern waren mit Bekannten fortgewesen, hatten Kalle zu der Nachbarin gebracht. Dorthin kam auch der Polizist, der der Frau sagte: Beide sind tot.

Kalle begriff das erst gar nicht. Er konnte sich nicht vorstellen, lange nicht, daß er die Eltern nicht wiedersehen würde. Daß sie für immer weg sein sollten. Das geht gar nicht, sagte er oft. Die Nachbarin legte ihn ins Bett, ein Arzt steckte ihm ein Zäpfchen in den Po, was ihn zum Lachen brachte.

Jetzt wirst du schlafen können. Schlaf erst mal, kleiner Mann, sagte der Arzt.

Kalle fand die Bezeichnung „kleiner Mann“ idiotisch und den Arzt blöd. Er fand in diesen Tagen alle blöd, weil sie ihm dauernd über den Kopf strichen oder ihn an sich zogen, weil sie ganz anders waren als sonst.

Nur die Oma nicht. Die war gekommen, hatte wohl auch geheult, aber dann alle angeherrscht: Es muß ja weitergehen, irgendwie geht es weiter! Und hatte in einer Runde von lauter fremden Onkels und Tanten in Kalles Anwesenheit beschlossen: Den Kalle nehme ich mit. Der bleibt bei mir. [...]

Jetzt hab ich den Jungen. Ich bin verrückt, ein altes Weib und ein Kind, das mindestens noch zwölf oder dreizehn Jahre braucht, um selbst durchzukommen. Soll ich wegen Kalle hundert werden? Aber wer von der Verwandtschaft hätte ihn denn genommen? Die hätten ihn am Ende in ein Heim gesteckt. Und das geht nicht, nein! Sicher werden ihm die Eltern lange fehlen. Vor allem sein Vater. Aber das ist auch so ein Geschwätz. Manche Kinder haben Väter, von denen sie gar nicht merken, daß sie Väter sind. – Ich werde mich zusammenreißen und nicht daran denken, daß ich alt bin. Ich und der Kalle werden es schon schaffen.

- Dies ist der Anfang des Romans „Oma“. Welche Einzelheiten zu Kalle erfährt der Leser? Kennzeichnet außerdem stichwortartig Kalles Oma; zum Beispiel Name, Alter, Wohnung, Eigenarten...
- Wie unterscheidet sich der letzte Abschnitt vom übrigen Text?
- Schreibt in der Ich-Form auf, wie Kalle die neue Situation darstellen könnte.

Brüder Grimm

Der alte Großvater und sein Enkel

Es war einmal ein steinalter Mann, dem waren die Augen trüb geworden, die Ohren taub, und die Knie zitterten ihm. Wenn er nun bei Tische saß und den Löffel kaum halten konnte, schüttete er Suppe auf das Tischtuch, und es floß ihm auch etwas wieder aus dem Mund. Sein Sohn und dessen Frau ekelten sich davor, und deswegen mußte sich der Großvater endlich hinter den Ofen in die Ecke setzen, und sie gaben ihm sein Essen in ein irdenes Schüsselchen und noch dazu nicht einmal satt; da sah er betrübt nach dem Tisch und die Augen wurden ihm naß. Einmal auch konnten seine zittrigen

Hände das Schüsselchen nicht festhalten, es fiel zur Erde und zerbrach. Die junge Frau schalt, er sagte aber nichts und seufzte nur. Da kaufte sie ihm ein hölzernes Schüsselchen für ein paar Heller, daraus mußte er nun essen. Wie sie da so sitzen, so trägt der kleine Enkel von vier Jahren auf der Erde kleine Brettlein zusammen. „Was machst du da?“ fragte der Vater. „Ich mache ein Tröglein“, antwortete das Kind, „daraus sollen Vater und Mutter essen, wenn ich groß bin.“ Da sahen sich Mann und Frau eine Weile an, fingen endlich an zu weinen, holten alsofort den alten Großvater an den Tisch und ließen ihn von nun an immer mitessen, sagten auch nichts, wenn er ein wenig verschüttete.

- Was hat dieser Text mit dem Thema der Textreihe zu tun?
- Erklärt die Reaktionen des Enkels und seiner Eltern.
- Erklärt den Schlußteil.
- Informiert euch über die Brüder Grimm (S. 12). In diesem Deutschbuch findest du weitere Texte von ihnen.
- Stellt euch vor, Vater und Mutter sitzen nach diesem Ereignis zusammen und sprechen darüber. Was könnten sie sagen?
  Spielt das Gespräch.

Leo N. Tolstoj

Die drei Söhne

Drei Frauen wollten Wasser holen am Brunnen. Nicht weit davon saß ein Greis auf einer Bank und hörte zu, wie die Frauen ihre Söhne lobten.

„Mein Sohn“, sagte die erste, „ist so geschickt, daß er alle hinter sich läßt...“

„Mein Sohn“, sagte die zweite, „singt so schön wie die Nachtigall! Es gibt keinen, der eine so schöne Stimme hat wie er“.

„Und warum lobst du deinen Sohn nicht?“ fragten sie die dritte, als diese schwieg.

„Ich habe nichts, wofür ich ihn loben könnte“, entgegnete sie. „Mein Sohn ist nur ein gewöhnlicher Knabe. Er hat etwas Besonderes weder an sich noch in sich...“

Die drei Frauen füllten ihre Eimer und gingen heim. Der Greis ging langsam hinter ihnen her. Die Eimer waren schwer und die abgearbeiteten Hände schwach. Deshalb machten die Frauen eine Ruhepause, denn der Rücken tat ihnen weh...

Da kamen ihnen drei Knaben entgegen. Der erste stellt sich auf die Hände und schlug Rad um Rad – und die Frauen riefen: „Welch ein geschickter Junge!“

Der zweite sang so herrlich wie die Nachtigall, und die Frauen lauschten andachtsvoll und mit Tränen in den Augen.

Der dritte Knabe lief zu seiner Mutter, hob die Eimer und trug sie heim...

Da fragten die Frauen den Greis: „Was sagst du zu unseren Söhnen?“

„Wo sind eure Söhne?“ fragte der Greis verwundert. „Ich sehe nur einen einzigen Sohn!“

- Wie beurteilen die Frauen ihre Söhne, wie der Greis?

SOS-Kinderdörfer

Kinderdorf Juiz de Fora (Brasilien)

Kinderdorf Imst (Österreich)

Hermann Gmeiner

Vater der SOS-Kinderdörfer
* 23.6.1919
+ 26.4.1986

wurde 1919 in Alberschwende in Österreich geboren. Er entstammte einer Vorarlberger Bauernfamilie und hatte seine Mutter früh verloren. Nach dem Zweiten Weltkrieg studierte er an der Innsbrucker Universität Medizin. Er lernte die große Not im Stich gelassener Jugendlicher kennen und gründete 1949 das erste SOS-Kinderdorf in Imst in Tirol. Seine SOS-Kinderdorf-Idee hat weltweite Anerkennung gefunden. Er war einer der bedeutendsten und erfolgreichsten Wegbereiter der familiennahen Betreuung für sorgebedürftige Kinder.

- Kinderdörfer gibt es in aller Welt. Verschafft euch weitere Informationen. Hier erfahrt ihr z.B. etwas:

– SOS-Kinderdorf-Verlag
Stafflerstr. 10a
A – 6020 Innsbruck

– Westfälisches Kinderdorf
„Lipperland"
Pestalozzistraße
4924 Barntrup 1

Marianne Gruber

Die Sprache der Engel

Freddy ist ein geistig behindertes Kind. Sein Vater fährt mit ihm in die Ferien und erregt mit ihm im Hotel, wie so oft, Aufsehen. Um zu telefonieren, läßt der Vater seinen Sohn einen Moment allein.

Der Mann kam gerade zurecht, um größeres Aufsehen zu vermeiden. „Ist ja schon gut", sagte er; „ist doch gut. Ich bin wieder da." Sie berührten einander an den Händen, und der Junge begann wieder zaghaft zu lächeln. Zunge aus dem Mund, mit von unten hochblickenden Augen und das Mondgesicht nahe an der Wange des Vaters.

Im Rücken spürte der Mann die Blicke der Menschen, die da herstarrten, sich wunderten. Nicht nachgeben, dachte er. Man darf das nicht bemerken. Eines Tages würde er es vielleicht schaffen, die Leute zu übersehen, unter ihnen zu leben und sich nicht stellvertretend für den Jungen verletzt zu fühlen von ihren Blicken, von ihren verständnislosen, rohen Reden. Daß so ein Geschöpf überhaupt lebensfähig ist! Er würde ihnen niemals begreiflich machen können, was dieses Kind ihn gelehrt hatte, ihn, den Erfolgreichen, den Tüchtigen, den bis dahin Unangreifbaren.

Als er vom Tisch aufblickte, sah er geradewegs in Astrids forschendes Gesicht. Fünfjährig und altklug und ein bißchen einsam wie alle Menschen, die über die ihnen bekannten Grenzen hinausdachten oder träumten oder Fragen stellten.

„Warum spricht er nie?“ fragte sie.

Was darauf sagen? Daß er krank war? Daß es für diese Krankheit keine Heilung gab? Vielleicht würde sie den Jungen bemitleiden und in ihr künftiges Leben mitnehmen, daß man solche Menschen besser einem Arzt übergab, in ein Spital steckte, später würde sie denken: in eine geschlossene Abteilung. Schließt sie ab, schließt sie ab, die uns daran erinnern, daß wir niemals dankbar genug für das Leben sind, für das Sonnenlicht und die heiteren Tage und das Laufen-Können über eine Sommerwiese und das Benennen der Blumen und das Zeigen nach den Wolken.

„Er spricht nur die Sprache der Engel“, antwortete der Mann, „wenn du verstehst, was ich meine.“

Sie legte den Kopf schief und sah prüfend in Freddys Gesicht. „Und warum sieht er anders aus?“

„Tut er das? Wie anders?“

Das war eine Frage zuviel. Sie wußte keine Antwort und wandte sich ab, ging zum Sandhaufen, wo sie eine Burg baute.

Der Junge war nun wieder völlig beruhigt und begann mit den Fingerspielen, die der Vater mit ihm so oft spielte. Hand-Ausstrecken, Faust-Machen und so fort. Dann holte der Vater Würfel aus der Tasche, und Freddy begann sie mühsam aufeinanderzustellen. Er schnaubte vor Anstrengung und kaute an der Unterlippe. Nach einer Weile hatte er genug und fing an, Astrid zu beobachten. Er wollte offensichtlich zu ihr. Als sie das endlich begriff, kam sie und hielt ihm ihre Sandschaufel entgegen, aber Freddy wich vor ihrer Hand zurück.

„Da nimm!“ sagte sie. „Oder mag er nicht Sandspielen? Dürfen sich Engel nicht schmutzig machen?“

„Doch“, antwortete der Mann. „Er weiß nur nicht, was er mit der Schaufel anfangen soll. Vielleicht würde er keine Burg bauen oder deine zerstören oder den Sand essen?“

Astrid lachte und stopfte ein bißchen Sand zwischen die Lippen. „Ich esse auch Sand, manchmal, wenn wir Sandkuchen backen.“

„Du würdest mit ihm spielen wollen?“ Für einen Moment blitzte eine Hoffnung auf, die er nicht zu Ende zu denken wagte. Nein, niemals würde ein gesundes Kind mit seinem Sohn spielen, niemals.

Aber Astrid nickte.

„Man muß sehr vorsichtig sein. Er fürchtet sich leicht.“

„Das glaube ich nicht“, sagte Astrid. „Engel fürchten sich nie.“ Sie lachte wieder und drückte Freddy die Schaufel in die Hand. „Faust aufmachen“, kommandierte sie, „und jetzt zumachen!“. Dann packte sie ihn am Hemd und zog ihn zum Sandhaufen. Es schien ihm zu gefallen herumzugraben. Er warf den Sand in die Höhe, zerdrückte ihn zwischen den Fingern und fing an, laut zu johlen, als er ihn auf der Wange spürte. Astrid machte es ihm

sofort nach, und der Mann begann zu fürchten, daß man ihm und dem Jungen die Schuld daran zuschieben würde, wenn das Mädchen wie paniert aussah. Wenig später kam die Mutter und brachte Astrid weg.

„Verzeihen Sie", sagte der Mann, „ich hätte besser achtgeben müssen." Er erwartete bittere Vorwürfe, aber die Frau sagte nichts. Das Schweigen war manchmal noch schlimmer als das Reden. Der Mann zog Freddy zum Tisch. Eine Zeitlang konnten sie sich zu nichts entschließen, starrten nur vor sich hin, dann kam Tim, und sofort spürte der Mann, daß das nichts Gutes bedeutete. Er hatte ihn und die anderen schon einmal dabei überrascht, wie sie beschlossen hatten, den „Mongo" sekkieren[1] zu gehen. Er fixierte[2] Tim so lange, bis sich der wortlos wegdrehte und wieder zum Planschbecken ging. Dann kam der Wirt und sagte, Telefon, und es sei dringend.

Es war dringend, er wußte es. Es war ein beinahe törichter Versuch. Aus Zeitungsberichten hatte er von einem besonderen Trainingsprogramm für Gehirngeschädigte erfahren. Berichte, denen zu entnehmen war, daß man mit entsprechendem Wissen und unendlicher Geduld solche Kinder so weit bringen konnte, daß sie eine Tätigkeit vollbringen konnten, etwa Papierblumen drehen oder Tüten kleben. Sie lernten sogar, sich besser zu verständigen. Man konnte ihre Sprache verbessern. Der Junge war ein schwerer, aber kein ganz schwerer Fall. Jetzt, im Urlaub, hätte er genügend Zeit, sich mit ihm zu beschäftigen, wenn er die Unterlagen, Anweisungen für das Lernprogramm, rechtzeitig erhielt. Er wollte den Jungen nicht fortgeben. Dieses liebebedürftige Wesen war sein Sohn, und er hing an ihm, er liebte

[1] Umgangssprache: ärgern, einen Streich spielen
[2] fest in die Augen sehen

ihn, auch wenn das niemand verstand. Er wollte ihn bei sich behalten, solange er lebte, solange sie es aushielten, die Frau und er, die Mutter und er.

Wieder das Verabschiedungsritual[3]. Gesicht zu Gesicht. Und: „Ich gehe jetzt, aber ich komme gleich wieder." Und: „Du bleibst hier." Und Körperhaltung richten und die beschwörenden Blicke, das langsame Entfernen, Blickkontakt, solang er möglich war, und wieder das Absterben im Gesicht des Jungen sehen müssen, wenn er den Vater nicht mehr in seinem Gesichtskreis hatte. So viele Jahre kannte er das nun, aber dieser Ausdruck der Verlassenheit löste noch immer den gleichen hilflosen Schmerz aus.

„Ich werde dich nie verlassen", sagte der Mann plötzlich lauter, als er beabsichtigt hatte. „Nie. Solange ich lebe, verstehst du?"

Das Telefongespräch dauerte länger, als er erwartet hatte, und es brachte nicht die gewünschte, nicht die erwartete Information. [...]

Der Mann hängte hastig ein, und erst als er die Telefonzelle verließ, wurde ihm bewußt, daß er sich nicht verabschiedet hatte. Er lief beinahe zur Wiese hinter dem Haus, wo die Bänke unter den Kastanienbäumen standen und Freddy wartete, sich vielleicht wieder in irgendeinem Entsetzen wand.

Als er um die Hausecke bog, sah er Astrid neben Freddy auf der Bank sitzen, und der Junge schien wider allen Erwartungen ruhig. Das Mädchen redete auf ihn ein, und er hörte zu, was immer er davon verstehen mochte. Beim Näherkommen sah der Vater dann, was sie machten. Astrid spielte mit Freddy das Fingerspiel, das sie offensichtlich beobachtet hatte. Sie sagte, sogar den Tonfall des Mannes nachahmend: „Hand ausstrecken, Faust, Hand ausstrecken, Faust. Und jetzt den dicken Daumen ausstrecken."

Langsam kam der Mann näher. Es war das erste Mal, daß der Junge neben einem fremden Menschen saß und sich nicht sofort unter den Tisch verkroch. Er lachte sogar. Astrid sagte: „Zunge hinein und Mund zu." Und: „Brav, Freddy, brav. Ich kaufe dir auch ein Eis."

Als sie den Mann entdeckte, hob sie ihr erhitztes Gesicht. „Ich glaube, ich kann es schon ein bißchen".

„Sicher. Deine Hände sind sehr geschickt."

„Ach, das mit den Fingern" – eine wegwerfende Handbewegung –, „das ist leicht. Ich meine die Sprache der Engel. Ich glaube, ich kann sie schon."

---

[3] Ritual: eine Handlung, die sich immer wieder in der gleichen Weise wiederholt

- „Er spricht nur die Sprache der Engel" (Zeile 27). Wie verstehst du diese Aussage des Vaters?
- Beschreibt, wie der Vater sich seinem Sohn gegenüber verhält.
- Welche Erfahrungen hat der Vater bisher mit der Reaktion anderer Menschen gemacht?
- Wie verhält sich dagegen das Mädchen?

WÜNSCHE - TRÄUME - WIRKLICHKEITEN

Jacques Prévert

Rechenstunde

Zwei und zwei sind vier
Vier und vier sind acht
Acht und acht sind sechzehn
Wiederholen! sagt der Lehrer
Zwei und zwei sind vier
Vier und vier sind acht
Acht und acht sind sechzehn
Aber da fliegt der Wundervogel
Am Himmel vorbei
Das Kind sieht ihn
Das Kind hört ihn
Das Kind ruft ihn
Rette mich
Spiel mit mir
Vogel!
Da schwebt der Vogel nieder
Und spielt mit dem Kind
Zwei und zwei sind vier...
Wiederholen! sagt der Lehrer

Und das Kind spielt
Der Vogel spielt mit ihm
Vier und vier sind acht
Acht und acht sind sechzehn
Und wieviel sind sechzehn und sechzehn?
Sechzehn und sechzehn sind nichts
Und erst recht nicht zweiunddreißig
Denn das gibt ja keinen Sinn
Also schwinden sie dahin
Und das Kind hat den Vogel in seinem Pult versteckt
Und alle Kinder
Hören sein Lied
Und alle Kinder
Hören die Musik
Und nun verschwinden auch die Acht und Acht
Und die Vier und Vier und die Zwei und Zwei
Trollen sich
Und eins und eins sind weder eins noch zwei
Eins ums andre ziehn sie ab
Und der Wundervogel spielt
Und das Kind singt
Und der Lehrer schreit:
Wann hört ihr endlich mit dem Unsinn auf?
Aber alle Kinder
Horchen auf die Musik
Und die Wände des Klassenzimmers
Sinken friedlich ein
Und die Fensterscheiben werden wieder Sand
Die Tinte wird wieder Wasser
Die Pulte werden wieder Bäume
Die Kreide wird wieder Felsen
Der Federhalter wird wieder Vogel.

- Wer sind die Hauptgestalten dieses Gedichts? Unterscheidet ihre Eigenschaften und Verhaltensweisen.
- Lest den Text so, daß man die Eigenschaften und Verhaltensweisen heraushört.
- Welche Wörter bestimmen die Abschnitte, in denen die erwachsene Person spricht? Achte auch auf die Verbformen.
- Auffällig ist in diesem Gedicht der Umgang mit der Zeichensetzung. Erklärt dies.
- Wie kommt es dazu, daß das Kind den Wundervogel am Himmel sieht?
- Warum bemerkt die erwachsene Person diesen nicht?

Dieses Kapitel handelt von erfüllten und nicht erfüllten, von erfüllbaren und nicht erfüllbaren Wünschen und Träumen. Vielleicht handelt es auch von *dir* und *deinen* Wünschen und Träumen.

Märchenhaftes – Träume für die Wirklichkeit

Isaac Bashevis Singer

Menasehs Traum

Menaseh war ein Waisenkind. Er lebte bei seinem Onkel Mendel, einem armen Glaser, der es kaum schaffte, seine eigenen Kinder recht zu versorgen. Menaseh war bald mit der Schule fertig. Nach den Herbstferien sollte er bei einem Buchbinder in die Lehre gehen.

Menaseh war schon immer ein wißbegieriges Kind gewesen.
Kaum konnte er sprechen, hörte er mit Fragen gar nicht mehr auf.
„Wie hoch ist der Himmel?“
„Wie tief ist die Erde?“
„Was kommt nach dem Rand der Welt?“
„Warum werden Menschen geboren?“
„Warum sterben sie?“

Es war an einem heißen und feuchten Sommertag. Ein goldener Dunstschleier lag über dem Dorf. Die Sonne war klein wie der Mond und gelb wie Messing. Die Hunde schlichen mit eingezogenem Schwanz umher. Die Tauben ruhten auf dem Marktplatz. Kauend und die Bärte schüttelnd lagen die Ziegen im Schutz der Hütten.

Menaseh zankte sich mit seiner Tante Dwoscha und ging ohne Mittagessen aus dem Haus. Er war ungefähr zwölf Jahre alt, hatte ein schmales Gesicht, dunkle Augen und hohle Wangen. Er trug eine verschlissene Jacke und ging barfuß. Alles, was er besaß, war ein zerrissenes Geschichtenbuch, das er schon Dutzende Male gelesen hatte. Es hieß *Allein im wilden Wald.* Das Dorf, in dem er lebte, lag mitten in einem Wald. Und die Leute sagten, man könne bis nach Lublin[1] durch den Wald laufen. Es war Heidelbeerzeit, und ab und zu konnte man sogar Walderdbeeren finden. Menaseh ging durch Wiesen und Kornfelder. Er war hungrig und riß sich eine Kornähre ab, um die Körner zu kauen. Auf den Wiesen lagen Kühe, und es war so heiß, daß sie sogar zu faul dazu waren, mit dem Schwanz die Fliegen zu verscheuchen. In ihre Pferdegedanken versunken standen zwei Pferde dicht nebeneinander, eines suchte im Schatten des anderen Schutz vor der sengenden Sonne. In einem Buchweizenfeld sah der Junge eine Krähe auf dem Hut einer Vogelscheuche sitzen.

Sobald Menaseh in den Wald kam, wurde es kühler. Wie Säulen standen die Kiefern, und um ihre braunen Stämme hingen goldene Sapperlätzchen, das waren Sonnenflecken. Kuckuck und Specht waren zu hören und der gellende Ruf eines Vogels, den er nicht sehen konnte.

Vorsichtig ging Menaseh über grüne Moospolster. Er watete durch einen seichten Bach, der lustig über Kieselsteine sprang. Der Wald war still und doch voller Stimmen und Geräusche.

Menaseh wanderte immer tiefer hinein in den Wald. Sonst ließ er Steine hinter sich fallen, um den Heimweg wieder zu finden, aber heute tat er das nicht. Er fühlte sich einsam, der Kopf tat ihm weh, und die Knie wurden ihm weich. Werde ich krank? dachte er. Dann bin ich bald bei Vater und Mutter. Er setzte sich in eine Mulde voller Heidelbeersträucher und stopfte sich eine Beere nach der anderen in den Mund. Aber er war immer noch hungrig. Um die Heidelbeeren wuchsen wilde Blumen, die einen berauschenden Duft verströmten. Ohne daß er es merkte, streckte sich Menaseh auf dem Waldboden aus und schlief ein. Aber im Traum wanderte er weiter.

Die Bäume wurden noch größer, es duftete noch stärker, und riesige Vögel flogen von Ast zu Ast. Die Sonne ging unter. Bald wurde der Wald lichter, und er kam auf eine Ebene mit weitem Blick auf den Abendhimmel. Plötzlich tauchte im Zwielicht ein Schloß auf. Menaseh hatte noch nie ein so wunderschönes Bauwerk gesehen. Das Dach war aus Silber, und darüber erhob sich ein Kristallturm. Die vielen Fenster waren so hoch wie das Gebäude selbst. Menaseh ging auf eines der Fenster zu und schaute hinein. An der Wand gegenüber hing sein eigenes Bild. Er war in prächtige Gewänder gekleidet. Der riesige Raum war menschenleer.

---

[1] Stadt in Südostpolen

Warum ist das Schloß leer? wunderte er sich. Und warum hängt ein Bild von mir an der Wand? Der Junge auf dem Bild schien lebendig zu sein, und er sah so aus, als würde er ungeduldig auf jemanden warten. Türen öffneten sich, wo vorher keine waren, und Frauen und Männer kamen in den Raum. Sie waren in weißen Satin[2] gekleidet, und die Frauen trugen Juwelen und hielten goldbestickte Gebetbücher in den Händen. Menaseh war starr vor Staunen.

Er erkannte Vater und Mutter, Großvater und Großmutter und andere Verwandte. Er wollte zu ihnen, sie umarmen und küssen, aber das Fenster war im Weg. Menaseh weinte bitterlich.

Da kam sein Großvater Tobias der Schreiber ans Fenster. Der Bart des alten Mannes war so weiß wie sein Mantel. Er sah alt und jung zugleich aus.

„Warum weinst du?" fragte er. Obwohl das Glas sie trennte, konnte Menaseh ihn deutlich hören.

„Bist du mein Großvater Tobias?"

„Ja, mein Kind, ich bin dein Großvater."

„Wem gehört das Schloß?"

„Uns allen."

„Mir auch?"

„Natürlich, der ganzen Familie."

„Großväterchen, laß mich ein!" rief Menaseh. „Ich will mit Vater und Mutter sprechen."

Liebevoll schaute ihn der Großvater an und sagte: „Eines Tages wirst du hier mit uns leben, aber die Zeit ist noch nicht gekommen."

„Wie lange muß ich noch warten?"

„Das ist ein Geheimnis. Es wird noch viele, viele Jahre dauern."

„Großväterchen, ich will nicht so lange warten. Ich habe Hunger und Durst, und ich bin müde. Ich sehne mich nach Vater und Mutter und nach Großmutter und dir. Ich will kein Waisenkind mehr sein."

„Mein liebes Kind, wir wissen alles. Wir denken an dich, und wir lieben dich. Wir warten alle auf den Tag, da wir zusammensein werden, aber du mußt Geduld haben. Du hast noch eine lange Reise vor dir, ehe du hier bei uns bleiben wirst."

„Bitte, laß mich nur ein paar Minuten hinein."

Großvater Tobias ging vom Fenster weg und beriet sich mit den anderen Familienmitgliedern. Als er zurückkam, sagte er: „Du kannst hereinkommen, aber nur für eine kleine Weile. Wir werden dir das Schloß zeigen und unsere Schätze, aber dann mußt du wieder gehen."

Eine Türe öffnete sich, und Menaseh ging hinein. Kaum war er über die Türschwelle getreten, da verspürte er weder Hunger noch Müdigkeit. Er umarmte seine Eltern, und sie küßten und drückten ihn an sich. Aber sie sprachen kein Wort. Menaseh fühlte sich seltsam leicht. Er schwebte, und seine Familie schwebte auch. Der Großvater öffnete Tür um Tür, und jedesmal wuchs Menasehs Erstaunen.

---

[2] Stoff mit glänzender Oberfläche

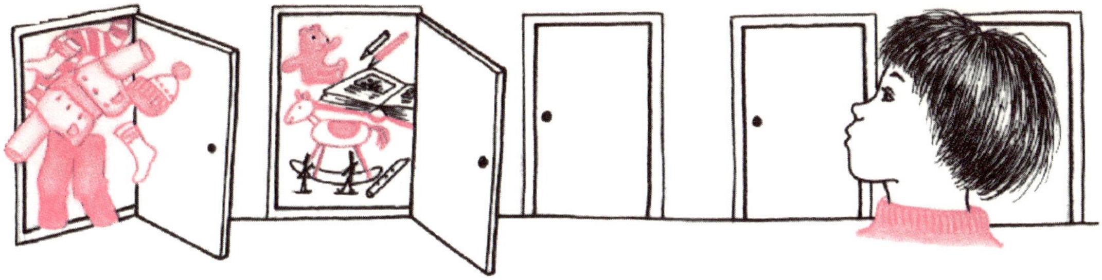

Ein Zimmer war angefüllt mit Kinderkleidern: Hosen, Jacken, Hemden, Mäntel. Menaseh erkannte all seine Kleider, die er getragen hatte, soweit er sich erinnern konnte. Er sah auch seine Schuhe, Strümpfe, Mützen und Nachthemden.

Eine zweite Türe wurde geöffnet, und Menaseh sah alles Spielzeug, das er einmal gehabt hatte: die Zinnsoldaten, die ihm der Vater gekauft hatte; die Pfeifen und Harmonikas; den Brummbären, den ihm der Großvater an Purim[3] gegeben hatte, und das Holzpferdchen, ein Geschenk von Großmutter Sprintze zu seinem sechsten Geburtstag. Die Hefte, in denen er schreiben geübt hatte, seine Bleistifte und die Bibel lagen auf einem Tisch. Die Bibel war geöffnet, und er sah das wohlbekannte Bild von Moses mit den Gesetzestafeln und Aaron in seinen wallenden Gewändern. Beide waren umrahmt von sechsflügeligen Engeln. Er sah auch seinen Namen an der dafür vorgesehenen Stelle.

Menaseh kam kaum aus dem Staunen heraus, als die dritte Tür geöffnet wurde. Dieses Zimmer war angefüllt mit Seifenblasen. Aber sie platzten nicht, wie Seifenblasen das tun, sondern sie segelten feierlich umher und schillerten in allen Regenbogenfarben. Einige spiegelten Schlösser wider, Gärten, Flüsse, Windmühlen und vieles andere. Menaseh wußte, daß das die Seifenblasen waren, die er aus seiner liebsten Seifenblasenpfeife geblasen hatte.

Die vierte Tür wurde geöffnet. Und obwohl kein Mensch zu sehen war, war das Zimmer erfüllt von munterem Geplauder, von Gesang und Gelächter. Menaseh hörte seine eigene Stimme und die Lieder, die er gesungen hatte, als er noch mit seinen Eltern zusammen gewesen war.

Er hörte auch die Stimmen seiner früheren Spielkameraden; einige hatte er längst vergessen.

Die fünfte Tür führte in eine große Halle. Hier waren alle die Personen aus den Gutenachtgeschichten versammelt, die ihm seine Eltern erzählt hatten, auch die Helden aus *Allein im wilden Wald*. Alle waren sie da: David der Krieger und die ägyptische Prinzessin, die David vor der Gefangenschaft bewahrt hatte; der Straßenräuber Bandurek, der die Reichen ausraubte und den Armen half; Velikan der Riese, der ein Auge mitten auf der Stirn hatte und der eine Tanne als Wanderstab in der Rechten trug und eine Schlange in der Linken; der Zwerg Pitzeles, dem der Bart bis auf den Boden hing, und der Hofnarr war beim furchtsamen König Merodach; der doppel-

[3] Jüdisches Freudenfest

köpfige Zauberer Malkisedek, der durch seine Hexereien unschuldige Mädchen in den Wüsteneien von Sodom und Gomorrah verschwinden ließ. Menaseh hatte kaum Zeit, sie alle zu erkennen, da öffnete sich die sechste Tür. Alles und jedes veränderte sich fortwährend. Die Wände drehten sich wie ein Karussell. Bilder blitzten auf. Ein goldenes Pferd wurde ein blauer Schmetterling. Eine Rose, leuchtend wie die Sonne, wurde ein Glas, aus dem feurige Heupferdchen flogen, purpurne Faune[4] und silberne Fledermäuse. Auf einem glitzernden Thron, zu dem sieben Stufen führten, saß der König Salomon[5], der Menaseh irgendwie ähnlich sah. Er trug eine Krone, und zu seinen Füßen kniete die Königin von Saba[6]. Ein Pfau drehte ein Rad und sprach König Salomon auf hebräisch an. Leviten[7] spielten die Lyra. Riesen schwangen ihre Schwerter, und auf Löwen reitende äthiopische Sklaven brachten Wein und Schalen mit Granatäpfeln. Einen Augenblick verstand Menaseh gar nicht, was das alles bedeuten sollte. Dann merkte er, daß er seine Träume sah.

Hinter der siebenten Tür erkannte Menaseh undeutlich Männer und Frauen, Tiere und viele Dinge, die ihm völlig fremd waren. Und alles war nicht so lebendig wie in den anderen Zimmern. Die Figuren waren durchsichtig und von Nebel umgeben. Auf der Türschwelle stand ein Mädchen in seinem Alter. Sie hatte lange, goldene Zöpfe. Obwohl Menaseh sie nicht deutlich sehen konnte, mochte er sie gleich.

Zum erstenmal drehte er sich zu seinem Großvater um. „Was bedeutet das alles?“ wollte er wissen. Und der Großvater antwortete: „Das sind die Menschen und Ereignisse deiner Zukunft.“

„Wo bin ich?“ fragte Menaseh.

„Du bist in einem Schloß, das viele Namen hat. Wir nennen es den Ort, wo nichts verloren ist. Es gibt noch viel mehr Wunder hier, aber jetzt ist es Zeit für dich. Du mußt gehen.“

Menaseh wollte an diesem seltsamen Ort für immer bleiben, zusammen mit seinen Eltern und Großeltern. Fragend schaute er den Großvater an, aber der schüttelte nur den Kopf. Es schien, als ob Menasehs Eltern beides wollten, daß er bliebe und daß er so schnell wie möglich ging. Sie sprachen immer noch nicht, aber sie machten ihm Zeichen, und Menaseh verstand, daß er in großer Gefahr war.

Das mußte ein verbotener Ort sein. Ohne zu sprechen, sagten ihm seine Eltern Lebewohl. Sogleich war alles verschwunden – das Schloß, die Eltern, Großeltern und das Mädchen.

Menaseh schauderte und wachte auf. Es war Nacht im Wald. Tau fiel. Über ihm hoch oben die Kronen der Kiefern. Der Mond schien voll, und die Sterne blinkten. Er schaute in das Gesicht eines Mädchens, das sich über ihn beugte. Sie war barfuß und hatte eine geflickte Schürze umgebunden. Ihre langen Zöpfe glänzten golden im Mondschein. Sie schüttelte ihn und

---

[4] Waldgeister

[5] König von Israel und Juda, 965–926 v. Chr.

[6] Name des Königreichs der Sabäer im 1. Jahrtausend v. Chr.

[7] israelitischer Volksstamm

sagte: „Steh auf, steh auf! Es ist spät. Du kannst nicht hier im Wald bleiben.“

Menaseh setzte sich auf. „Wer bist du?“

„Ich habe Beeren gesucht und dich hier gefunden. Ich wollte dich aufwecken.“

„Wie heißt du?“

„Channeleh. Letzte Woche sind wir ins Dorf gekommen.“

Sie kam ihm bekannt vor, aber er konnte sich nicht daran erinnern, wo er sie getroffen haben mochte. Plötzlich wußte er es aber. Sie war das Mädchen, das er im siebenten Zimmer gesehen hatte, bevor er aufgewacht war.

„Du lagst hier wie tot. Ich fürchtete mich, als ich dich sah. Hast du geträumt? Dein Gesicht war so blaß, und deine Lippen haben sich bewegt.“

„Ja, ich habe geträumt.“

„Wovon?“

„Von einem Schloß.“

„Von was für einem Schloß?“

Menaseh antwortete nicht, und das Mädchen fragte nicht mehr. Sie machten sich zusammen auf den Heimweg. Nie zuvor hatte der Mond so hell geschienen, nie zuvor waren die Sterne so nah. Hinter ihnen gingen ihre Schatten her. Überall zirpten Grillen. Und Frösche quakten mit menschlichen Stimmen.

Menaseh wußte, daß sein Onkel böse auf ihn sein würde, weil er so spät nach Hause kam. Die Tante würde mit ihm schimpfen, weil er ohne Mittagessen gegangen war. Aber das machte ihm alles gar nichts mehr aus. In seinem Traum hatte er eine ganz merkwürdige Welt besucht. Und er hatte eine Freundin gefunden. Channeleh und er hatten schon ausgemacht, am nächsten Tag miteinander in die Beeren zu gehen. ...

- Gib den Inhalt der Geschichte mit deinen Worten wieder.
- Gliedere den Text. Unterscheide dabei die Abschnitte, welche sich auf die Wirklichkeit beziehen und welche den Traum Menasehs behandeln.
- Was erfährst du im ersten Teil der Erzählung über Menaseh, was im letzten Teil? Lege eine Tabelle an.

Menaseh vor dem Traum	TRAUM	Menaseh nach dem Traum

- Menaseh gelangt im Traum zu einem Schloß. Versuche, es zu zeichnen. Vielleicht gelingt es dir, den Inhalt der sieben Zimmer sichtbar werden zu lassen.
- In dieser Erzählung sind Traum und Wirklichkeit nicht vollständig voneinander getrennt. Sprecht darüber, wo es Verbindungen gibt.
- Kannst du dich an eine Situation in deinem Leben erinnern, in der es dir nicht besonders gut ging und dir ein Traum geholfen hat? Erzähle davon. Versuche, einen Traum aufzuschreiben.

Von Lippel, der eigentlich Philipp heißt, von seinen Eltern, von Frau Jeschke und Frau Jakob, von Asslam und Hamide, von Muck und vor allem von einem Traum, der das Leben erträglicher macht, handelt ein Kinderbuch von Paul Maar. Es trägt den Titel: „Lippels Traum“.

- Eine Schülerin oder ein Schüler eurer Klasse könnte das Buch aus einer Bücherei ausleihen und den anderen den Inhalt erzählen.

Wolf Biermann

Das Märchen vom kleinen Herrn Moritz, der eine Glatze kriegte

Es war einmal ein kleiner älterer Herr, der hieß Herr Moritz und hatte sehr große Schuhe und einen schwarzen Mantel dazu und einen langen schwarzen Regenschirmstock, und damit ging er oft spazieren.

Als nun der lange Winter kam, der längste Winter auf der Welt in Berlin, da wurden die Menschen allmählich böse.

Die Autofahrer *schimpften*, weil die Straßen so glatt waren, daß die Autos ausrutschten. Die Verkehrspolizisten *schimpften*, weil sie immer auf der kalten Straße rumstehen mußten. Die Verkäuferinnen *schimpften*, weil ihre Verkaufsläden so kalt waren. Die Männer von der Müllabfuhr *schimpften*, weil der Schnee gar nicht alle wurde. Der Milchmann *schimpfte*, weil ihm die Milch in den Milchkannen zu Eis gefror. Die Kinder *schimpften*, weil ihnen die Ohren ganz rot gefroren waren, und die Hunde *bellten* vor Wut über die Kälte schon gar nicht mehr, sondern zitterten nur noch und klapperten mit den Zähnen vor Kälte, und das sah auch sehr böse aus.

An einem solchen kalten Schneetag ging Herr Moritz mit seinem blauen Hut spazieren, und er dachte: „Wie böse die Menschen alle sind, es wird höchste Zeit, daß wieder Sommer wird und Blumen wachsen.“

Und als er so durch die schimpfenden Leute in der Markthalle ging, wuchsen ganz schnell und ganz viel Krokusse, Tulpen und Maiglöckchen und Rosen und Nelken, auch Löwenzahn und Margeriten. Er merkte es aber erst gar nicht, und dabei war schon längst sein Hut vom Kopf hochgegangen, weil die Blumen immer mehr wurden und auch immer länger.

Da blieb vor ihm eine Frau stehn und sagte: „Oh, Ihnen wachsen aber schöne Blumen auf dem Kopf!“ „Mir Blumen auf dem Kopf!“ sagte Herr Moritz, „so was gibt es gar nicht!“

„Doch! Schauen Sie hier in das Schaufenster, Sie können sich darin spiegeln. Darf ich eine Blume abpflücken?“

Und Herr Moritz sah im Schaufensterspiegelbild, daß wirklich Blumen auf seinem Kopf wuchsen, bunte und große, vielerlei Art, und er sagte: „Aber bitte, wenn Sie eine wollen...“

Ich möchte gern eine kleine Rose“, sagte die Frau und pflückte sich eine.

„Und ich eine Nelke für meinen Bruder“, sagte ein kleines Mädchen, und Herr Moritz bückte sich, damit das Mädchen ihm auf den Kopf langen konnte. Er brauchte sich aber nicht so sehr tief zu bücken, denn er war etwas kleiner als andere Männer. Und viele Leute kamen und brachen sich Blumen vom Kopf des kleinen Herrn Moritz, und es tat ihm nicht weh, und die Blumen wuchsen immer gleich nach, und es kribbelte so schön am Kopf, als ob ihn jemand freundlich streichelte, und Herr Moritz war froh, daß er den Leuten mitten im kalten Winter Blumen geben konnte. Immer mehr Menschen kamen zusammen und lachten und wunderten sich und brachen sich Blumen vom Kopf des kleinen Herrn Moritz, und keiner, der eine Blume erwischt hatte, sagte an diesem Tag noch ein böses Wort.

Aber da kam auf einmal auch der Polizist Max Kunkel. Max Kunkel war schon seit zehn Jahren in der Markthalle als Markthallenpolizist tätig, aber so was hatte er noch nicht gesehn! Mann mit Blumen auf dem Kopf! Er drängelte sich durch die vielen lauten Menschen, und als er vor dem kleinen Herrn Moritz stand, schrie er: „Wo gibt’s denn so was! Blumen auf dem Kopf, mein Herr! Zeigen Sie doch mal bitte sofort Ihren Personalausweis!“

Und der kleine Herr Moritz suchte und suchte und sagte verzweifelt: „Ich habe ihn doch immer bei mir gehabt, ich hab ihn doch in der Tasche gehabt!“

Und je mehr er suchte, um so mehr verschwanden die Blumen auf seinem Kopf.

„Aha“, sagte der Polizist Max Kunkel, „Blumen auf dem Kopf haben Sie, aber keinen Ausweis in der Tasche!“

Und Herr Moritz suchte immer ängstlicher seinen Ausweis und war ganz rot vor Verlegenheit, und je mehr er suchte – auch im Jackenfutter –, um so mehr schrumpften die Blumen zusammen, und der Hut ging allmählich wieder runter auf den Kopf! In seiner Verzweiflung nahm Herr Moritz seinen Hut ab, und siehe da, unter dem Hut lag in der abgegriffenen Gummihülle der Personalausweis. Aber was noch!? Die Haare waren alle weg! Kein Haar mehr auf dem Kopf hatte der kleine Herr Moritz. Er strich sich verlegen über den kahlen Kopf und setzte dann schnell den Hut drauf.

„Na, da ist ja der Ausweis“, sagte der Polizist Max Kunkel freundlich, „und Blumen haben Sie ja wohl auch nicht mehr auf dem Kopf, wie?!“

„Nein...“, sagte Herr Moritz und steckte schnell seinen Ausweis ein und lief, so schnell man auf den glatten Straßen laufen konnte, nach Hause. Dort stand er lange vor dem Spiegel und sagte zu sich: „Jetzt hast du eine Glatze, Herr Moritz!"

- Woran erkennt man, daß es sich, wie im Titel angesprochen, um ein Märchen handelt?
- Warum kann man hier von einem modernen Märchen sprechen?
- Wie verhalten sich die Menschen in dieser Geschichte? Unterscheide dabei die Personen auf der Straße, Herrn Moritz und Max Kunkel.
- Warum paßt die Geschichte zu unserem Thema „Märchenhaftes – Träume für die Wirklichkeit"?
- Schreibe Max Kunkel einen Brief, in dem du ihm mitteilst, wie du sein Verhalten beurteilst.
- Spielt die Geschichte.

Janosch

Der Tod und der Gänsehirt

Einmal kam der Tod über den Fluß, wo die Welt beginnt. Dort lebte ein armer Hirt, der eine Herde weißer Gänse hütete.
„Du weißt, wer ich bin, Kamerad?" fragte der Tod.
„Ich weiß, du bist der Tod. Ich habe dich auf der anderen Seite hinter dem Fluß oft gesehen."
„Du weißt, daß ich hier bin, um dich zu holen und dich mitzunehmen auf die andere Seite des Flusses."
„Ich weiß. Aber das wird noch lange sein."
„Oder wird nicht lange sein. Sag, fürchtest du dich nicht?"
„Nein", sagte der Hirt. „Ich habe immer über den Fluß geschaut, seit ich hier bin, ich weiß, wie es dort ist."
„Gibt es nichts, was du mitnehmen möchtest?"
„Nichts, denn ich habe nichts."
„Nichts, worauf du hier noch wartest?"
„Nichts, denn ich warte auf nichts."
„Dann werde ich jetzt weitergehen und dich auf dem Rückweg holen. Brauchst du noch etwas, wünschst du dir noch was?"
„Brauche nichts, hab' alles", sagte der Hirt. „Ich habe eine Hose und ein Hemd und ein Paar Winterschuhe und eine Mütze. Ich kann Flöte spielen, das macht mich lustig. Meine Gänse verstehen nicht viel von Musik."
Als dann der Tod nach langer Zeit wiederkam, gingen viele hinter ihm her, die er mitgebracht hatte, um sie über den Fluß zu führen. Da war ein Reicher dabei, ein Geizhals, der Zeit seines Lebens wertvolles und wert-

loses Zeug an sich gerafft hatte: Klamotten, auch Gold und Aktien und fünf Häuser mit etlichen Etagen.

Der Mann jammerte und zeterte: „Noch fünf Jahre, nur noch fünf Jahre hätte ich gebraucht, und ich hätte noch fünf Häuser mehr gehabt. So ein Unglück, so ein Unglück verfluchtes!“ Das war schlimm für ihn.

Ein Rennfahrer war unter ihnen, der Zeit seines Lebens trainiert hatte, um den großen Preis zu gewinnen. Fünf Minuten hätte er noch gebraucht bis zum Sieg. Da erwischte ihn der Tod.

Ein Berühmter war dabei, dem ein Orden gefehlt hatte, nur ein einziger Orden, für den er Jahre aufgewendet hatte, da holte ihn der Bruder Tod. Das war schlimm für ihn.

Dann war da ein junger Mensch, der hatte an seiner Braut gehangen, denn sie waren ein Liebespaar gewesen, und keiner konnte ohne den anderen leben.

Ein schönes Fräulein war dabei mit langen Haaren. Und viele Reiche, die

jetzt nichts mehr besaßen, und noch mehr Arme, die jetzt auch nicht das besaßen, was sie gerne hätten haben wollen.
Ein alter Mann war freiwillig mitgegangen. Aber auch er war nicht froh, denn siebzig Jahre waren vergangen, ohne daß er das bekommen hatte, was er hatte haben wollen. Schlimm für sie alle.
Als sie an den Fluß kamen, wo die Welt aufhört, saß dort der Hirt. Und als der Tod ihm die Hand auf die Schulter legte, stand er auf, ging mit über den Fluß, als wäre nichts, und die andere Seite hinter dem Fluß war ihm nicht fremd. Er hatte Zeit genug gehabt, hinüberzuschauen, er kannte sich hier aus, und die Töne waren noch da, die er immer auf der Flöte gespielt hatte; er war sehr fröhlich. Das war schön für ihn.
Was mit den Gänsen geschah? Ein neuer Hirt kam.

- Auch dieser Text ist ein modernes Märchen. Suche dafür Belege im Text.
- Beschreibe die Eigenschaften und Verhaltensweisen des Gänsehirten und der anderen Personen. Fertige eine Übersicht an.

der Gänsehirt	die anderen Personen

- Warum hat der Gänsehirt keine Angst vor dem Tod?
- Was ist mit dem Fluß gemeint, und was bedeutet es deiner Meinung nach, wenn der Gänsehirt sagt: „Ich habe immer über den Fluß geschaut...“?

Die Geschichte „Der Tod und der Gänsehirt“ stammt aus einer Märchensammlung des Kinderbuchautors Janosch. Janosch erzählt darin die Märchen der Brüder Grimm auf seine Weise neu.

- Besorgt euch das Buch von Janosch und eine Märchensammlung der Brüder Grimm aus der Bücherei. In einer „Märchenstunde“ könnt ihr dann die ursprünglichen Fassungen und die Veränderungen gegenüberstellen.

Brüder Grimm

Die Sterntaler

Es war einmal ein kleines Mädchen, dem waren Vater und Mutter gestorben, und es war so arm, daß es kein Kämmerchen mehr hatte, darin zu wohnen, und kein Bettchen mehr, darin zu schlafen, und endlich gar nichts mehr als die Kleider auf dem Leib und das Stücklein Brot in der Hand, das ihm ein mitleidiges Herz geschenkt hatte. Es war aber gut und fromm. Und weil es so von aller Welt verlassen war, ging es, im Vertrauen auf den lieben Gott, hinaus ins Feld. Da begegnete ihm ein armer Mann, der sprach: „Ach, gib mir etwas zu essen, ich bin so hungrig." Es reichte ihm das ganze Stückchen Brot und sagte: „Gott segne dir's!" und ging weiter. Da kam ein Kind, das jammerte und sprach: „Es friert mich so an meinem Kopfe, schenk' mir etwas, womit ich ihn bedecken kann." Da tat es seine Mütze ab und gab sie ihm. Und als es noch eine Weile gegangen war, kam wieder ein Kind und hatte kein Leibchen an und fror, da gab es ihm seins; und noch weiter, da bat eins um ein Röcklein, das gab es auch von sich. Endlich gelangte es in einen Wald, und es war schon dunkel geworden, da kam noch eins und bat um ein Hemdlein, und das fromme Mädchen dachte: „Es ist dunkle Nacht, da sieht dich niemand, du kannst wohl dein Hemdlein weggeben", und zog das Hemd ab und gab es auch noch hin. Und wie es so stand und gar nichts mehr hatte, fielen auf einmal die Sterne vom Himmel und waren lauter harte blanke Taler, und ob es gleich sein Hemdlein weggegeben, so hatte es ein neues an, und das war vom allerfeinsten Linnen. Da sammelte es sich die Taler hinein und war reich für sein Lebtag.

Märchen dieser Art sind viele hundert Jahre alt. Entstanden sind sie im einfachen Volk, das vielfach sehr arm war. Vor allem in den Wintermonaten erzählten sich die Erwachsenen diese Geschichten, um sich zu unterhalten. In den Märchen drückten die Menschen jedoch auch ihre Wünsche aus, die in der Wirklichkeit nicht erfüllt werden konnten.

- Gib den Inhalt des Märchens wieder, und überlege, wie man den Text gliedern kann.
- In welcher Situation befindet sich das Mädchen, und wie verhält es sich?
- Wie kommt es zu der Belohnung des Mädchens?
- Welche Wünsche der Menschen, die sich dieses Märchen erzählt haben, werden deiner Meinung nach deutlich?
- Suche andere Märchen, in die Menschen ihre Wünsche hineingelegt haben, und erzähle sie.
- Schreibe selbst ein Märchen, in dem du die Hauptrolle spielst. Du kannst dabei von folgender Situation ausgehen: Auf dem Schulweg oder bei einem Spaziergang begegnet dir eine Fee, die dir drei Wünsche zu erfüllen verspricht. Es bleibt dir überlassen, ob du eher ein übliches, traditionelles oder ein modernes Märchen schreibst.

„Gib mir Brot, sonst sterbe ich“ – Wünsche und Wirklichkeiten

Verfasser unbekannt

Das hungernde Kind

„Mutter, ach Mutter, es hungert mich,
Gib mir Brot, sonst sterbe ich.“
„Warte nur, mein liebes Kind,
Morgen wollen wir ackern geschwind.“
Als das Feld geackert war,
Schreit das Kind noch immerdar.

„Mutter, ach Mutter, es hungert mich,
Gib mir Brot, sonst sterbe ich.“
„Warte nur, mein liebes Kind,
Morgen wollen wir säen geschwind.“
Als das Feld gesäet war,
Schreit das Kind noch immerdar.

„Mutter, ach Mutter, es hungert mich,
Gib mir Brot, sonst sterbe ich.“
„Warte nur, mein liebes Kind,
Morgen wollen wir eggen geschwind.“
Als das Feld geegget war,
Schreit das Kind noch immerdar.

„Mutter, ach Mutter, es hungert mich,
Gib mir Brot, sonst sterbe ich.“
„Warte nur, mein liebes Kind,
Morgen wollen wir jäten geschwind.“
Als das Feld gejätet war,
Schreit das Kind noch immerdar.

„Mutter, ach Mutter, es hungert mich,
Gib mir Brot, sonst sterbe ich.“
„Warte nur, mein liebes Kind,
Morgen wollen wir schneiden geschwind.“
Als das Feld geschnitten war,
Schreit das Kind noch immerdar.

„Mutter, ach Mutter, es hungert mich,
Gib mir Brot, sonst sterbe ich.“
„Warte nur, mein liebes Kind,
Morgen wollen wir dreschen geschwind.“
Als das Korn gedroschen war,
Schreit das Kind noch immerdar.

„Mutter, ach Mutter, es hungert mich,
Gib mir Brot, sonst sterbe ich."
„Warte nur, mein liebes Kind,
Morgen wollen wir mahlen geschwind."
Als das Korn gemahlen war,
Schreit das Kind noch immerdar.

„Mutter, ach Mutter, es hungert mich,
Gib mir Brot, sonst sterbe ich."
„Warte nur, mein liebes Kind,
Morgen wollen wir backen geschwind."
Als das Brot gebacken war,
Liegt das Kind auf der Totenbahr.

Bei diesem Text handelt es sich um eine Ballade. Balladen sind Gedichte, in denen eine Handlung dargestellt wird und in denen Menschen sprechen. Auch diese Geschichte kannst du erzählen (mündlich oder schriftlich).

- Jede Strophe ist gleich aufgebaut. Beschreibe diesen Aufbau, und erkläre, was er bewirken soll. Was ändert sich jeweils in den Strophen?
- Lest die Ballade mit verteilten Rollen (Kind, Mutter, Sprecher).
- Vergleicht die Ballade mit dem Märchen „Die Sterntaler" von den Brüdern Grimm. Welche inhaltlichen Gemeinsamkeiten und Unterschiede gibt es?

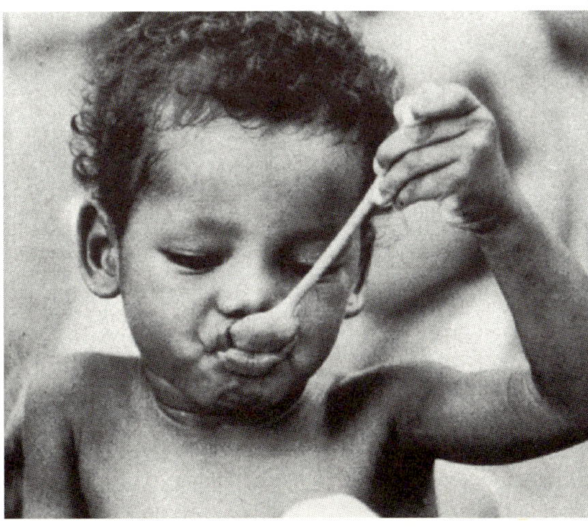

Bertolt Brecht

Über die Berge

Über die Berge
fliegt der Mensch wie nichts.
Groß sind seine Werke,
doch am Brot für alle, da gebricht's.
Menschenskind!
Daß nicht alle satt sind!

Über Kontinente
spricht der Mensch von Haus zu Haus.
Hunderttausend Hände
strecken sich zueinander aus.
Menschenskind!
Wenn sie erst beisammen sind!

Hannes Wader

Traum vom Frieden

Ich sah heut nacht im Traum vor mir
Ein endlos weites Feld
Millionen Menschen sah ich dort
Aus allen Ländern der Welt
Ich sah im Traum die ganze Menschheit
Einig und befreit
Von Folter, Haß und Völkermord
Für jetzt und alle Zeit

Ich sah im Traum dies Menschenheer
Bewaffnet wie zur Schlacht
In dichten Reihen aufgestellt
Um einen tiefen Schacht
Und auf ein Zeichen warfen sie
All ihre Waffen ab
Granaten, Bomben stürzten
Tausend Meter tief hinab

Bald war der Schacht gefüllt
Mit Kriegsmaschinen bis zum Rand
Und Menschen aller Rassen
Standen lachend Hand in Hand
Wohl jeder träumt den Traum vom Frieden
Und es kommt die Zeit
Dann wird wie jeder Menschheitstraum
Der Frieden Wirklichkeit

Josef Reding

Friede

„Bloß keinen Zank
und keinen Streit!"
Das heißt auf englisch
ganz einfach
PEACE
und auf französisch
PAIX
und auf russisch
MIR
und auf hebräisch
SHALOM
und auf deutsch

FRIEDE
oder:
„Du, komm,
laß uns zusammen spielen,
zusammen sprechen,
zusammen singen,
zusammen essen,
zusammen trinken
und zusammen
leben,
damit wir
leben."

Constanze Fischer: Sommer

Erika Krause-Gebauer

Ich träume mir ein Land

Ich träume mir ein Land,
da wachsen tausend Bäume,
da gibt es Blumen, Wiesen, Sand
und keine engen Räume.
Und Nachbarn gibt's, die freundlich sind,
und alle haben Kinder,
genauso wild wie du und ich,
nicht mehr und auch nicht minder.

Ich träume mir ein Land,
da wachsen tausend Hecken,
da gibt es Felsen, Büsche, Strand
und kleine, dunkle Ecken.
Und Nachbarn gibt's, die lustig sind,
und alle feiern Feste,
genauso schön wie deins und meins,
und keines ist das beste.

Ich träume mir ein Land,
da wachsen tausend Bilder,
da gibt es Rot und Grün am Rand
und viele bunte Schilder.
Und Nachbarn gibt's, die langsam sind,
und alles dauert lange,
genauso wie bei dir und mir,
und keinem wird dort bange.

- Was haben diese Gedichte gemeinsam? Was ist unterschiedlich? Vergleiche ihren Inhalt, ihre Form, ihre Aussage. Sprecht darüber, was die Autoren ablehnen, was sie sich wünschen und wozu sie auffordern.

● Ihr könnt eine Text-/Bildcollage anfertigen, in der ihr die Zustände, die die Autoren kritisieren, den Wünschen, die in den Gedichten geäußert werden, gegenüberstellt. Sammelt zu diesem Zweck passende kleine Texte, Überschriften und Abbildungen aus Tageszeitungen, Zeitschriften oder Illustrierten.

In den Texten zuvor hast du bereits mehrfach erfahren, daß Menschen ihre Phantasie einsetzen, um über schwierige Situationen hinwegzukommen. Das ist bei Menaseh der Fall, der nach seinem Traum wieder fröhlich ist, aber auch bei dem Gänsehirten, der zu Lebzeiten bereits an den Tod gedacht hat, oder bei den Menschen, die sich früher Märchen erzählt haben.
Das Buch, dessen Vorderseite du hier siehst, ist von Kindern und Jugendlichen verfaßt worden, die zum Zeitpunkt der Entstehung an einer schweren Krankheit litten.

Zwei Gedichte eines Jungen mit Namen Felix werden hier vorgestellt.

Absage

Oh diese Welt
wie ist sie doch so oft trüb
wenn man den Schmerze grad empfindet
und enttäuscht in sich zusammensinkt
weil man das, was man dachte
oder sich wünschte
nicht bekam
und sich unermeßlich sehnt
nach Glück, nach Heiterkeit
Und doch – man kriegt es nicht
und kann es nicht kriegen
weil das Herz einem zu schwer
weil die Gedanken viel zu weit
viel zu traurig
viel zu einsam
Oh, diese Welt
wenn sie in sich zusammenfällt
wie ist sie doch
so übel
so schrecklich
so einsam
vorher freut man sich
und erhofft sich
ein besonderes Vergnügen
– und jetzt ist einem abgesagt

Träume

Träume die gehen
und in meinem Herzen
doch immer bestehen
die ich erhoffe
mir zur Wirklichkeit
Aus Träumen werden Wünsche
und aus Wünschen Träume
nur ein Unterschied
den Wunsch kann man kriegen
den Traum so leicht nicht
den träumt man
nachts als auch tags
Dann fliegt er fort
auch wenn man ihn mag
doch kommt er wieder
wenn du es willst
sooft du willst
denn er ist von dir

Der Kliniklehrer von Felix berichtet folgendes über die Entstehung dieser Gedichte:

Felix war 11 Jahre alt und schon einige Wochen in der Klinik. Lange hatte ich mir überlegt, was ich mit Felix im Schulunterricht machen könnte. Wir hatten gerade ein ganzes Abenteuerbuch zusammen ausgelesen, besser gesagt: Ich hatte ihm zwei Wochen lang Stunde für Stunde vorgelesen. Doch kamen mir Zweifel, ob es meine Aufgabe als Klinik-Lehrer sein kann, „Vorleseonkel" zu spielen. Aber was dann? Zu Mathe hatte Felix überhaupt keine Lust. Und ich, ehrlich gesagt, auch nicht. Was sollte er auch mit den unnützen Rechnereien, die ihm ohnehin sehr schwer fielen, anfangen? Gäbe es nicht etwas Schöneres, was seinen Fähigkeiten mehr entspräche, ihm Freude macht und für sein Leben sinnvoll ist? So stand ich nun an seinem Bett und hatte unterm Arm einige Bücher von Wilhelm Busch, Christian Morgenstern, Erich Fried...
Gedichte, dachte ich mir, könnten ihn interessieren, und ich wollte ihm in dieser Unterrichtsstunde erklären, daß es verschiedene – gereimte und nicht gereimte – Gedichte gibt. Und vielleicht könnte ich Felix sogar dazu bringen („motivieren" sagen wir Lehrer), selbst etwas zu „dichten"...?
Doch „motivieren" brauchte ich Felix überhaupt nicht. Denn kaum hatte ich ihm gesagt, daß ich gerne mit ihm Gedichte behandeln würde, erwiderte Felix schon: „Ich dichte manchmal auch." Erstaunt fragte ich nach, ob er mir ein paar Gedichte von sich zeigen könne. „Nein, ich hab mir die Gedichte nur im Kopf ausgedacht. Manchmal lieg ich einfach so da und dicht mir was", erklärte er mir in seinem österreichischen Dialekt. „Ist das in besonderen Situationen oder aus bestimmten Anlässen?" fragte ich nach. Felix schwieg. Hatte ich zuviel gefragt? Wollte er mir nicht so viel von sich persönlich anvertrauen?
So erzählte ich erst einmal von mir, daß ich auch schon Gedichte geschrieben habe: In einer Zeit, in der es mir schlecht ging – und ich sagte ihm auch, warum ich damals sehr traurig war. Felix hörte aufmerksam zu, verstand mich und erzählte nun auch von sich:

„Neulich hab ich mir ein Gedicht ausgedacht, da war ich ziemlich verzweifelt.“ Und er nannte mir den Grund.

„Willst Du das Gedicht nicht aufschreiben?“ fragte ich.

Felix zögerte wieder. Schreiben war auch nicht gerade seine Lieblingsbeschäftigung. „Das strengt mich so arg an“, meinte er deshalb.

„Magst Du mir vielleicht das Gedicht diktieren?“ fragte ich. „Dann hol ich schnell meine Schreibmaschine her.“

Als Felix zustimmte, war ich erleichtert. Im Nu saß ich wieder neben ihm.

Und nun diktierte mir Felix das Gedicht „Absage“, Zeile für Zeile, ohne zu stocken, ohne sich einmal zu verbessern, so als stünde es Wort für Wort in seinem Kopf.

Ich war bewegt davon, daß mir Felix sein Innerstes gezeigt hatte und hoffte, daß er mir noch weitere Gedichte anvertrauen würde.

Am nächsten Tag brachte ich Felix zwei meiner Gedichte mit; eines drückte meine Angst vor der atomaren Bedrohung aus, das andere war ein Liebesgedicht. Ich wollte mich ihm damit ebenso anvertrauen, so offen zeigen, wie er es mir gegenüber getan hatte. Felix zeigte sich berührt von meinem Liebesgedicht.

Unvermittelt sagte er: „Schreib!“ Die Schreibmaschine hatte ich diesmal schon auf den Knien, und was dann folgte, ist das schönste Geschenk, das mir Felix hinterlassen hat – zwei seiner schönsten Gedichte: „Träume“ und „Ich träume“.

Aufgrund seiner Krankheit war Felix gezwungen, häufig ruhig zu liegen. Wahrscheinlich sind in diesen Zeiten seine Gedichte, von denen ein weiteres in dem Buch abgedruckt ist, entstanden. Mit 11 Jahren ist er in die Tübinger Kinderklinik gekommen. Ein Jahr später ist er an den Folgen seiner Krankheit gestorben. Für alle, die ihn gekannt und gern gehabt haben, lebt er in seinen Gedichten weiter.

Zu dem Buch „Tränen im Regenbogen“ äußern sich die Kinder- und Jugendbuchautoren Christine Nöstlinger und Peter Härtling und die Politikerin Petra Kelly folgendermaßen:

Zwei Wochen lag das Manuskript auf meinem Schreibtisch, bis ich es schaffte, darin zu lesen. Ich hatte Angst davor. Jetzt weiß ich, daß das dumm war. Traurig sein und trostlos sein ist zweierlei. Die Geschichten sind keine Angst-Geschichten, sie sind Mut-Geschichten. Ich wünsche dem Buch einen guten Platz in jeder Kinder-Bücherei, weil ich ganz sicher bin, daß es allen Kindern, auch den „pumperlgesunden“, ein bißchen helfen kann, das Leben zu verstehen.

(Christine Nöstlinger)

Dieses Buch redet auf mich ein, und ich kann ihm antworten. Es verletzt mich, bringt mich auf, hilft mir atmen, macht mich froh. Die Stimmen, Stimmen von Kindern, sind mir vertraut. Manchmal gehe ich in Kliniken,

lese vor, unterhalte mich mit den Kindern, spiele mit ihnen – und wenn ich mich verabschiede, bin ich (oft) geschafft und habe viel gelernt. Leben gelernt. Und wie man auf Anfänge setzt und sie – gefährdet und angefochten – nie verschenkt.
Ich wünsche mir, daß viele Leser (und keineswegs nur kranke Kinder, Ärzte, Schwestern, Eltern) unter diesem Regenbogen anhalten, innehalten, die Tränentropfen spüren, nachdenken und lachen und dabei zornig sind und liebevoll. So, wie die Kinder aus der Tübinger Klinik.

(Peter Härtling)

„Tränen im Regenbogen" ist ein so weises und liebevolles Buch – ein Buch voller Wunder – wertvoller Lesestoff für uns Erwachsene, die den Regenbogen nicht mehr finden oder ihn nicht einmal mehr suchen. Dieses Buch ist auch Lesestoff für PolitikerInnen, die vor lauter angeblichem Sachzwang-Denken in der Gesundheitspolitik die Welt der kranken Kinder nicht begreifen und allzuoft leider kleinmütige, herzlose Entscheidungen in diesem Bereich treffen.
Ich danke allen Kindern für ihre so ehrlichen Beiträge.

(Petra Kelly)

Jutta Richter

Abends, wenn du schläfst

Abends, wenn du schläfst
und es ist ganz still im Haus,
abends, wenn du schläfst,
denk ich mir dein Leben aus.

Und ich denke, was du brauchst,
kann so viel nicht sein,
Bett und Tisch und Brot und Haus,
Bäume, Sonnenschein.

Nicht die ganze Welt,
nur die Mächtigen streiten sich,
und für ihren Krieg
wollen sie dann dich.

Sage ihnen, was du brauchst,
muß so viel nicht sein.
Lämmer, Löwen, du und ich
wollen Freunde sein.

Friede jedem Herz,
jedem neuen Erdenkind.
Segen dieser Welt,
keine Stürme, sanften Wind.

Das ist alles, was du brauchst,
wachsen und gedeihn,
ist so wenig und so viel.
Tretet dafür ein!

- Wer spricht in diesem Gedicht, wer wird angesprochen? Suche Belege im Text.
- Das Gedicht enthält Aussagen, wie sich die Person die Zukunft vorstellt. Trage sie zusammen, erläutere, worum es im einzelnen geht.

● Schreibe selbst einen Text, in dem es um deine Zukunftsträume und Wünsche geht.

Vorschlag 1: Du hältst vor deiner Klasse eine kleine Rede zu dem Thema: Wie ich mir diese Welt wünsche.

Vorschlag 2: Du gelangst auf einen unbewohnten Planeten und kannst diesen nach deinen Wünschen ausgestalten. Wen nimmst du mit? Wie würdest du dort wohnen? Wie bepflanzt du ihn? Wie vertreibst du dir die Zeit?
Interessant wäre es auch, wenn du dein Traumzimmer genau beschreiben und eventuell eine Zeichnung davon anfertigen würdest.

Es bleibt dir überlassen, ob dein Text eher sachlich, lustig oder spannend ausfällt.

● Mit etwas Phantasie gelingt es euch vielleicht, ein Schloß mit so vielen Zimmern zu zeichnen, wie sich Schülerinnen und Schüler in eurer Klasse befinden. Jeder kann dann seinen Text auf einen Zimmerumriß kleben, und das Wünscheschloß eurer Klasse ist perfekt.

Ein Besuch im Zoo

Informationen einholen und weitergeben

Nachdem die Klasse 5a im ersten Schulhalbjahr die Karl-May-Festspiele besucht hat, faßt sie den Beschluß, im zweiten Halbjahr den Wuppertaler Zoo zu besuchen.
Frau Bertel schlägt vor, daß die Klasse den Ausflug möglichst selbständig plant und vorbereitet.

1. Eine Zugverbindung erkunden

Eine Schülerin erhält den Auftrag, sich telefonisch bei der Reiseauskunft der Deutschen Bundesbahn nach einer günstigen Zugverbindung und dem Gruppenpreis für die Fahrt von Bielefeld nach Wuppertal zu erkundigen.

1. Unter welchem Buchstaben findet sie die Telefonnummer der Reiseauskunft im Telefonbuch?

2. Welche Informationen über die Klassenfahrt sind für die Zugverbindung wichtig, welche sind unbedeutend? Welche Informationen sind wichtig, um den Fahrpreis für eine Gruppe zu erfragen?

So sieht der Fahrplan aus, den die Auskunftsbeamtin oder der Auskunftsbeamte vor sich liegen hat:

Zug							*E* 8518				*E* 8522	*E* 3572	
BD Essen							[6] 🚲				🚲7)	[6]	
Bielefeld Hbf 204 [82] [4]	✕ 6 54			⁝◐7 16			✕ 7 20			⁝ 7 49	8 02	✕ 8 09	
Brackwede 202. 203 [82] [3]	{ 6 57			⁝ |			{ 7 23			⁝ |	8 05	{ 8 13	
Isselhorst-Avenwedde	{ 7 03			⁝ |			{ 7 29			⁝ |	8 11	{ |	
Gütersloh Hbf O	{ 7 07			⁝ |			{ 7 33			⁝ |	8 15	{ 8 22	
Gütersloh Hbf	{ 7 08			⁝ |			{ 7 34			⁝ |	8 15	{ 8 23	
Rheda-Wiedenbrück 207 [4] O	{ 7 13			⁝ |			{ 7 39			⁝ |	8 21	{ 8 31	
Rheda-Wiedenbrück	{ 7 14			⁝ |			{ 7 40			⁝ |	8 22	{ 8 32	
Oelde	{ 7 22			⁝ |			{ 7 48			⁝ |	8 28	{ nach	
Neubeckum	{ 7 28			⁝ |			{ 7 54			⁝ |	8 35	{ Münster	
Ahlen (Westf)	{ 7 35			⁝ |			{ 8 01			⁝ |	8 41	{	
Heessen	{ 7 41			⁝ |			{ 8 06			⁝ |	8 46	{	
Hamm (Westf) 340 O	✕ 7 47			⁝ 7 52			✕ 8 11			⁝ 8 16	8 52	{	
Hamm (Westf) 280	*7 52*			⁝ |			✕ |			*8 23*		{ |	
Münster (Westf) Hbf O	*8 22*			⁝ |			{ |			*8 48*		✕ 9 42	
Hamm (Westf) 300				⁝◐7 58			{ 8 22			⁝ 8 18			
Dortmund Hbf 300. 301 O				⁝ 8 18			✕ 8 49			⁝ 8 33			
Essen Hbf O				⁝ 8 44						♦ *8 59*			
Hamm (Westf) 400				⁝ |			*8 30*			|			
Hagen Hbf O				⁝ |			*9 03*			⁝ 8 59			
Wuppertal-Elberfeld O				⁝ |						⁝ 9 18			
Düsseldorf Hbf 300. 400 O				⁝ 9 16						♦ *9 25*			
Köln Hbf O				⁝ 9 58						⁝ 9 50			
Bonn Hbf 600 O				*10 29*						⁝ 10 18			

Ⓐ = ✕ außer ⑥
Ⓑ = täglich außer ⑥
Ⓒ = ⑥ und †
Ⓕ = ① bis ⑥, nicht 25. XII. bis 1. I., 18. bis 20. IV.
Ⓤ = ✕ außer ⑥, nicht 1. XI., 24., 31. XII.
Ⓥ = ✕, nicht 1. XI.
Ⓦ = ✕ außer ⑥, nicht 24., 31. XII.

[6] = nicht 1. XI.
[82] = Gesamtverkehr siehe 20

🚲7) = an ⑥

Zeichenerklärung

⁝ links neben den Fahrplanzeiten = ***ICE*** mit besonderem Fahrpreis sowie **zuschlagpflichtige *EC, IC, IR, FD, D*** und ***M***

E ***Eilzug***

ohne Buchstaben: **Zug des Nahverkehrs**

{ links neben den Fahrplanzeiten: verkehrt n i c h t t ä g l i c h oder n u r w ä h r e n d e i n e s b e s t i m m t e n Z e i t a b s c h n i t t e s

✕ an Werktagen;

♦ bei Anschlußangaben: ***EC/IC*** (***EuroCity/InterCity;*** Zuschlag grundsätzlich erforderlich)

🚲 Zug führt Gepäckabteil

[6], [7]... Übergangszeiten von 6, 7 ... Minuten (siehe „Kurze Hinweise für unsere Fahrgäste")

O in der Bahnhofs- oder Fahrzeitspalte: Ankunft

3 Sucht eine Zugverbindung für die Klasse heraus. Informiert euch vorher aber in der Legende (Zeichenerklärung) über die Bedeutung der Zeichen und Abkürzungen.
Was könnte Reisenden alles passieren, wenn sie die Zeichen nicht kennen?

4 „Spielt" das Telefongespräch in der Klasse.

2. Informationen über den Zoo einholen

Es gibt zwei Möglichkeiten, einen Besuch im Zoo durchzuführen: Ihr könnt einfach hinfahren und euch überraschen lassen, welche Tiere dort zu sehen sind. Ihr könnt euch aber auch vor dem Besuch Informationen über den Zoo und über Tiere, die euch interessieren, verschaffen.

1 Welche Vorteile bietet die zweite Möglichkeit?

Die Klasse 5a hat beschlossen, einen Brief an den Wuppertaler Zoo zu schreiben und darin um die Zusendung von Kurzführern mit Lageplänen der Gehege zu bitten.
Frau Bertel erklärt der Klasse, wie man einen Brief an ein Amt, eine Behörde oder eine Institution wie den Zoo schreibt.

2 Wodurch unterscheidet sich die Form dieses Briefes von einem privaten Brief an einen Freund oder eine Freundin? Erklärt, wozu die zusätzlichen Angaben im Briefkopf dienen.

3 Formuliert den Brief mit der Bitte. Achtet auf die Schlußformulierung, auch hier ist ein Unterschied zu einem privaten Brief.

ACHTUNG: In einem Brief werden die Anredepronomen „Du“, „Sie“, „Dir“, „Deine“, „Eure“, „Ihre“, „Ihnen“ groß geschrieben!

3. Einen Lageplan als Orientierungshilfe nutzen

Einige Tage nach Absenden des Briefes bekommt die Klasse die gewünschten Lagepläne zugeschickt.
Wenn ihr euch den Lageplan anschaut, werdet ihr feststellen, daß es nicht so einfach ist, sich damit zurechtzufinden.

1 Sucht zuerst einmal die Nummer des Geheges der Eisbären aus der Planerläuterung heraus, und sucht dann die Lage des Geheges auf dem Plan.

2 Stellt euch vor, ein Zoobesucher fragt euch am Haupteingang, wie er zu den Eisbären kommt. Beschreibt dem Besucher den Weg. Beachtet dazu die folgende Information zur Wegbeschreibung.

Für eine Wegbeschreibung ist es wichtig, neben den Richtungsangaben „rechts“, „links“ und „geradeaus“ auch markante Punkte anzugeben, die bei der Orientierung helfen.

Auf dem Weg zu den Eisbären sind z.B. solche markanten Punkte: die Zoogaststätte, die Flamingo- und die Ara-Anlage und das Seelöwenbecken.
Für eine Wegbeschreibung in einer Stadt können solche markanten Punkte z.B. auffällige Gebäude, Telefonzellen u.ä. sein.

3 Stellt euch gegenseitig die Aufgabe, den Weg vom Haupteingang zu einem bestimmten Gehege zu beschreiben.

4 Bildet Gruppen, und einigt euch auf einen Rundgang mit fünf Gehegen, bei denen ihr länger verweilen wollt, um die Tiere genau zu beobachten.
Beschreibt dann euren Mitschülern den Weg eures Rundgangs, der am Haupteingang beginnen und enden soll.
Beachtet, was ihr über die Wegbeschreibung gelernt habt.

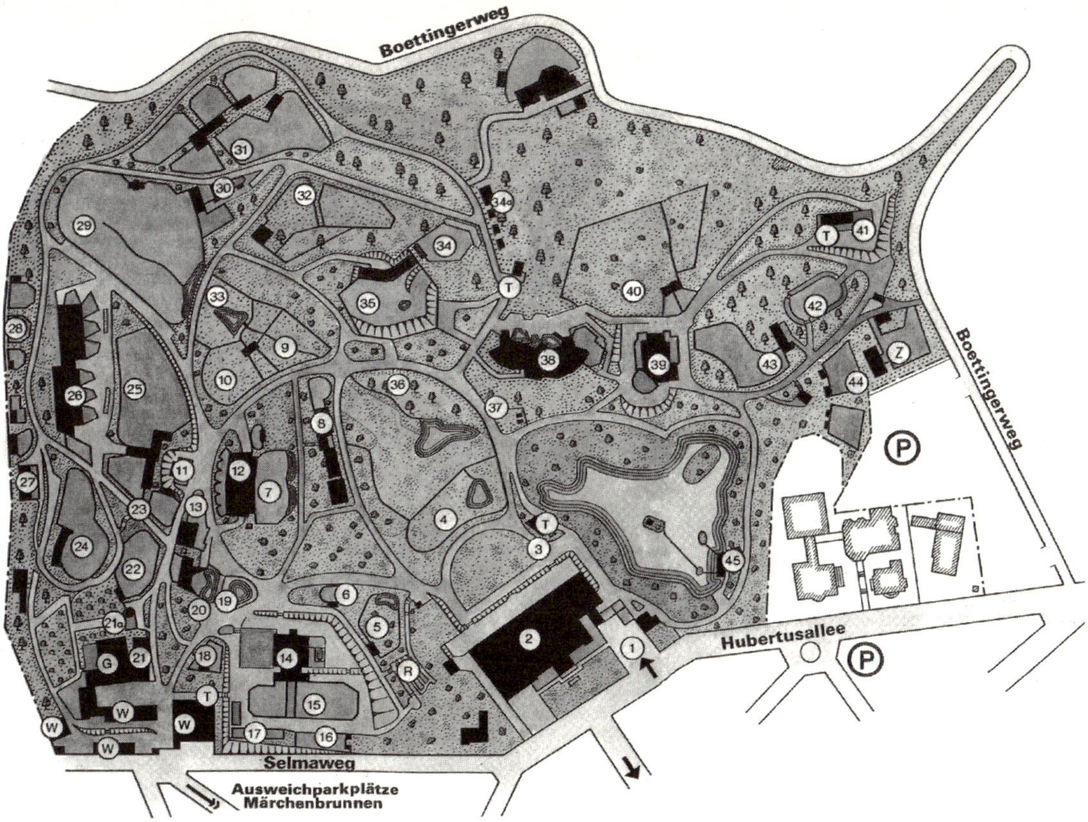

Planerläuterung

1. Zooeingang, Kassen, Verwaltung
2. Zoogaststätte mit Terrasse
3. Musikmuschel
4. Wassergeflügelanlage
5. Flamingos
R Rosengarten
6. Ara-Anlage
7. Storchengehege
8. Überwinterungshaus, Eulen, Pudus
9. Klunkerkraniche
10. Darwinnandus
11. Ibisse, Löffler
12. Vogelhaus
13. Pinguinanlage
14. Elefantenhaus
15. Alpakas, Ziegen
16. Geparden
17. Mönchsgeier, Harpyien, Uhus
18. Vierhornschafe
19. Seelöwen, Kurzkrallenotter
20. Eisbären
21. Aquarium, Terrarium
21a. Biber
22 Steinböcke
23. Zwergzebus, Bongos
24. Elenantilopen, Zebras
25. Afrikanische Haustiere
26. Großkatzenhaus, Erdmännchen
27. Kleinkatzen, Schneeleoparden, Luchse
28. Greifvogelanlage
29. Bisons, Damhirsche
30. Schweine
31. Wildschafe, Hirsche
32. Weißnackenkraniche, Mandschurenkraniche
33. Pelikane
34. Wölfe
35. Koalabären
36. Kraniche, Wassergeflügel
37. Meerschweinchen, Kaninchen
38. Menschenaffenhaus
39. Affenhaus
40. Kraniche, Waldhunde
41. Waldschänke
42. Kinderspielplatz
Z Zooschule
43. Shetlandponys
44. Geparden
45. Großer Teich, Gibbonanlage
T Toiletten
Behindertentoilette am Menschenaffenhaus

Für Besucher nicht zugänglich

G Gärtnerei
W Wirtschaftsgebäude
Zentrum für die Erhaltung und Erforschung vom Aussterben bedrohter Tierarten

4. Tiere beschreiben und sich über ihre Lebensweise informieren

Zur Vorbereitung auf den Besuch im Zoo übt die Klasse, das Aussehen von Tieren zu beschreiben. Die Schüler haben dazu Fotos von verschiedenen Bärenarten mit in die Schule gebracht.

1. Schaut euch die Fotos genau an, vergleicht das Äußere der drei Bärenarten miteinander, und stellt Gemeinsamkeiten und Unterschiede heraus.
   Achtet dabei auf
   – Körperbau
   – Kopf und Gesicht
   – Pranken und Krallen
   – Fell

2. Entwerft eine Tabelle, in die ihr die wichtigsten äußeren Merkmale der drei Bärenarten eintragt.

3. Wählt eines der Tiere aus, und verfaßt anhand der Merkmale, die ihr in eure Tabelle eingetragen habt, eine ausführliche Beschreibung.
   Stellt euch dabei vor, ihr beschreibt den Bären jemandem, der noch nie so ein Tier gesehen hat.
   Überlegt euch für eure Beschreibung eine sinnvolle Reihenfolge der Merkmale:
   Ihr könnt von dem Gesamteindruck des Tieres ausgehen, ihr könnt aber auch mit einem besonders auffälligen Merkmal beginnen.

Braunbär

Großer Panda

Malaienbär

In Zoologischen Gärten findet ihr an Käfigen und Gehegen oft Informationstafeln, die den Besucher kurz über die Lebensweise der Tiere unterrichten.
Dem folgenden Text aus einem Tierlexikon könnt ihr die wichtigsten Informationen über den europäischen Braunbären (lateinischer Name: ursus arctos) entnehmen.

4 Entwerft mit Hilfe dieser Informationen eine Tafel für einen ausgewachsenen europäischen Braunbären.
Denkt dabei an die Situation eines Zoobesuchers, und verfaßt einen kurzen und möglichst übersichtlichen Informationstext.

Der Braunbär

Der Braunbär ist das größte und schwerste aller Landraubtiere und in rund 30 Unterarten über weite Teile Nordamerikas, Europas und Asiens verbreitet. Die mächtigste Rasse, der Kodiakbär, kann bis zu 300 Zentimeter lang und 750 Kilogramm schwer werden. Die europäischen Braunbären sind beträchtlich kleiner. Ausgewachsene Männchen erreichen eine Länge von 190 bis 220 Zentimeter, der Schwanz mißt 8 bis 10 Zentimeter und das Gewicht beträgt 180 bis 250 Kilogramm. Bären sind Bewohner der Taiga, Tundra, Nadelwäldern, Buschgebieten und Hochebenen bis 3000 Meter Höhe. Wo sie noch einigermaßen ungestört sind, gehen sie tagsüber und in den Dämmerungsstunden auf Futtersuche, in dichter begangenen Gebieten dagegen sind sie weitgehend nachtaktiv geworden.
Alle Braunbären sind ausgesprochene Einzelgänger, die große Territorien bewohnen. Lediglich zur Brunstzeit treffen sich die Geschlechter kurze Zeit, um nachher wieder ihre eigenen Wege zu gehen. Im Herbst suchen sie sich ein gut geschütztes Lager im dichten Holz, in Höhlen und Erdlöchern und verbringen ruhend die kalte Jahreszeit. Im Gegensatz zu den meisten katzen- und hundeartigen Raubtieren sind die Bären ausgesprochene Allesfresser, deren Nahrung überwiegend aus pflanzlicher Kost besteht. Daneben fressen sie alle Tiere, die sie erwischen können, fischen ausgezeichnet und gehen häufig auch an Aas. (...) Die Bärin bringt nach einer sieben- bis achtmonatigen Tragzeit zwei bis drei winzige (300 bis 400 Gramm schwere), blinde und fast haarlose Junge zur Welt, die vollkommen hilflos sind und von der Mutter sorgsam betreut werden. (...) Vier Wochen nach der Geburt öffnen die Jungen ihre Augen. Dann dauert es sechs bis sieben Wochen, bis sie die ersten Gehversuche unternehmen. Im Alter von 2 1/2 bis 3 Monaten beginnen sie mit der Aufnahme fester Nahrung. In Freiheit bleiben sie fast zwei Jahre lang bei ihrer Mutter. (...) Sie können ein Alter von 40 bis 45 Jahren erreichen.

Ein Schüler hat die Aufgabe übernommen, die Klasse über Eisbären zu informieren. Aus der Stadtbibliothek hat er sich mehrere Tierlexika besorgt und dann wichtige Informationen auf Zetteln notiert. Doch dann sind ihm alle Zettel durcheinander geraten.

5 Helft ihm, die Zettel zu ordnen.

6 Schreibt einen Text über Eisbären, in dem alle Informationen enthalten sind. Übernehmt dabei den Wortlaut der Zettel, an manchen Stellen müßt ihr aber das Subjekt oder das Prädikat ergänzen.

7 Überlegt, nach welchen Gesichtspunkten ihr die Einzelinformationen geordnet habt (Gesamterscheinung, Lebensraum...).

Die Jungen werden während der ersten drei Monate nur von Muttermilch ernährt, insgesamt bleiben sie zwei Jahre bei ihrer Mutter

Zehen mit kurzen Schwimmhäuten, Sohlen bis auf die Ballen behaart

Langhaariges, weiß-gelbes Fell mit dicker Unterwolle. dicke Fettschicht als Kälteschutz

Ernähren sich hauptsächlich von Robben, denen sie an den Atemlöchern im Eis auflauern und die sie mit einem Prankenschlag töten.

Speichert vor Wintereinbruch große Fettmassen und kann dann bis zu 1000 kg wiegen

Nach dem Braunbären größte Bärenart, erreicht eine Länge von 2 bis 3 Metern und ein Gewicht von 300 bis 450 Kilogramm

Weitere Nahrungsquellen sind Fische, Vögel, Aas, Beeren und Pflanzen

Leben in der Arktis auf Inseln und im Küstengebiet, immer jedoch in der Nähe des Meeres.

Einzelgänger, Eisbärenanlage im Zoo muß deshalb so gestaltet sein, daß die Bären sich aus den Augen gehen können

Weibchen werfen in einer selbstgegrabenen Schneehöhle 1–2 nur rattengroße Junge, die ca. 500 Gramm wiegen

Über Tiere kann man auch anders schreiben

In seinem Buch „Unsere Nationalparks“ hat der amerikanische Zoologe John Muir seine Erfahrungen mit Braunbären aufgeschrieben.

Der Braunbär – ein Vielfraß

Der Braunbär, vergleichbar dem Mammutbaum unter den Pflanzen, wandert durch den ganzen Park, obwohl wenige Reisende das Vergnügen haben, ihn zu sehen. Er zieht bei jedem Wetter durch die majestätischen Wälder (...), freut sich seiner Kraft, ist überall daheim und lebt in Harmonie mit Bäumen, Felsen und wildem Gestrüpp. Ein glücklicher Bursche! Sein Weg hat ihn (...) meilenweit durch Büsche von unendlicher Vielfalt und Blütenfülle, über Berg und Tal, an Flußufern entlang geführt, erfüllt vom Rauschen der Wasserfälle, durch paradiesisch schöne Parks, in denen man eher auf Engel als auf Bären gefaßt ist.
In diesem glücklichen Land ist er nie vom Hunger bedroht. Das ganze Jahr über ist ihm sein tägliches Brot sicher, denn einige der tausend nahrhaften Arten, die er liebt, sind immer zur rechten Zeit zu haben, in den Bergsimsen aufgereiht wie in den Regalen einer Speisekammer. (...) Außer Granit ist ihm alles Futter. Jeder Baum und jeder Strauch, jedes Kraut trägt mit Früchten und Blüten, mit Blättern und Rinden zu seiner Ernährung bei. Auch alle Tiere, die er erwischen kann – Dachs, Taschenratte, Erdhörnchen, Eidechsen, Schlangen usw., ebenso Ameisen, Wespen, Bienen, alte und junge, zusammen mit ihren Eiern und Larven und Nestern. Knirschend klein zerkaut wandert alles hinunter in den erstaunlichen Magen und verschwindet, als hätte man es ins Feuer geworfen. Welch eine Verdauung! Ein Schaf, ein verwundetes Rotwild oder Schwein verspeist er warm, so geschwind, wie ein Bub eine Buttersemmel ißt. Selbst Fleisch, das einen Monat alt ist, wird noch mit ungeheurem Appetit verzehrt. Nach einem so üppigen Mahl wird das nächste vielleicht aus Erdbeeren und Klee bestehen oder aus Himbeeren mit Pilzen oder Nüssen, aus bitteren Eicheln und Traubenkirschen. Und als fürchte er, es könnte ihm irgendetwas Eßbares entgehen, bricht er in Hütten ein, um Zucker, Dörräpfel, Schinken und dergleichen aufzustöbern. (...)
Er frißt alles, wird aber – außer vom Menschen – nie selbst verspeist, und nur der Mensch ist ein Feind, den er fürchten muß.

8 Vergleicht diesen Text mit dem Lexikonartikel über Braunbären auf Seite 244. Was ist beiden Texten gemeinsam?
Den Unterschied zwischen beiden Texten könnt ihr am besten erfassen, wenn ihr folgendes beachtet:
Wo stellt John Muir Vergleiche an, was will er mit den Vergleichen ausdrücken?
Worin kommt die Bewunderung für die Bären zum Ausdruck? Wo benutzt er Ausdrücke, die man eigentlich nur für Menschen verwendet?

9 Könnte dieser Text auch in einem Lexikon stehen?

5. Ein Haustierzoo im Klassenzimmer

Ihr könnt euch in eurem Klassenzimmer einen „Haustierzoo“ schaffen.

1 Jeder von euch klebt ein Foto seines Tieres auf ein Blatt Papier und verfaßt zu dem Foto eine Beschreibung des Tieres. Bei der Beschreibung solltet ihr auf folgende Fragen achten:
– Wie sieht das Tier aus?
– Was macht das Tier tagsüber, wie sieht sein Schlafplatz aus?
– Was frißt das Tier?
– Was muß man bei der Haltung und Pflege beachten?
– Welche besonderen Gewohnheiten hat es?
Wer kein Haustier hat, kann auch ein Phantasietier erfinden, er muß es aber auch ganz genau beschreiben (und eine Zeichnung anfertigen).

Um eine besonders anschauliche Beschreibung anzufertigen, ist es wichtig, den treffenden Ausdruck zu finden.
Tiere geben zum Beispiel die verschiedensten Laute von sich: Eine Katze miaut, aber wenn sie sich wohlfühlt, dann ■ sie. Ein Hund bellt, aber er kann auch ■?

2 Sammelt weitere Verben, die Laute von Tieren bezeichnen.

Manche Tiere haben eine besondere Art und Weise, sich fortzubewegen: Der Braunbär zum Beispiel bewegt immer die Vorder- und Hinterläufe einer Seite zusammen, dadurch schwankt er hin und her beim Gehen.

3 Sammelt weitere Verben, die eine besondere Art und Weise der Fortbewegung bezeichnen.

In allen Zoos findet ihr an vielen Stellen das Hinweisschild

Leider halten sich aber viele Zoobesucher nicht daran, und oft müssen Tiere sterben, weil sie Futter bekommen haben, das sie nicht vertragen. Manche Zoobesucher werfen sogar Dosen, Nägel, Steine, Geldmünzen u.a. in die Gehege oder Wasserbecken. Die Tiere verschlucken dann diese Gegenstände und sterben elendig daran.

4 Entwerft für euren Haustierzoo ein Schild oder Plakat, das die Besucher eures Zoos eindringlich auffordert, keine Tiere zu füttern und keine Gegenstände in die Gehege zu werfen.

Wenn ihr nun eure Beschreibungen mit den Fotos und das Schild/das Plakat an die Wand hängt, dann habt ihr einen kleinen Haustierzoo im Klassenzimmer!

6. Ein Bär wächst bis zum Dach

„Wie sahen die Jungen aus?“ fragte der Kommissar.

Der Wärter sagte: „Sie trugen blaue Hosen und gelbe Hemden; sie waren so groß –“, und er hielt dabei die Hand über den Tisch.

„Sonst haben Sie keinen Anhaltspunkt?“

„Nein, sonst habe ich keinen Anhaltspunkt“, sagte der Wärter.

Am nächsten Tag stand in der Zeitung unter „Lokales“ mit fettgedruckter Überschrift:

> **Übermütiger Diebstahl im Tiergarten**
>
> Drei Jungen im Alter von 10 bis 12 Jahren gelang es gestern am späten Nachmittag, den im März zur Welt gekommenen Jungbären Puh an sich zu nehmen und zu entführen. Die Täter entkamen über den Zaun zur Flußseite. Nach Aussagen des Wärters trugen die Jungen blaue Hosen und gelbe Hemden. Der Verein für Tierschutz e.V. bittet die Bevölkerung, bei der Suche behilflich zu sein und zweckdienliche Angaben an ihn direkt oder an das nächstgelegene Polizeirevier zu machen.

Alle, die die Notiz gelesen hatten, sahen auf der Straße nach den Jungen aus. Die Jungen klingelten mit ihren verchromten Fahrrädern durch die Stadt, sie standen vor den Schaukästen der Kinos und betrachteten die Cowboy-Plakate, sie lehnten an der Eisdiele an der Mauer und redeten über die PS der Autos und Motorräder; auf den Wiesen, unten am Fluß, spielten sie Fußball, im Vorort legten sie Konservendosen auf die Straßenbahnschienen; sie trugen die Ledermappen zur Schule und die Geigenkästen zur Violinstunde, sie holten Romane von der Leihbibliothek und Kaugummi vom Kiosk, und alle trugen blaue Hosen und gelbe Hemden, und niemand konnte gegen irgendeinen der Jungen eine Anzeige erstatten.

Mungo hatte am Morgen, als die Zeitung durch den Türspalt raschelte, die Zeitung aufgeschlagen und die Notiz entdeckt.

Er ging in sein Zimmer zurück, nahm die Lederhose aus dem Schrank, zog sie an und steckte sein kariertes Hemd in den Bund.

Seine Mutter sagte in der Küche: „Warum ziehst du schon jetzt die Lederhose an? Es ist doch bitter kalt.“

„Gar nicht kalt“, sagte Mungo.

Er trank zwei Tassen Milch, aß Brötchen, und zwei steckte er, als seine Mutter die Bettvorlage vom Balkon klopfte, in die Taschen.

Er lief durch die Straße, klingelte zweimal bei Simson und sah hinauf, bis dessen blonder Kopf oben am Fenster erschien.
„Ich komme gleich!“ rief er von oben.
Als er aus der Tür kam, sagte Mungo: „Hast du die Zeitung gelesen?“
„Warum soll ich Zeitung lesen?“
„Es steht drin. Und wie wir angezogen waren, steht drin.“
„Wie wir angezogen waren –?“
„Blaue Hosen und gelbe Hemden.“
Mungo sah Simson an, und Simson sah an sich hinab: blaue Hosen – gelbes Hemd.
„Zieh dich schleunigst um“, sagte Mungo. – „Und nimm was zu fressen für ihn mit!“ rief er Simson nach.
Manfred wohnte vor der Stadt, in der Siedlung zwischen dem Gaskessel, dem Stadion und dem Rangierbahnhof.
Im letzten Häuschen der Relaisstraße wohnte er bei seiner Mutter, die immer im Bett lag.
Breitbeinig, die Hände in den blauen Hosen, stand er vor dem Zaun.
„Ihr könnt es wohl nicht mehr erwarten, mit ihm zu spielen“, empfing er die beiden.
„Das auch“ sagte Mungo. „Aber zuerst mußt du eine andere Hose und ein anderes Hemd anziehen.“
„Warum?“
„Es steht in der Zeitung: Die Täter trugen blaue Hosen und gelbe Hemden.“
„Los, zieh etwas anderes an“, sagte Simson.
„Ich habe nichts anderes“, sagte Manfred.

Im Schuppen, hinten im Garten, zwischen Holzstapeln, Brettern, einem zersprungenen Faß, einem verrosteten Bettgestell, zwischen Autoreifen, Kübeln und Eimern, dem Kaninchenstall und der verdrahteten Kiste mit den Meerschweinchen hatten sie den kleinen Bären versteckt. Zur Kugel gerollt, lag er auf der Erde. Er äugte zu ihnen herauf, streckte die Tatzen vor und leckte sie mit tiefem Gebrumm. Er erhob sich und trottete zu Mungo, der ihm ein Brötchen vorhielt. Er schnappte danach, doch es fiel ihm zwischen die Tatzen. Er nahm es von der Erde auf, und in zwei, drei Sekunden hatte er es verschlungen.
Mungo gab ihm das zweite Brötchen. Simson zog ein belegtes Brot aus der Tasche, und Manfred brachte eine Schüssel voll Milch aus dem Haus.
Nichts blieb übrig.
Puh, der Bär, reckte und streckte sich. Er gähnte. Er rieb sein dickes, schwarzbraunes Fell am Faß, daß es umfiel. Er kugelte auf den Rücken. Er tappte rückwärts. Er hatte es gern, wenn ihm die Jungen durch das Fell strichen.
Nein, keine anderen Jungen hatten ein schöneres Spielzeug!
Die Tage waren für die drei zu kurz, mit Puh zu balgen, Löwenzahn, Mäuse, Milch und Brötchen für ihn zu besorgen, ihm zuzusehen und zu lachen, bis die Tränen aus den Augen rollten.

Als die Ferien zu Ende gingen, war Puh so groß wie ein Pudel.

Eines Morgens, als Manfred in den Schuppen kam, fand er den Bären, wie er den Draht vom Kaninchenstall riß. Das weiße Kaninchen saß in der hintersten Ecke der Kiste und sah mit ängstlichen Lichtern zu ihm her. Das schwarze Kaninchen war verschwunden.
Manfred nagelte die Lücke zu. Er suchte das schwarze Kaninchen zwischen den Holzstapeln, den Brettern, den Autoreifen, den Kübeln und den Eimern. Er suchte es im Garten und fand es nicht.
Dann sah er den Blutflecken auf der Erde und am Fell des Bären.
Als Mungo und Simson kamen, sagte Manfred: „Er hat das schwarze Kaninchen gefressen!".
„Das kann nicht sein!" sagte Mungo
„Aber wo ist es denn? Hab' ich's vielleicht gefressen?"
„Es ist weggelaufen", sagte Simson.
„Ich habe es überall gesucht."
Puh stieß die Schnauze an Manfreds Bein. Er ließ sich hinterrücks umfallen. Sie lachten alle drei. Sie spielten einen Nachmittag lang mit ihm.
Einmal aber schlug er seine rechte Vordertatze in Mungos Rücken und kratzte mit seinen Klauen sieben rote Risse in die Haut.
Drei Tage später war auch das weiße Kaninchen weg. Die Kiste der Meerschweinchen lag auf der Erde. Der Draht hing zerrissen, und die Meerschweinchen waren verschwunden, bis auf eines, das tot unter Puhs Tatzen lag. Manfred lief zu Simson. Sie liefen zu Mungo, und alle drei liefen sie zurück zum Schuppen, wo der Bär zwischen dem Gerümpel stand. Aufrecht stand er da, fest auf den Hinterbeinen. Er war so groß wie Manfred, der Kleinste der drei, und sie fürchteten sich.
Mungo sagte: „Der wächst bis zum Dach."
„Sicher wächst er bis zum Dach", sagte Simson.
„Darüber hinaus", sagte Manfred.
Und sie wagten nicht mehr, mit ihm zu spielen.
„Wir melden es der Polizei", sagte Manfred.
„Du spinnst", sagte Mungo.
„Da wären wir schön dumm", sagte Simson. „Lieber bringen wir ihn in der Nacht zurück."
„Ich nicht! Nein, ich rühre den Kerl nicht an!" sagte Manfred.
„Nur weil er deine ollen Meerschweinchen verschlungen hat?"
„Und die blöden Kaninchen."
„Ich mag ihn nicht mehr sehen", sagte Manfred.
Mit hängenden Köpfen gingen sie auseinander.

Am nächsten Tag kam Mungo allein. Er brachte ein Stück gebratenes Fleisch mit, das er in hohem Bogen zu Puh hineinwarf.
Bald blieb er auch aus.
Am Abend ließ Manfred die Tür des Schuppens offen. Lange lag er wach und dachte immerfort: Am besten, wenn er wegläuft – am besten, wenn er wegläuft.
In der Nacht blieb alles still.

Und doch war der Bär am Morgen fort.

Manfred ging zur Schule wie jeden Tag.

Die Lehrerin fragte: „Wo entspringt der Rhein?“

Sie kam durch die Reihen vor Manfreds Bank und fragte nochmals: „Manfred, wo entspringt der Rhein?“

Er hörte die Frage erst, als die Lehrerin sie wiederholte und ihm dabei mit den Fingerspitzen an die Brust tippte.

„Woran denkst du schon wieder, Manfred?“

Er fuhr auf. Alle Buben und Mädels hatten die Gesichter zu ihm gedreht.

„Wo der Rhein entspringt, habe ich gefragt!“

„Ich weiß es nicht“, sagte Manfred.

Theo wußte es. Er leierte herunter: „Es gibt einen Vorderrhein und einen Mittelrhein. Sie entspringen am St. Gotthard. Das ist ein Berg in den Alpen. Der St. Gotthard ist 3197 Meter hoch –“

Gegen Abend gingen Fräulein von Osten und Fräulein Lortzing, die Klavierlehrerin, im Stadtpark spazieren.

„Die Astern blühen schon“, sagte Fräulein von Osten.

„Ach, die Astern“, seufzte Fräulein Lortzing. „Astern machen so traurig. Astern bedeuten Herbst.“

„Aber doch nicht für Sie, Gertrude“, sagte Fräulein von Osten.

Unter solchen Gesprächen wandelten sie den Pfad zum Goldfischteich hinab. Wo der Pfad durch die Tannen führt, stand ein Bär. Er hob die Tatzen hoch und sperrte das Maul auf.

Die ältlichen Fräuleins ließen die Handtaschen und Schirme fallen und liefen laut schreiend den Pfad zurück.

„Hilfe! Hilfe! Ein Bär!“

Die Leute, die vor dem Konzertpavillon auf den Bänken saßen, sprangen auf, ihnen entgegen.

„Ein Bär! Ein Bär!“ schrien die Fräuleins grell.

„Aber meine Damen“, sagte ein dicker Herr, „im Stadtpark gibt es doch keine Bären. Sicher war es ein Hund, ein großer, zottiger Hund.“

„Nein, ein Bär“, sagte Fräulein von Osten.

„Ich schwöre, ein Bär", sagte Fräulein Lortzing.

Ein Polizist kam von der Straße herüber. Er sagte: „Es ist schon möglich, daß es ein Bär ist."

Die Fräuleins mußten mit zur Wache gehen. Sie wollten weinen, doch sie hatten keine Taschentücher, in die sie hätten weinen können, deshalb lächelten sie nervös.

Am nächsten Morgen wurde Puh, der Bär, von den Feuerwehrleuten und den Wärtern des Tiergartens eingefangen und in den Zwinger zurückgebracht. Die Bärin beschnupperte ihn von allen Seiten. Sie trottete einige Male um ihn herum, dann legte sie ihre vier Tatzen um Puh, und auch die Schnauze deckte sie noch über ihn.

Wie in einer Wiege lag Puh bei ihr.

Die Mitglieder des Tierschutzvereins und mehr Besucher als sonst kamen, den eingefangenen Bären zu sehen. Sie warfen Brötchen, Bonbons, Äpfel und Bananenstücke hinab. Sie riefen: „Mach bittschön!" Aber es dauerte eine Weile, bis die beiden unten reagierten.

Auch Mungo, Simson und der kleine Manfred kamen in den Tiergarten, den eingefangenen Bären zu sehen.

Als sie sich über die Mauer des Zwingers lehnten, kam der Wärter Greiner von der Seite, blieb stehen, sah die drei an und sagte: „Ihr kommt mir so bekannt vor."

Ihre Gesichter wurden weiß. Sie spannten die Beinmuskeln, wegzulaufen, doch Mungo sagte schlagfertig: „Sicher bekannt. Wir gehen nämlich öfter in den Zoo. Wir haben Tiere gern."

„Vor allem kleine Bären", sagte der Wärter.

„Auch andere Tiere", sagte Mungo.

„Kaninchen und Meerschweinchen", piepste Manfred.

„Hoffentlich habt ihr sie nicht zu gern", sagte der Wärter.

„Nein, das bestimmt nicht", sagte Mungo.

Der Wärter blieb noch ein paar Sekunden stehen, dann ging er weg.

Die drei atmeten wieder.

Sie sahen hinab zu Puh, der die tollsten Späße vollführte.

Aber so sehr sie auch riefen, nicht ein Mal sah er zu ihnen herauf.

Hans Bender

Stellt euch vor, ihr habt als Reporter eurer Schülerzeitung die drei Jungen ausfindig gemacht, die den Bären aus dem Zoo gestohlen haben. Für die Leser eurer Zeitung führt ihr nun ein Interview mit den Jungen: „Wie habt ihr es angestellt, den Bären aus dem Zoo zu entführen?" „Warum habt ihr das getan?"

1 Laßt die Jungen auf die Fragen antworten, sucht dazu die entsprechenden Stellen in der Erzählung.

2 Stellt weitere Fragen (Entscheidungs- und Ergänzungsfragen), die die Leser eurer Zeitung interessieren könnten, und erfindet die entsprechenden Antworten. Die Fragen müssen aber so gestellt sein, daß sich die Antworten aus der Erzählung ergeben.

7. Eins, noch eins und keins mehr – Das Komma bei Aufzählungen

Als Martina aus der Klasse 5a am Abend vom Zoobesuch nach Hause kommt, fragt die Mutter sie, welche Tiere sie denn gesehen hat. Martina berichtet:
„Ich war im Vogelhaus, bei der Pinguinanlage, im Affenhaus, bei den Eisbären und bei den Elefanten."

1 Lies den letzten Satz laut vor. Welche Hilfen geben dir die Kommas beim Lesen des Satzes?
Wie änderst du deine Stimme vor den Kommas, wie vor dem Punkt? Was erfährt der Zuhörer dadurch?

> Aufzählungen werden durch ein Komma getrennt.
> Kein Komma wird gesetzt, wenn „und" oder „oder" zwischen den aufgezählten Wörtern steht.

K K K K Elefanten sind große graue dickhäutige gutmütige gelehrsame Tiere.
K K K K Eisbären fressen Robben Fische Vögel Aas Beeren und Pflanzen.
K K K Affen können gut klettern weit springen lustige Grimassen ziehen die Besucher mit Bananenschalen bewerfen.
Im Zoo darf man nicht: Tiere füttern und Gegenstände in die Gehege
K K werfen über Absperrungen klettern und Raubtiere streicheln Kofferradios mitbringen.
K Beim nächsten Zoobesuch sehe ich mir die Geparden Pelikane oder die Kodiakbären an.

2 Schreibe die Sätze in dein Heft, und ergänze die fehlenden Kommas. Am Rand ist vermerkt, wieviele Kommas in der Zeile gesetzt werden müssen.

Rechtschreibklippen: Konsonanten nach kurz gesprochenen Vokalen

1. Verdopplung von Konsonanten

Auf ihrem Weg durch den Zoo sind die Schülerinnen und Schüler schließlich über eine kleine Brücke am Affenhaus angelangt. Wegen der Hitze und der stickigen Luft setzt sich Lea in eine Ecke und guckt lange einem Gorilla, der über einen Baumstamm zu ihr herabgeklettert ist, fasziniert in die Augen.
Merkwürdig! Plötzlich trägt er die helle Uniformjacke eines Zirkusdirektors und ruft mit donnernder Stimme:
„Hereinspaziert, meine Damen und Herren, in die Arena der Sensationen: Für billige 50 Pfennig erleben sie Dinge, von denen sie eben noch nicht zu träumen wagten. Betrachten sie Agathe, unsere schicke Giraffe mit Mütze, die trotz schlimmer Halsentzündung zwanzig Eimer Kaffee hinunterschüttet, ohne aus den Pantoffeln zu kippen. Und hier schwimmen sieben Wattelöwen, zwei Kartoffelkäfer, fünf Weinbergschnecken und ein dicker Teddybär in einem Suppenteller um die Wette. Schauen sie auf Puna, unsere schnelle Krabbelspinne, die mit ihren krummen Beinen so ungeheuer auf einer Pfanne trommeln kann, daß alle Mülleimer zu tanzen beginnen..."
„Hey, Lea, nun komm endlich, die anderen warten schon auf dich", hört das Mädchen plötzlich verschwommen einen Mitschüler rufen. Verwirrt reibt es sich die Augen und rennt wie der Blitz hinter den anderen her.

1 Schreibt alle Wörter mit doppeltem Konsonanten heraus, und ordnet sie in alphabetischer Reihenfolge.

Folgt auf einen kurzen betonten Vokal ein Konsonant, so wird dieser meist verdoppelt (z.B. Kanne, klettern, billig).

2 Suche möglichst viele Reimwörter.
Sonne, Butter, Tanne, Suppe, rennen, knallen, rollen

3 Bilde zu den Verben jeweils zwei Personalformen.
rennen – ich renne; ihr rennt

4 Bilde aus dem Wortstern so viele Wörter wie möglich.

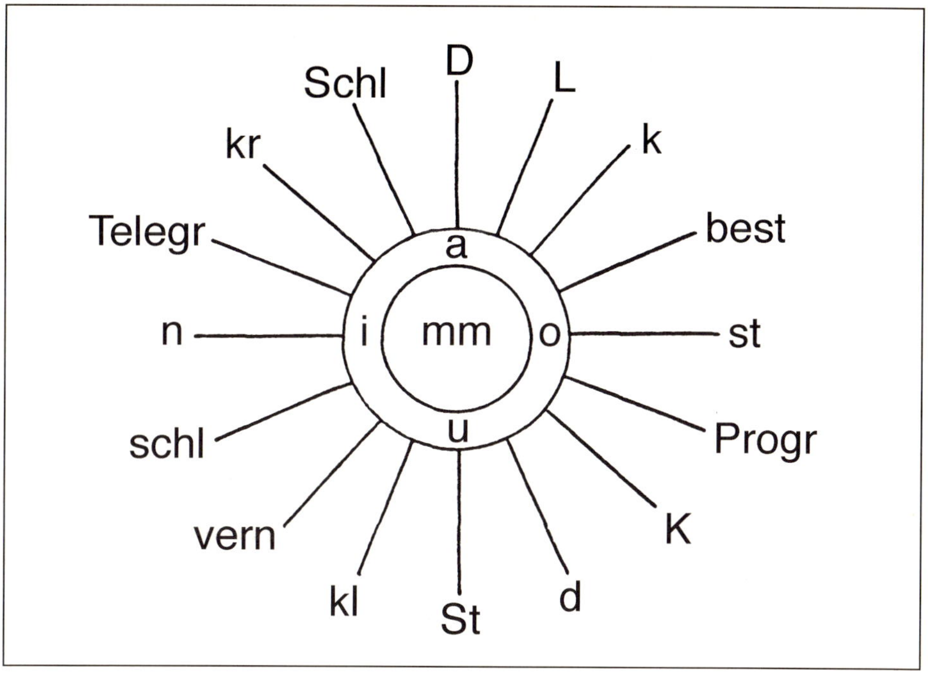

5 Löse das Worträtsel, indem du die Reihenfolge der Buchstaben veränderst.
junge Schafe: MÄLMRE
damit säubert man die Tafel: PANEPL
nicht außen: NENIN
Reifenmaterial: IMUGM
damit ordnet man die Haare: MAKM
Hauptmahlzeit: NIESESGMTAT
Turnübung: ELRLO
nicht getrennt: NEMASUZM
Jahreszeit: ROMSEM

2. Die Laute k und z nach kurzem Vokal

Die Laute k und z werden in deutschen Wörtern nicht verdoppelt, nach kurzem Vokal schreibt man fast immer ck und tz.

1 Lege eine Tabelle an, und schreibe alle Wörter mit ck und tz aus dem Text auf S. 254 heraus.

ck	tz
Brücke	Hitze

2 Schreibe die Wörter in dein Heft, und zeichne ihre Umrisse.

Dackel	setzen
backen	Katze
Stück	benutzen
trocken	Spatz
packen	verdutzt

3 Suche zu den folgenden Verben möglichst viele Nomen/Substantive aus der jeweiligen Wortfamilie.

schlucken – der Schluck,...
schmecken –
hocken –
decken –
spucken –
backen –
drucken –

4 Welche Verben gehören zur gleichen Wortfamilie wie diese Nomen?
Spritzwasser, Sitz, Putzmittel, Kratzbürste, Verletzung, Anspitzer, Schutzmann, Schmutz, Blitz, Benutzer, Hitze

5 Setze die Nomen neu zusammen, so daß lustige Phantasiewörter entstehen (zum Beispiel Blitzbenutzer, Sitzbürste, Hitzeschutzmann...).

Nach l, n, r, das merke ja, steht nie tz und nie ck.

6 Schreibe die folgenden Wörter in dein Heft, und setze k oder z ein.
tan-en, blin-en, Her-, Ban-, Tan-, Plan-e, Win-el, win-en, Fal-e, kur-, wel-en, Schmer-, stol-, Schran-, Bal-en, Mär-, Wal-er, Par-, kür-en, Mar-t, mel-en, star-, schmin-en, wan-en, Wan-en, gan-, kran-, Ker-e, zwan-ig, stür-en, Hol-, Stur-, Ar-t, den-en, tan-en

7 Einige Wörter reimen sich, suche sie heraus, und schreibe sie untereinander. Bilde mit Hilfe der Wörter kleine Verse mit einem Paarreim.

Beispiel: Wenn nachts im Stall die Esel tanzen,
erheben sich sogar die Wanzen.

3. Mehrere Konsonanten nach kurzem Vokal

Wenn nach einem kurzen betonten Vokal zwei verschiedene Konsonanten folgen, wird häufig keiner verdoppelt.

Winter, Lampe, hinten, schenken, Wolke, Mantel, sich wundern, Hund, Wald, hüpfen, hundert, gesund, finden, Elefant, alt, bunt, Felsen, wandern, folgen, Kind, Zirkuszelt, Milch, Moment, Herbst, mancher, Land, Ort, rutschen, Tulpe.

1 Schreibe die Wörter ab, ordne sie dabei in alphabetischer Reihenfolge.

2 Übertrage das Rätsel in dein Heft, und löse es mit Hilfe der Wortliste oben. Von oben nach unten gelesen, ergeben die stark umrandeten Felder das Lösungswort. Es beinhaltet ein Geschehen aus dem Bereich des Sports, dem ein kräftiger Pfiff vorausgeht.

Jahreszeit	□□□□□□
Getränk	□□□□□
bedrohte Tierart	□□□□□□□
Beleuchtung	□□□□□
nicht vorn	□□□□□□
Kleidungsstück	□□□□□□
Gestein	□□□□□□
Kinderbeschäftigung	□□□□□□□□

4. Hier kannst du noch einmal alles üben

Josef Guggenmos
Vorsicht im April!

Ein Ma– mit Namen Bill
saß mal im April
im Park auf einem Rohr,
da hob es ihn e-por:
Zehn Meter, wie der Bli–,
gi-g's hoch auf na–em Si–.
Und da– saß ein für a–emal
Bill oben auf dem Wa–erstrahl.
Aber im Oktober
sagte: „Go–lob!" er.
Da wurde der Spri-gbru–en abgeste–t.
Und Bill gi-g in die weite,
weite,
weite We-t.

1 Schreibe das Gedicht in dein Heft, und setze die fehlenden Buchstaben ein.

Das Mißverständnis

Auf einer Reise durch die Schweiz kam der berühmte französische Dichter Alexandre Dumas in ein kleines Gasthaus. Er wo–te dort zu Mi–ag e–en, sich ein wenig von den Mühen der Fahrt erholen und anschließend die Fahrt fortse–en. Der Gastwirt und seine Frau ko–ten jedoch nur Deutsch, und Dumas' Ke–tni–e der deutschen Sprache waren so geri-g, daß er sich nicht verstä-dlich machen ko–te.
Hu-grig und müde wo–te er nur schne– etwas Gutes e–en und sich da– ausruhen. Da er aber kaum ein Wort Deutsch sprach, zog er kur- entschlo–en ein Stü– Papier aus der Tasche, zeichnete, so gut er ko–te, einen großen Pil- auf das Bla– und zeigte dem Wirt stol- sein Ku-stwerk. Dumas aß nämlich le–ere Pil-gerichte überaus gern, und das Gezeichnete schien eindeutig zu sein.
Der Wirt schaute etwas verdu–t, lächelte dann aber verständnisvo– und verschwa-d. Nach kur-er Zeit erschien er wieder – mit einem ge-ben Regenschirm.

2 Schreibe den Text vollständig in dein Heft.

3 In diesem Kapitel ging es um die Schreibung von Konsonanten nach kurzen betonten Vokalen. Beherrscht du nun diese Rechtschreibklippe? Laß dir als kleinen Test den Eingangstext diktieren.

Rechtschreibklippen – Lang ausgesprochene Vokale mit und ohne Längezeichen

1. Schreibung lang ausgesprochener Vokale: a, e, o, u

An einem, sonnigen Tag unternahm die Klasse 5a einen Ausflug zum Wuppertaler Zoo. Mit dem Zug fuhren die Schüler bis zum Hauptbahnhof Wuppertal, dort stiegen sie um in die Schwebebahn, die zum Zoo fährt. Nachdem die Lehrerin nach dem Weg gefragt hatte, erreichte die Klasse über die Hubertusallee den Haupteingang. Vier Stunden hatten die Schüler nun Zeit, sich die Tiere anzuschauen, um drei Uhr traten sie wieder die Fahrt zu ihrem Wohnort Bielefeld an. Ein paar Schüler kamen zu spät, und um ein Haar hätten sie den Zug verpaßt.

Die unterstrichenen Vokale werden alle lang ausgesprochen, aber auf verschiedene Weise geschrieben.

1 Übernehmt die folgende Tabelle in euer Heft, und ordnet die Wörter nach der Schreibweise der langen Vokale in die Tabelle ein.

lang gesprochene Vokale

a/ä, e, o/ö, u/ü	ah/äh, eh, oh, öh, uh/üh	aa, ee, oo
Tag	unternahm	Zoo

2 Erkläre anhand der Tabelle die Möglichkeiten, einen langen Vokal zu schreiben.
Bei einem Vokal findest du eine Besonderheit.

Tip 3: Seite 74

Um festzustellen, ob ein Vokal lang oder kurz ausgesprochen wird, mußt du deutlich sprechen und genau zuhören.

Sohn – Sonne Wahl – Wall stehlen – stellen Ruhm – Rum
fühlen – füllen Tal – Fall Speer – sperren Ton – Tonne

3 Sprich die Wörter deutlich aus, achte auf den Vokal. Ordne die Wörter mit lang gesprochenem Vokal in die Tabelle von Aufgabe 1. 1 ein.

2. Wörter mit langem Vokal und Dehnungs-h

Kasten 1	Kasten 2	Kasten 3
B-B-b-d-F-f-f-f- H-H-H-h-J-K-K-k- k-L-l-l-M-M-M-M- m-n-R-R-r-S-S-st- st-W-w-Z-z	ah-ah-ah-ah-ah-ah- ah-ah-ah-ah-äh-äh eh-eh-eh-eh-eh-eh- eh-eh oh-oh-oh-oh-oh-oh- oh-oh-öh-öh uh-uh-üh-üh-üh-üh- üh	l-l-l-l-l-l le-le-len-len-len ler n-n-n-n-n-n-n ne-ne-ne-nen-nen- nen m-men r-r-r-re-ren-ren- re-ren

Mit diesen drei Buchstabenkästchen kannst du insgesamt 37 Wörter mit einem Dehnungs-h bilden, wenn du für jedes Wort aus jedem Kasten einen Buchstaben oder eine Buchstabenkombination entnimmst.

Beispiel:

Kasten 1	Kasten2	Kasten 3	
B	ah	n	= Bahn

Wenn du 20 Wörter gefunden hast, kannst du zufrieden sein.

1 Trage die Wörter, die du gefunden hast, in die entsprechenden Spalten der Tabelle von Aufgabe 1. 1 ein.

2 Bilde zusammengesetzte Nomen. Verbinde zunächst ein Wort der linken mit einem Wort der mittleren Spalte (z.B. Deutschlehrer), dann das Wort der mittleren Spalte mit einem passenden der rechten Spalte (z.B. Lehrerzimmer). Verbinde dann alle drei Wörter (Deutschlehrerzimmer).

Ihr könnt beliebige Unsinnswörter kombinieren.

Deutsch
Schlag
Dach
Eisen
Suppen
Wasser

Bahn
Hühner
Rohr
Wohnung
Sahne
Lehrer

Zimmer
Schlüssel
Fahrt
Stall
Zange
Kuchen

Trage alle Wörter in deine Tabelle unter 1.① ein.
Achte auf die richtige Schreibweise der Wörter.

⇒ S. 104 In dem Kapitel „Auf der Wortbaustelle“ habt ihr die Wortfamilie mit dem Wortstamm „fahr/fähr“ kennengelernt.

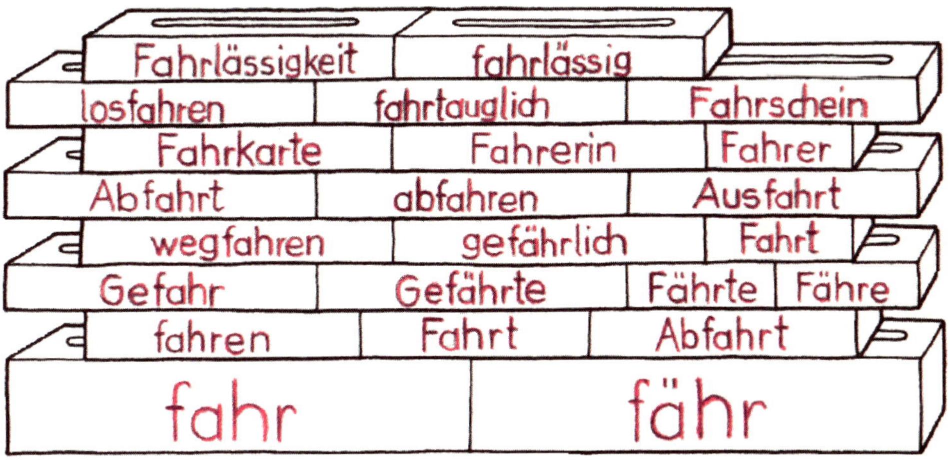

③ Seht euch alle Wörter der Wortfamilie an. Was stellt ihr zu der Schreibweise des langen Vokals fest?

④ Stellt auf die gleiche Weise die Wortfamilien zu den Wortstämmen „zahl/zähl“, „droh“ und „nehm“ zusammen.
Achtet darauf, eure Feststellung aus der vorherigen Aufgabe anzuwenden.

⑤ Erklärt nun die Schreibweise von Diebstahl, Entnahme, Rührteig, Wahl, Zahlkarte, Lohnsteuer.

3. Verdoppelung der Vokale als Längezeichen

1 Löse die folgenden Worträtsel, schreibe die Lösungswörter in dein Heft.

Kl, T, B, S, Sp, Schn, Kaff, F — ee — le, r, t, re

1) Fällt im Winter 2) Getränke (2x)
3) Frucht 4) Pflanze 5) Gewässer
6) Das Innenleben eines Menschen ist seine? 7) Teil des Gartens
8) Wurfgerät 9) Straßenbelag
10) Märchenwesen

S, St, H, P, W — aa — l, r, ge, t

1) Die Bundesrepublik ist ein?
2) zwei, die zusammengehören
3) Gerät zum Wiegen
4) großer Raum
5) Teil des Körpers

Z, M, d, B, M — oo — f, s, t, r

1) sehr kleines Schiff
2) Schimpfwort
3) Tiergarten
4) Gewächs
5) sumpfiges Gelände

B	E	E	R	E	V	C	T	E	E
M	E	H	R	H	A	L	L	E	E
B	U	S	N	R	M	L	X	K	T
L	F	C	S	E	H	R	V	A	Y
E	E	H	C	O	D	R	S	F	T
H	H	N	F	L	G	S	E	F	S
R	L	E	M	E	E	R	E	E	R
E	E	E	K	E	M	N	L	E	P
R	R	A	B	R	K	T	E	Z	B
W	S	E	E	B	F	K	L	E	E

2 In diesem Quadrat sind in waagerechter und senkrechter Richtung Wörter mit ee und eh versteckt (es sind 10 mit ee und 5 mit eh). Sucht die Wörter, und schreibt sie in euer Heft. Achtet auf die Groß- und Kleinschreibung der Wörter.

3 Bildet selber solche Wörterverstecke mit den Längezeichen aa/ah, und oo/oh. Nutzt dafür die Wörter, die ihr bisher in eure Tabelle eingetragen habt.

Hier werden Reimwörter gesucht:

Haar	Zeh	See	Pfahl	Rat	Steg	Fuß	dehnen
.aa.	.e.	.ee	..ah.	.a.	.e.	..u.	.eh...

4 Sucht Reimwörter, und tragt die Reimpärchen in eure Tabelle ein.

5 Erfindet zu jedem Reimpärchen einen lustigen Vers.

Habt ihr es gemerkt? Aus einem Paar wird ein Pärchen!

6 Bildet nach dem gleichen Muster die Verkleinerungsform zu Haar und Boot und den Plural zu Saal. Tragt die Wörter in euer Heft ein.

4. Schreibung des lang gesprochenen i-Lautes

Tip 3: s. S. 75

Wenn du erkennen willst, ob ein Vokal lang oder kurz gesprochen wird, ist es besonders wichtig, deutlich zu sprechen und genau hinzuhören.

Miete bitten Liebe Rinne Riesen bieten immer

1 Lies die Wörter laut und deutlich. Achte dabei auf den i-Laut.
Ordne die Wörter nach langem und kurzem Vokal.

Ein Silbenrätsel

Die vie wie Sie flie der gen ger ho Lie
len be le be

Nicht wenige, aber auch nicht alle	Fortbewegungsart
Einbrecher (Plural)	anderes Wort für Gewinner
Tätigkeit, um Rechtschreibung zu üben	Zuneigung

2 Schreibe die Lösungswörter in dein Heft.
Suche zu einigen Lösungswörtern möglichst viele Reimwörter.

3 Bildet zu den folgenden Verbformen die Vergangenheitsform (Präteritum):
er läuft – er lief
sie laufen, sie ruft, wir rufen, sie schläft, sie schlafen, ich halte, wir halten

Das lang ausgesprochene i wird am häufigsten mit dem Längezeichen ie geschrieben.

Merkwörter

Ausnahmen sind z.B. Wörter, die aus einer anderen Sprache übernommen sind und die du dir merken mußt:
Maschine, Routine, Apfelsine, Margarine, Igel, Tiger, Klima, lila, Musik, Kino, Krokodil, Gardine, Benzin.

4 Ordnet die Wörter nach dem Alphabet, und schreibt sie in euer Heft.

5 Macht mit diesen Wörtern ein Worträtsel.
Beispiel: Südfrucht □□□□□□□□□

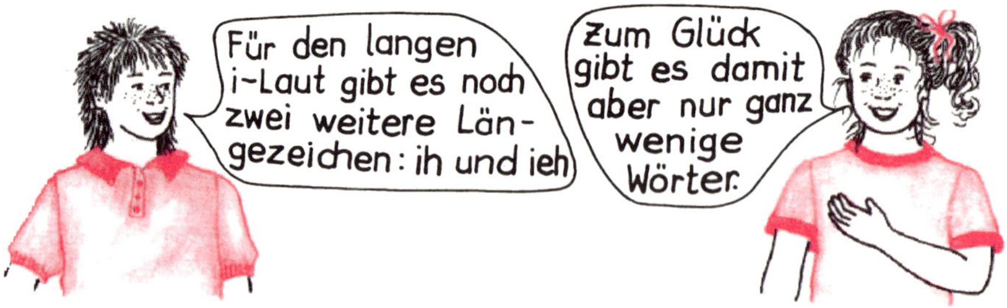

Mit ih werden geschrieben: ihr, ihrer, ihrem, ihren, ihm, ihn.
Mit ieh werden geschrieben: Vieh, er stiehlt (stehlen), er flieht (fliehen), er zieht (ziehen), er sieht (sehen).

5. Hier kannst du alles noch einmal üben

Rolf Krenzer
Inge mit dem roten Haar

Inge mit dem roten H_____r,
diese Frau ist wunderb_____r!
Rotes Haar wie rote Grütze,
rot wie eine Feuerspritze.
Seh sie oft am Kiosk st_____n,
möcht so gerne zu ihr g_____n.

Inge mit dem roten H_____r,
wärn wir doch ein Liebesp_____r!
Gingen wir zum Zeitungsstand
durch die Straßen Hand in Hand.
Und die Leute blieben st_____n,
wenn wir so zusammen g_____n.

Inge mit dem roten H_____r
z_____lt bestimmt schon dreizehn J_____r.
Sehe ich nur ihren H_____t,
pocht mir wild und heiß mein Bl_____t.
St_____t sie vor der Bäckerei,
wär ich gar zu gern dabei.

Inge mit dem roten H_____r.
Träum von dir, ja, das ist w_____r!
Daß du nahe bei mir st_____st
und mit mir zum Baden g_____st,
und ich fragte dich dann leis,
„Möchtest du ein Himb_____reis?"

Inge mit dem roten H_____r,
ist für mich der große St_____r.
Ich getrau mich nicht zu fr_____gen.
„Viel zu klein!" könnte sie s_____gen.
„Viel zu klein!" ... Heut bin ich elf,
aber morgen werd' ich zwölf!

1 Schreibe das Gedicht in dein Heft, und setze die fehlenden Buchstaben ein. Die folgenden Wörter helfen dir bei der richtigen Schreibweise: stehen – sonderbar – Zahl – blutend – Popstar – haarig – jährlich – ein Paar Schuhe – Frage – gehen – Sage – wahrhaftig – Brombeere – behütet.

Der Rotmilan – ein einheimischer Raubvogel

Der Rotmilan horstet[1] im Schutz des Waldes oder kleinerer Gehölze auf besonders hohen Räumen. Von h..r aus unternimmt er mit pfeifendem R.f seine weiten S.chfl.ge. Seine bevorz.gten Z..le sind kranke T..re bis H..ner- und H.sengr.ße. Gern nimmt er auch ..s, etwa auf Str.ßen überf..rene T..re. Die Bauern nennen i.n „Müllschlucker", weil er die Angew..nheit hat, seinen Horst mit Abfällen zu „verz..ren". Dazu sammelt er Stoffetzen, Zeitungspap..r und Plastikt.ten aus Mülltonnen, entkleidet sogar Vogelscheuchen und st . . . lt der Bäuerin Wäsche und Strümpfe von der Leine.
Finden wir auf dem Waldb.den einen kleinen Müllplatz, so stammt der Unr.t entweder von nicht umweltbewußten Menschen, die h..r Picknick gemacht haben, oder aber vom Rotmilan und dessen Horst über d..sem Platz.

---

[1] Horst: Nest

2 Schreibe den Text in dein Heft, setze dabei die fehlenden Buchstaben ein.

3 Übernimm die folgende Tabelle in dein Heft, und ordne alle Wörter mit langem Vokal aus diesem Text ein.

Dehnungs-h	Verdoppelung	ohne Längenzeichen	ie	ih	ieh

Spiel mit!

1. Wie spricht man das?

Zbigniew Lengren
Seiltänzer

Zirkus.
Oben, ganz, ganz oben,
auf dem Seile, auf dem Tau,
fährt der Drahtseilvater Fahrrad.
Auf ihm sitzt die Drahtseilfrau.
Noch weiter oben sitzt auch schon
(ein Jahr alt nur)
der Drahtseilsohn.

Pst! Still!
Man reckt die Köpfe und
starrt in die Luft mit offnem Mund.
Ganz oben
(man sieht ihn gerade noch),
da wimmert der kleine Dreikäsehoch:
„Mamma, ich muß mal!"

1. Stell dir vor, du sitzt selbst im Zirkus, schaust nach oben und erlebst alles mit.
   Sprich das Gedicht.
   Versuche, deinen Vortrag durch Gesten und Mienenspiel zu unterstützen und zu verdeutlichen. Was verändert sich in der zweiten Strophe? Wie mußt du sie sprechen? An welchen Stellen machst du eine Pause? Welche Stelle im Gedicht sprichst du eher langsam, bedächtig? Welche Stellen hebst du durch lauteres Sprechen hervor?
   Korrigiert eure Vorträge.
2. Überlegt mit eurem Nachbarn, wie man das folgende Gedicht vortragen könnte. Beachtet dabei auch die Satzzeichen.

Max Kruse

Herr Schneck

Herr Schneck
(mit seinem Versteck)
kommt so rasch,
daß es braust,
um die Ecke gesaust.
Da schreit er laut:
Halt!!!
Fast
wären wir
zusammengeknallt!
Herr!!!
Sehen Sie nicht,
daß ich
die Vorkriech habe?

Sie sind vielleicht
ein Unglücksrabe!
Beinahe hätte es
einen Unfall gegeben,
mir verdanken Sie,
daß Sie
noch leben!
Sie haben wohl
keinen Kriecherschein?
„Nein!"
brummt der Stein.

Ballade
⇒ S. 229

Auch das folgende Erzählgedicht – man nennt solche Texte Balladen – eignet sich gut zum Vortragen.

Theodor Fontane

Herr von Ribbeck auf Ribbeck im Havelland

Theodor Fontane (1819–1898)

Herr von Ribbeck auf Ribbeck im Havelland,
Ein Birnbaum in seinem Garten stand,
Und kam die goldene Herbsteszeit
Und die Birnen leuchteten weit und breit,
Da stopfte, wenn's Mittag vom Turme scholl,
Der von Ribbeck sich beide Taschen voll,
Und kam in Pantinen ein Junge daher,
So rief er: „Junge, wiste 'ne Beer?"
Und kam ein Mädel, so rief er: „Lütt Dirn,
Kumm man röwer, ick hebb 'ne Birn."

So ging es viel Jahre, bis lobesam
Der von Ribbeck auf Ribbeck zu sterben kam.
Er fühlte sein Ende, 's war Herbsteszeit,
Wieder lachten die Birnen weit und breit;
Da sagte von Ribbeck: „Ich scheide nun ab.
Legt mir eine Birne mit ins Grab."
Und drei Tage drauf, aus dem Doppeldachhaus,
Trugen von Ribbeck sie hinaus,
Alle Bauern und Büdner mit Feiergesicht
Sangen „Jesus meine Zuversicht",
Und die Kinder klagten, das Herze schwer:
„He is dod nu. Wer giwt uns nu 'ne Beer?"

So klagten die Kinder. Das war nicht recht -
Ach, sie kannten den alten Ribbeck schlecht;
Der neue freilich, der knausert und spart,
Hält Park und Birnbaum strenge verwahrt.
Aber der alte, vorahnend schon
Und voll Mißtrauen gegen den eigenen Sohn,
Der wußte genau, was damals er tat,
Als um eine Birn' ins Grab er bat,
Und im dritten Jahr aus dem stillen Haus
Ein Birnbaumsprößling sproßt heraus.

Und die Jahre gehen wohl auf und ab,
Längst wölbt sich ein Birnbaum über dem Grab,
Und in der goldenen Herbsteszeit
Leuchtet's wieder weit und breit.
Und kommt ein Jung' übern Kirchhof her,
So flüstert's im Baume: „Wiste 'ne Beer?"
Und kommt ein Mädel, so flüstert's: „Lütt Dirn,
Kumm man röwer, ick gew' di 'ne Birn."

So spendet Segen noch immer die Hand
Des von Ribbeck auf Ribbeck im Havelland.

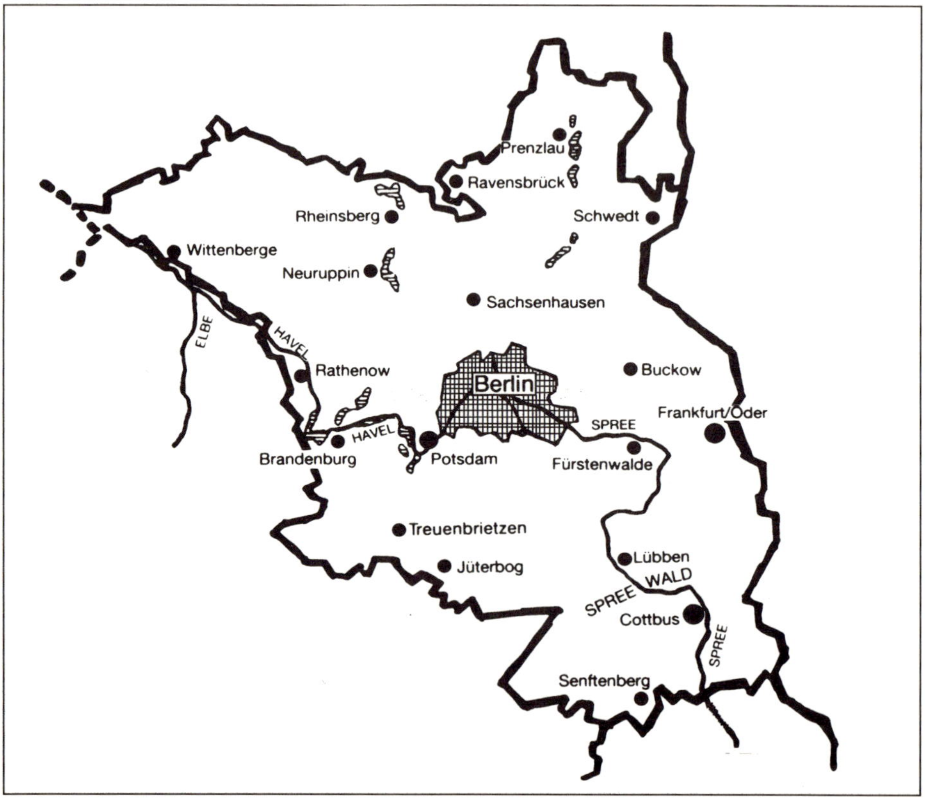

3 Sprecht zunächst über den Text:
- Klärt unverstandene Ausdrücke und Formulierungen.
- Gebt mit eigenen Worten den Inhalt wieder.
- Was zeichnet den alten Herrn von Ribbeck aus?
- Wie ist das Gedicht aufgebaut? Achtet auf den zeitlichen Ablauf.

4 Überlegt euch, wie man den Text vortragen könnte. Welche Teile sollte ein „Erzähler" lesen, welche Teile könnten von anderen Sprechern gelesen werden?

5 Ganz anders als einen Gedichtvortrag wird man eine Reportage gestalten. Stell dir vor, du bist Reporter bei einer lustigen Olympiade der Tiere. Angetreten sind:
der Löwe, der Strauß, der Jaguar, der Gepard, die Gazelle.
So könntest du zum Beispiel anfangen:

6 Natürlich könnt ihr für eure eigene Reportage auch andere Tiere und eine andere Disziplin wählen, z.B. den Hochsprung.

Tempusform Präsens ⟹ S. 63

7 Überlegt euch, warum man für Reportagen am besten die Tempusform Präsens wählt.

8 Wie kann man die Zuhörer ansprechen und einbeziehen? Weist dies auch an dem vorgegebenen Anfang der Reportage nach. Nehmt euren Vortrag auf Kassette auf.
Erfindet zur Olympiade der Tiere eine witzige Lautsprecherdurchsage, zum Beispiel:
Der Wohnwagen der Schnecke Amanda steht in der Ausfahrt. Sie wird gebeten, ihn schnellstens von dort wegzufahren.

2. Ohne Worte etwas „sagen“

Pantomime (Darstellung durch Gesichtsausdruck und Gesten)

1. Tauscht eure Eindrücke zu den Bildern aus.
   Welche Empfindungen drücken Gesichtsausdruck und Gesten aus?
2. Erfinde zu den Bildern 3 und 4 eine Gesprächssituation.
   – Mit wem könnte der Mann sprechen?
   – Was könnte er sagen?

3 Probiert selbst, nur durch Mimik und Gestik Menschen in bestimmten Situationen darzustellen. Beispiele:

- Du schaust auf die Uhr und stellst voller Schrecken fest, daß du einen wichtigen Termin verpaßt hast.
- Beim Telefonieren wählst du eine falsche Nummer; statt mit deiner Freundin bist du unvermutet mit deiner Klassenlehrerin verbunden.
- Du schaust einem Tennisspiel zu.
- Bei der Rückgabe einer Klassenarbeit erkennt man an deinem Mienenspiel und den Gesten, daß du dich über einen Erfolg freust und dich bei einem Mißerfolg ärgerst.
- Jemand schaut einen spannenden oder langweiligen Film an und zeigt dabei deutlich seine Reaktion.

4 Stellt die Handlung der Bildgeschichte pantomimisch dar. Achtet besonders darauf, die Pointe zu verdeutlichen.

Nitka
Die gute Tat

Gehen – so oder so?

5 Einzelne Schülerinnen und Schüler stellen Personen dar, die in unterschiedlicher Gangart einen Zebrastreifen überqueren. Die Zuschauer versuchen, die dargestellte Figur zu erraten, zum Beispiel
- einen Jungen, der einen Fuß in Gips hat,
- ein kleines Mädchen, das schnell die Straße überquert,
- eine sehr alte Dame...,
- einen Spaziergänger...

6 Beschreibt jeweils die Art des Gehens; benennt es.

Wortfeld ⇒ S. 60, 61, 247

7 Stellt weitere Wörter zum Wortfeld gehen zusammen.
Beispiele: trippeln, schlurfen, schleichen...

8 Wählt eines dieser Wörter, überlegt eine Situation, spielt sie vor und laßt die anderen raten.
Beispiel: Ein Clown **latscht** mit seinen viel zu großen Schuhen in der Manege herum.

Pantomimenspiele

9 Versucht darzustellen, wie ihr einen verlorenen Gegenstand sucht und wiederfindet. Aus eurer Gestik und Mimik muß hervorgehen,
- was ihr verloren habt,
- daß ihr untröstlich seid über den Verlust,
- daß ihr euch sehr freut, den Gegenstand wiedergefunden zu haben.

10 Beachtet bei einem eventuellen zweiten Spielansatz folgende Einzelheiten:
- Wie groß oder wie klein ist der Gegenstand?
- Wo sucht ihr ihn? (in einem Kornfeld, in einem Becken mit Wasser, im Wald?...)

Dies sind weitere Möglichkeiten:

a) Pantomimenspiel im Kreis

Alle Schüler sitzen im Kreis. Einer läßt aus „formbarem Material“ pantomimisch einen Gegenstand (z.B. eine Vase) entstehen und gibt ihn weiter. Der nächste muß diesen Gegenstand vorsichtig annehmen; er formt dann einen anderen Gegenstand daraus, z.B. einen Ball, den er dem nächsten zuwirft. So geht der „Gegenstand“ reihum.

b) Spieler ⇒ Zuschauer ⇒ Spieler

Vier Personen verlassen den Klassenraum. Jemand aus der Klasse überlegt sich eine Tätigkeit, die er gerne vorspielen möchte, zum Bei-

spiel: eine Glasscheibe vorsichtig auf einen Lastwagen heben, einsteigen und losfahren / eine schwere Kiste vom Wagendach heben und ins Haus tragen...
Dann wird die erste Person von draußen hereingerufen. Der Spieler aus der Klasse führt dieser Person seine Tätigkeit pantomimisch vor. Danach wird der Zuschauer selbst zum Spieler und führt der nächsten von draußen hereingerufenen Person die Tätigkeit vor, usw. Erst der letzte Spieler sagt, welche Tätigkeit er vorgeführt hat.
Der Reiz des Spiels liegt darin, möglichst genau vorzuspielen und nachzuspielen. Ob dieses Ziel erreicht wird, macht der letzte Spieler mit seiner Auflösung deutlich.

c) Wettstreit „mit Händen und Füßen"

Eine Spielleiterin/ein Spielleiter gibt den beiden Mannschaften Aufgaben. Sie/Er zeigt ihnen jeweils (damit die andere Mannschaft dies nicht mitbekommt) auf einem kleinen Kärtchen, was sie darzustellen haben. Auch hierbei lassen sich Aufgaben zunehmend schwieriger gestalten.

Scharade (Rätselspiel)

Solche Rätselspiele nennt man Scharaden. Man kann sie als Wortscharaden, Buchstabenscharaden oder Satzscharaden spielen.

• **Satzscharade**
Regel: Im Scharadenspiel werden Sprichwörter und Redensarten vorgespielt.
Beispiele:
- jemanden auf den Arm nehmen
- das Geld zum Fenster hinauswerfen
- jemanden an der Nase herumführen
- den Teufel an die Wand malen

• **Wortscharade**
Regel: Es ist ein Wort zu erraten.
Hier könnte man sich zum Beispiel am Anfang auf das Thema Tier einigen. Für fortgeschrittene Spieler wäre die Regel möglich, ein zusammengesetztes Wort zu erraten.
Jede Gruppe denkt sich also eine Reihe zusammengesetzter Wörter aus, z.B.:
Renn / auto, Eß / tisch, Stuhl / bein, Hand / ball, Stier / kampf
Die Teilnehmer einer Gruppe müssen nun versuchen, der anderen Gruppe die Bestandteile der Wörter nacheinander stumm vorzuspielen, also z.B. *rennen* und *Auto.* Die andere Gruppe muß durch Kombinieren das zusammengesetzte Wort erraten.

• **Buchstabenscharade**
Regel: Aus einzelnen Buchstaben ist ein Rätselwort zusammenzusetzen.
Die Buchstaben dieses Wortes sind die Anfangsbuchstaben anderer Wörter, zu denen etwas vorgespielt wird:

S – S chule
V – V ase
E – E ssen
N – N uß
J – J unge
A – A lter

Papier und Bleistift sollten bereitliegen. Erleichtern bzw. erschweren kann man das Spiel, indem man z.B. der zuschauenden Gruppe bekanntgibt: „Das gesuchte Wort ist ein Eigenname, ein Nomen, ein Verb, ein Adjektiv".

3. Wer hat eine Spielidee?

1 Spielt einen der folgenden Texte als Sketch. Überlegt euch vorher, wer jeweils spricht und was der Sprecher sagen könnte.

Lothar hat zum Geburtstag eine neue Uhr geschenkt bekommen. Er zeigt sie ganz stolz in der Klasse herum. Die Lehrerin kommt herein und fragt, was los sei. Svenja ruft ihr zu, daß Lothar eine tolle Digitaluhr geschenkt bekommen hat. Die Lehrerin fordert Lothar auf, ihr doch einmal ganz genau zu sagen, wie spät es sei. Lothar starrt auf sein neues Prachtstück und brummelt kleinlaut, die Uhr zeige acht geteilt durch dreizehn, aber ausrechnen müsse sie es sich schon selber.

In der Erdkundestunde hängt wie üblich an der Wand eine Landkarte. Der Lehrer fordert Sabine auf, doch einmal zu zeigen, wo Amerika liegt. Nach längerem Suchen zeigt Sabine auf Amerika und setzt sich dann wieder hin. Darauf fragt der Lehrer die Klasse, wer denn Amerika entdeckt habe. Da rufen alle wie aus einem Mund: „Biene!"

2 Schreibt einen der Witze als kleines Spiel auf. Vielleicht kennt ihr noch andere Witze, die man gut spielen kann. Ihr dürft weitere Einzelheiten (z.B. zusätzliche Sprecher) erfinden. Kennzeichnet die Sprecher: Fügt auch Regieanweisungen in euren Text ein, zum Beispiel:

Regie-
anweisung

- wie gesprochen werden soll (leise, laut, ärgerlich, wütend, erfreut),
- welche Gesten der Sprecher machen soll, um seine Aussagen zu verdeutlichen (hebt die Hand, schüttelt den Kopf, bleibt verwundert stehen),
- was man als Zuschauer wissen muß, bevor die Handlung beginnt (Vorgeschichte).

So könntest du das Manuskript des kleinen Spiels anlegen:
Überschrift:...

Personen des Spiels:
Ort des Geschehens:
1. Szene: Lothar, Mitschülerinnen und Mitschüler
Lothar (voller Stolz): Habt ihr schon meine neue Uhr gesehen?
Silke:
...
2. Szene: Lehrerin kommt dazu
Frau Niggemann:
...

3 Bei dem folgenden Text wird es schon schwieriger. Versuche ihn in einen Dialog umzusetzen. Vielleicht könnte zusätzlich zu den Sprechern ein Erzähler in Aktion treten, der die Ausgangssituation kurz umreißt und der zwischendurch Erklärungen gibt.

Der Kulak und sein Knecht

Ein geiziger schlauer Kulak, der gerne seine Knechte vom Morgen bis zum Abend arbeiten ließ, gab dem neuen Knecht Iljitsch morgens das Frühstück, das sehr gering bemessen war. Das verzehrte der Knecht, ohne recht zu merken, daß er überhaupt etwas in den Magen kriegte. Der Kulak fragte den Knecht daraufhin, ob er nicht gleichzeitig auch zu Mittagessen wolle. Dann brauche er nichts aufs Feld mitzuschleppen. Der Knecht willigte ein und meinte, er solle ihm gleich das Mittagessen geben. Als er das verzehrt hatte, fragte der Kulak wieder, ob er vielleicht auch gleich zu Abend essen wolle. Dann verliere er nach Arbeitsschluß keine Zeit und könne sofort zu Bett gehen. Der hungrige Knecht bejahte auch dies und verzehrte das Abendbrot. Dann fragte er den Herrn, wo er denn schlafen gehen könne. Wieso er denn vom Schlafen rede und wer denn die Arbeit machen solle, meinte der erstaunte Kulak. Der Knecht fragte daraufhin erstaunt seinen Herrn, ob er je erlebt habe, daß anständige Leute nach dem Abendessen noch zur Arbeit gehen würden. Nach dem Abendessen gehöre man ins Bett. Und er streckte sich auf dem Sofa aus und schnarchte.

(nach einem alten russischen Märchen)

Auch aus den folgenden beiden Texten könnte man ein kleines Theaterstück schreiben.

Beatrice Tanaka
Von Schiffen und Bäumen

Wer immer eine weite Reise tut, ist nach seiner Rückkehr bei den Nachbarn, die nie weiter als bis zum nächsten Marktflecken gekommen sind, als Erzähler sehr begehrt. Das ist geradezu eine Einladung zur Prahlerei, und so mancher, der zurückkehrt, kann der Versuchung nicht widerstehen.
Ein junger Mann, der gerade eine weite Reise hinter sich hatte, erzählte seinen Zuhörern Abend für Abend eine neue Geschichte. „Einmal“, so berichtete er eines Abends, „habe ich in einem fremden Hafen ein Schiff gesehen, dessen Größe jedes Vorstellungsvermögen übertraf. Wäre ein Mensch von seinem Bug aus zum Heck gegangen, so hätte er als kleines Kind losgehen müssen, um als Greis anzukommen.“ Das Publikum staunte.
„Was ist denn daran so unerhört“, erkundigte sich ein Holzfäller, dem die allabendliche Prahlerei langsam auf die Nerven ging. „Nicht weit von hier, im Wald, kenne ich einige Bäume, die so riesig, sooo alt und sooooo hoch sind, daß ein Vogel, der auf ihre Spitze fliegen will, mehr als zehn Jahre braucht, um nur die Hälfte ihrer Höhe zu erreichen.“
„Lügner!“ schrie der Geschichtenerzähler. „Solche Bäume gibt es ja gar nicht.“
Der Holzfäller lächelte. „Und was glaubst du“, fragte er den Aufschneider, „wo die Schiffszimmerleute das Holz hergenommen haben, um daraus den Mast für dein Schiff zu machen?“

Die beiden Traumdeuter

Es war einmal ein Sultan, der träumte, daß ihm alle Zähne ausgefallen wären. Am Morgen ließ er, noch auf nüchternen Magen, seinen ersten Traumdeuter rufen. Der Herrscher erzählte, was ihn die Nacht über so beunruhigt hatte, und fragte: „Was bedeutet es, daß mir die Zähne verlorengingen?"

„Ach, welch ein Unglück, Herr!" rief der Befragte aus. „Für jeden der Zähne verlierst du einen Angehörigen!"

„Was, du Sohn einer Hündin!" schrie der Sultan den Traumdeuter an. „Das wagst du mir zu sagen?"

Und er gab den Befehl, an dem Unverschämten sofort die Bastonade[1] zu vollziehen und ihm fünfzig Stockhiebe auf die Fußsohlen zu geben.

Während der Unglückliche jammernd seine Strafe empfing, wurde der zweite Traumdeuter vor den Herrscher geführt. Kaum hatte er den Traum gehört, als er verzückt die Hände gen Himmel warf und ausrief:

„Elhamdülillah, mein Gebieter! Das Lob sei Gott! Allah schenkt dir Heil und langes Leben! So viele Zähne du verloren hast, so viele deiner Angehörigen wirst du überleben."

Da heiterte sich das Gesicht des Sultans auf. Er dankte dem Traumdeuter und ließ ihm von seinem Schatzmeister fünfhundert Piaster auszahlen.

„Du hast sie wohl verdient", sagte der Sultan, „denn du erkennst mehr als andere Sterbliche."

„Warum sollst du klüger sein als die anderen?" flüsterte einer der Höflinge dem Traumdeuter zu, als er in Gnaden entlassen worden war und strahlend durch die Pforte des Palastes schritt. „Du hast den Traum im Grunde doch nicht anders gedeutet als dein Vorgänger."

„Das ist wohl richtig", versetzte der Traumdeuter. „Aber vergißt du die alte Weisheit, mein Freund, daß es immer auf das Wie ankommt? Verstehst du, *wie* man es sagt?"

(Unbekannter Verfasser)

---

[1] Prügelstrafe, bei der mit dem Stock vor allem auf die Fußsohlen geschlagen wird.

4 Überlegt euch:
- Wer tritt auf? Wer spricht?
- Sollte auch ein Erzähler in Aktion treten?
- Welche Regieanweisungen sind notwendig?
  (Beispiele: Am Anfang den Ort des Geschehens angeben / verdeutlichen, was die Sprecher tun sollen und wie sie sprechen...)
- Welche einfachen Requisiten könnt ihr beim Spiel einsetzen?

Requisiten

Requisiten nennt man beim Theater alle Gegenstände und Hilfsmittel, die für ein Spiel wichtig sind, und die eine Spielweise verdeutlichen. Die Requisiten sollten über die Figur, die sie benutzt, und die Situation, in der sie sich befindet, etwas aussagen.

⇒ S. 38–45, S. 45–47

5 Zum Spielen gut geeignet sind auch die Streiche von Till Eulenspiegel oder die Kalendergeschichten von Johann Peter Hebel.
Lest die Texte, und versucht sie zu spielen.

Übung macht den Meister...

1. Kurze Übungs- und Partnerdiktate für alle Gelegenheiten

Mit den folgenden kurzen Diktaten könnt ihr eure Leistungen in der Rechtschreibung vertiefen und verbessern.
Die Querstriche in den Texten markieren Sprechpausen für das Diktieren.
So könnte zum Beispiel euer Übungsprogramm aussehen:
- den Text sorgfältig lesen,
- die Schreibung der unterstrichenen Wörter erklären, zum Beispiel durch ein Wort aus der Wortfamilie (häufig – Haufen) oder durch eine andere Wortform (Bezeichnung – Bezeichnungen),
- die Merkwörter (am Rand) gesondert üben (siehe Punkt 2.: Merkwörter – Training),
- den Text vom Partner in kleinen Abschnitten diktieren lassen,
- eine kleine Erholungspause einlegen; danach das aufgeschriebene Diktat noch einmal sorgfältig durchlesen,
- mit der Vorlage vergleichen und korrigieren; Fehler zu erklären versuchen.

Über Computer

Merkwörter

Computer – wozu?

Computer, ähnlich, ganz, Technik, Rakete

Eine volkstümliche Bezeichnung / für Computer / ist Elektronengehirn“. / Diese Bezeichnung / erinnert uns daran, / daß der Computer / ähnlich arbeitet / wie unser Gehirn. / Weil er nichts anderes tut / als rechnen, / wird er auch häufig / ganz schlicht / als Rechner bezeichnet. / In den letzten Jahren / haben sie unser Leben / tiefgreifend verändert. / Tag für Tag / bearbeiten sie / zum Beispiel / Millionen von Abrechnungen / und Überweisungen. / Sie beeinflussen / fast alle Vorhaben / moderner Technik. / Dazu gehören Bauvorhaben, Landwirtschaft / Düsenflugzeuge, Kraftwerke, / Raketen und Weltraumprojekte. /
Computer haben sich / als so nützlich erwiesen, / daß sie / in immer mehr Arbeitsbereichen / eingesetzt werden. /

Wie ein Computer aufgebaut ist

Daten

Ein Computer besteht aus mehreren wichtigen Teilen. Das Eingabewerk nimmt die Befehle für das Programm und die Daten von Menschen entgegen und leitet sie weiter. Der Speicher enthält auf einer großen Zahl einzelner Plätze die Befehle des Programms und die Daten. Das Leitwerk holt sich die Programmbefehle aus dem Speicher und steuert den Datenfluß. Das Rechenwerk führt das Rechnen, die eigentliche Arbeit, durch. Das Ausgabewerk gibt die fertigen Ergebnisse durch, so daß der Mensch sie lesen kann.

Wie ein Computer arbeitet

Die Zentraleinheit eines Computers entspricht in ihrer Arbeitsweise etwa dem menschlichen Gehirn. Die Daten werden über die Tastatur an das Rechenwerk gegeben und mit Hilfe des Arbeitsspeichers und des Leitwerks verarbeitet. Die Ergebnisse werden über den Drucker ausgegeben oder auf dem Bildschirm angezeigt. Der Computer arbeitet bedeutend schneller und fehlerloser als unser Gehirn.

Kann ein Rechner denken?

Problem, Information, Schema

Auf diese einfache Frage gibt es sehr unterschiedliche Antworten. Manche behaupten, der Rechner könne denken, weil er schwierige Probleme lösen kann, für die wir Menschen sehr lange und sehr sorgfältig nachdenken müssen. Andere behaupten, der Rechner sei nichts anderes als eine Ansammlung von Schaltern, die die eingegebenen Informationen nach einem vorgegebenen Schema umsortieren. Man ist sich allerdings einig darin, daß der Rechner nicht die Bedeutung dessen versteht, was er rechnet.

Der Rechner führt Berechnungen durch

egal
Diagnose

Ob das Ergebnis der Berechnungen für jemanden bedeutsam ist oder nicht, interessiert den Rechner nicht. Es ist ihm auch egal, ob mit der Berechnung eine medizinische Diagnose gestellt wird oder eine militärische Waffe gesteuert wird. Alle Probleme, die der Rechner bearbeiten soll, müssen von einem Menschen in einem Rechenprogramm aufbereitet werden. Der Rechner führt nur aus, was man ihm eingegeben hat. Gibt man ihm Unsinn ein, gibt er wieder Unsinn aus.

Aktionen für den Umweltschutz

Eine schlimme Entdeckung

An diesem Märzabend / ist es spät geworden. / Hanna und Bastian / radeln über die Landstraße. / Auf der linken Seite / taucht ein großer Laubwald auf. / Im Lichtkegel / eines vorbeirasenden Autos / erkennt Hanna plötzlich / eine faustgroße Erhebung. / Sie scheint sich zu bewegen. / Als sie schließlich / die Stelle erreicht hat / und vom Fahrrad springt, / ist die Straße leer. / Da entdeckt Bastian / die Umrisse / einer von dem Auto / platt gefahrenen Kröte.

Was tun?

Bastian und Hanna haben früher schon einmal gehört, daß im Frühjahr Kröten auf ihrer Wanderung zu den Teichen überfahren werden und daß die Tiere dabei hilflos den Autorädern ausgeliefert sind. Jetzt erinnert sich Bastian an eine Jugendgruppe im Nachbardorf, die Zäune aufgestellt und Kröten in Eimern gesammelt hat. Die beiden nehmen sich vor, ihre Klasse zu informieren.

Ein Krötenzaun wird gebaut

reagieren
Interesse
Biologie
Aktion
gar nicht
man
Abneigung

Die Klasse von Bastian und Hanna reagiert mit großem Interesse. Herr Bender, der Biologielehrer, gibt den Kindern wichtige Hinweise. So wird schließlich am Buchenwald ein Krötenzaun gebaut, mit dem die Kinder Hunderte von Erdkröten vor dem sicheren Straßentod retten. Durch diese Aktion lernen die Kinder auch, warum die Erdkröten wandern, wo sie sich im Sommer aufhalten, wie sie im Wasser ihre Eischnüre absetzen und wie man Männchen und Weibchen unterscheiden kann. Viele Male müssen Hanna und Bastian beim Entleeren der Eimer Kröten in die Hand nehmen. Sie sind gar nicht glitschig und eklig, wie man oft sagt. Zwar fühlen sich die Erdkröten kalt an. Die beiden Tierschützer empfinden aber beide keine Abneigung beim Anblick und Berühren der Tiere.

2. Merkwörter – Training

Du hast in diesem Buch etliche Wörter kennengelernt, deren Schreibung man sich nur durch Einprägen merken kann.

Dies sind Merkwörter:

Weitere Merkwörter ⇒ S. 185 und 192

a) etwas, Bus, erwidern, Stadt, Pistole, vielleicht, Direktor, Zirkus, bald, viel, Erwachsene, nämlich, Fahrrad, eines Nachts, neulich, Roboter, Gerät, behaupten, Arzt, Terrasse, Angst, Krebs

b) Moped, fast, Computer, Cowboy, Ideal, Indianer, Abenteuer, Strümpfe, ziemlich, zuletzt, man, ganz, gar nicht, allmählich, beispielweise, üblich, primitiv, quer, nervös

Die Schreibung von Merkwörtern kann man sich durch genaues Hinsehen und sorgfältiges Schreiben einprägen.
Deshalb mußt du bei diesen Wörtern vor allem Tip 2 anwenden:

⇒ S. 73 Genau hinsehen, die richtige Schreibung merken.

So kannst du die Merkwörter üben:

- die beiden Wortgruppen nach dem ABC ordnen und neu aufschreiben,
- die Wörter buchstabieren,
- Wörter vom Partner diktieren lassen,
- zu möglichst vielen Wörtern ein Wort der Wortfamilie (Angst – ängstlich) oder eine andere Wortform (behauptet – er behauptete) aufschreiben.
- lustige kleine Sätze bilden, in denen möglichst viele der Merkwörter auftauchen. (Neulich trat eines Nachts im Zirkus ein Cowboy auf und...)

Originalfassungen der Gedichte

Eugen Roth

Die Torte

Ein Mensch kriegt eine Torte.
Drauf stehn in Zuckerguß die Worte:
„Zum heutigen Geburtstag Glück!"
Der Mensch ißt selber nicht ein Stück,
Doch muß er in gewaltigen Keilen
Das Wunderwerk ringsum verteilen.
Das „Glück", das „heu", der „Tag" verschwindet,
Und als er nachts die Torte findet,
Da ist der Text nur mehr ganz kurz.
Er lautet nämlich nur noch:..„burts"..
Der Mensch, zur Freude jäh entschlossen,
Hat diesen Rest vergnügt genossen.

Jürgen Spohn

Ein Schauder

Ein Schauder
stieg am Bahnhof aus
lief über'n Damm
in's nächste Haus
und legt sich auf die Lauer
an einer
dunklen Mauer
Dort um die Ecke
bog ein Mann
den sprang er dann
von hinten an
mit Wonne und Entzücken
lief er ihm über'n Rücken

Joachim Ringelnatz

Der Stein

Ein kleines Steinchen rollte munter
von einem hohen Berg herunter.
Und als es durch den Schnee so rollte,
ward es viel größer als es wollte.
Da sprach der Stein mit stolzer Miene:
„Jetzt bin ich eine Schneelawine."
Er riß im Rollen noch ein Haus
und sieben große Bäume aus.
Dann rollte er ins Meer hinein,
und dort versank der kleine Stein.

Renate Welsh

l ö w e n z a h n s a m e n
s c h w e b e n
ü b e r

eine große Wiese

Josef Guggenmos

O unberachenbere Schreibmischane

O unberachenbere Schreibmischane,
was bist du für ein winderluches Tier?
Du tauscht die Bachstuben günz nach Vergnagen
und schröbst so scheinen Unsinn aufs Papier!
Du tappst die falschen Tisten, luber Bieb!
O sige mar, was kann da ich dafür?

Hans Manz

Ratschlag

Geh doch nicht immer im gleichen
Trott
Trott
Trott
Trott
Trott
Trott
Trott
Trott
Trott
Trott
Trott
Trottel.

Joachim Ringelnatz

Flugzeuge

Summ-summ-summ-
Zwei Fliegen flogen vom Teller.

Brumm-brumm-brumm-
Es drehen sich die Propeller.

Zwei Flugzeuge stiegen
Hoch in die Luft. Und fast so gut
Wie die beiden Fliegen.
Die Flugzeuge entfernten
Sich meilenweit mit Fleiß und Mut
Und landeten am rechten Ort,
Zur rechten Zeit. Und dankten dort
Den Fliegen, von denen sie's lernten.

Joachim Ringelnatz

Die Schnupftabaksdose

Es war eine Schnupftabaksdose,
Die hatte Friedrich der Große
Sich selbst geschnitzelt aus Nußbaumholz.
Und darauf war sie natürlich stolz.
Da kam ein Holzwurm gekrochen.
Der hatte Nußbaum gerochen.
Die Dose erzählte ihm lang und breit
Von Friedrich dem Großen und seiner Zeit.
Sie nannte den alten Fritz generös.
Da aber wurde der Holzwurm nervös
Und sagte, indem er zu bohren begann:
„Was geht mich Friedrich der Große an!"

Eugen Roth

Autos überall!

Du schimpfst mit Recht auf diese Welt,
Daß sie mit Autos ganz verstellt.
Der schönste Blick ist für die Katz –
Zum Parkplatz werden Park und Platz.
Bis zu den letzten Straßenkanten
Stehn Omnibusse-Elefanten,
Vorm Rathaus, um den Brunnen, frech
Drängt sich das buntlackierte Blech.
Und was tust Du? Trotz dem Gestöhne,
Daß also sterben muß das Schöne,
Zwängst Du, bezahlend ein paar Nickel,
Auch in die Herde Dein Vehikel!

Auf einen Blick

In diesem Teil sind wichtige Lerninhalte für die 5. Klasse zusammengefaßt.

Sprechen und Schreiben

1. Erzählen

Im alltäglichen Leben gibt es viele Gelegenheiten zum Erzählen, zum Beispiel, wenn man mit anderen zusammen ist und in gelockerter Stimmung ein Erlebnis erzählt.
Diese Art des Erzählens ist in der Regel ein mündliches Erzählen und wirkt besonders spontan und lebendig, vor allem weil die Zuhörer unmittelbar anwesend sind und weil der Erzähler die Wirkung seiner Erzählung durch Betonung und Lautstärke, durch Mimik und Gestik erhöhen kann. Beim Erzählen kommt es darauf an, interessant und spannend darzustellen, um die Zuhörer am Geschehen zu beteiligen.

1. Erzählideen (S. 50)
   Wenn man schriftlich erzählen will, braucht man eine Erzählidee, die ganz unterschiedlich aussehen kann:
   - Man nutzt als Erzählkern ein eigenes Erlebnis, das man zu einer Geschichte ausschmückt.
   - Man erfindet eine Geschichte, in der man Gegenstände und Tiere wie Menschen sprechen läßt.
   - Man erfindet mit einer Phantasiegeschichte eine andere, neue Welt.

   Beim Erzählen gehen oft eigene Erlebnisse und Phantasievorstellungen ineinander über.
   Auch das Bild kann zum Erzählen anregen.
2. Erzählplan und Aufbau einer Erzählung (S. 53)
   Bei einer schriftlichen Erzählung sollte man sich einen Erzählplan machen:
   - Wie fange ich an? Was gehört in die Einleitung? Was muß der Leser wissen?
   - In welchen Erzählschritten führe ich langsam (Ansteigen der Spannung) zum Höhepunkt?
   - Was passiert auf dem Höhepunkt? Wie stelle ich diesen spannendsten Teil dar?
   - Wie wird die Spannung gelöst?
   - Welchen Abschluß gebe ich meiner Erzählung?

Um den Leser anzusprechen, muß der Höhepunkt besonders spannend dargestellt sein. Dazu kann man zum Beispiel wörtliche Rede benutzen und die Gedanken und Gefühle der Hauptpersonen darstellen.

3. Spannung erzeugen (S. 54)
   Um eine Erzählung für seine Zuhörer/Leser spannend zu machen, sollte man ein Hauptereignis in den Mittelpunkt stellen.
   Es muß ausführlich und anschaulich dargestellt werden.
   Der Leser muß den Eindruck haben, daß er das Geschehen miterlebt. Deshalb:
   - Vorgänge anschaulich darstellen,
   - Personen in wörtlicher Rede sprechen lassen, ihre Gefühle darstellen, ihren Gesichtsausdruck und ihre Verhaltensweisen...,
   - treffende Ausdrücke benutzen, im Ausdruck abwechseln...

4. Erzähltempus (S. 55)
   Für das Erzählen ist die übliche Zeitform das Präteritum (Vergangenheitsform). Den Höhepunkt des Geschehens kann man auch im Präsens (Gegenwartsform) darstellen, weil dies unmittelbar und spannend wirkt. Dieses Mittel darf man aber nicht zu oft einsetzen.

5. Bildergeschichten (S. 57)
   In Bildergeschichten wird eine Handlung in Bildern dargestellt, die man auch mit Worten erzählen kann. Wie bei anderen Erzählungen verwendet man am besten das Präteritum. Die Erzählzusammenhänge zwischen den Bildern muß man selbst erfinden, also was vorher, zwischen den einzelnen Bildern und nach dem letzten Bild passiert. Auch den Höhepunkt muß man ausgestalten. Wie bei einer Erzählung verwendet man das Präteritum und richtet sich nach den Kriterien für eine spannende Erzählung (vergleiche Punkt 2 und 3).

6. Nacherzählen – neu erzählen (S. 36)
   Märchen, Fabeln, Sagen und Schwänke aus früherer Zeit werden manchmal von modernen Schriftstellern nacherzählt und in die heutige Zeit übertragen. Dadurch wirkt oft eine alte Geschichte wieder ganz aktuell. Dies kann man auch selbst probieren. Dabei muß man vor allem darauf achten,
   - daß man eigene Formulierungen benutzt,
   - daß man in der heute üblichen Sprache erzählt,
   - daß altertümliche Ausdrücke ersetzt werden.

2. Beschreiben

Von einer Beschreibung erwartet der Hörer/Leser möglichst genaue und sachliche Informationen. Das Beschreiben setzt deshalb genaues Beobachten voraus. Folgendes ist besonders zu beachten:
- sachlich schreiben,

– die Einzelheiten darstellen (Aussehen, Eigenschaften, Einzelbereiche und ihr Zusammenhang).

1. Einen Weg beschreiben (S. 240)
   Hier müssen Ausgangspunkt und Ziel berücksichtigt werden, die Richtung und Orientierungspunkte für den Hörer/Leser angegeben werden. Eine Skizze kann die Beschreibung ergänzen.

2. Einen Gegenstand beschreiben (S. 175)
   Man muß sich zunächst klarmachen, was der Hörer oder Leser erwartet. Am besten stellt man sich einen Menschen vor, der den Gegenstand noch nicht kennt und dem man deshalb die Einzelheiten genau beschreiben will. Dabei kommt es auf folgende Beschreibungselemente an:
   – Wie sieht der Gegenstand aus? (Form, Farbe, Größe, Material)
   – Wozu dient er, wie funktioniert er?
   Besonders wichtig sind auch eine geordnete Reihenfolge (vom Gesamteindruck zu den Einzelteilen oder umgekehrt) und eine möglichst genaue Darstellung mit allen Einzelheiten.

3. Eine Person beschreiben (S. 172)
   Beim Beschreiben von Personen geht es darum, die Personen (wie bei einem Steckbrief) so genau darzustellen, daß sie von Hörern und Lesern wiedererkannt werden können.
   Dabei geht es zunächst um äußere Merkmale wie:
   Größe, Gestalt..., Gesichtszüge..., Haar..., Kleidung..., auffallende Merkmale.

4. Tiere beschreiben (S. 242)
   Wenn man einem Leser oder Hörer ein Tier genau beschreiben will (zum Beispiel weil es entflogen oder entlaufen ist), muß man bei den unterschiedlichen Rassen der gleichen Tiergattung auf unterscheidende Merkmale achten, zum Beispiel auf Körperbau, Größe, Kopf und Gesicht, Pranken und Krallen, Fell. Auch der Nutzen für den Menschen, besondere Fähigkeiten, Eigenschaften können Unterscheidungsmerkmale sein.

3. Diskutieren und Argumentieren (S. 152)

1. Wenn man diskutiert, geht es in der Regel um den Austausch unterschiedlicher Meinungen. Diskussionen sind gekennzeichnet
   – durch die Anzahl der Beteiligten und die besondere Art ihrer Beziehungen,
   – durch die Situation, in der sie stattfinden (z.B. Schule oder privater Bereich),
   – durch das Thema.
   Der Diskussionsleiter eröffnet die Diskussion, gibt Hinweise und faßt zusammen.

Für eine sachliche Diskussion gibt es Regeln. Dies sind die wichtigsten:
- dem anderen zuhören,
- den anderen ausreden lassen,
- auf die Beiträge des anderen eingehen,
- sachlich bleiben,
- nicht beleidigen,
- Vorschläge für eine Lösung oder einen Kompromiß machen.

2. Wenn man argumentiert, muß man eine Aussage, eine Meinung oder einen Vorschlag begründen. Dies erreicht man oft mit Hilfe von Informationen, Beispielen oder eigenen Erfahrungen.

4. Aussagen, fragen, auffordern (S. 160)

In Gesprächen lassen sich die folgenden Grundabsichten unterscheiden:
- etwas aussagen,
- jemanden etwas fragen,
- jemanden zu etwas auffordern.

Diesen Grundabsichten entsprechen oft die Satzarten Aussagesatz (schließt mit einem Punkt), Fragesatz (schließt mit einem Fragezeichen), Aufforderungssatz (schließt mit einem Ausrufezeichen). In vielen Sprechsituationen drückt man Aufforderungen auf direkte Weise mit der Imperativform des Verbs aus (Gib mir das Buch! – Aufforderungssatz).
In anderen Sprechsituationen drückt man Aufforderungen auch auf indirekte Weise aus. Man spricht dann von indirekten oder versteckten Aufforderungen, weil mit einem Aussagesatz oder einem Fragesatz aufgefordert wird.
Beispiele: Heute sehen wir uns.
Du kommst doch heute?

5. Appellieren (S. 160)

Appellieren kommt von dem lateinischen Wort appellare = antreiben, auffordern, ansprechen.
Beim Appellieren werden Hörer und Leser dazu aufgefordert, etwas zu meinen, zu tun oder zu unterlassen. Der Sprecher oder Schreiber verfolgt die Absicht, das Verhalten des Zuhörers oder Lesers zu beeinflussen, zu lenken.
Je nach Situation wählt man dazu bestimmte Aufforderungen (direkte oder versteckte Aufforderungen) sowie andere Mittel der Beeinflussung.
Texte, in denen die Leser zu etwas aufgefordert werden, sind zum Beispiel:
- Werbung für ein Buch (z.B. durch Titelgrafik oder Buchklappentext),
- Programmheft zu einer Veranstaltung, Broschüre...,
- Plakat, Aufkleber, Flugblatt...

Sprachbetrachtung/Nachdenken über Sprache

1. Von den Wortarten

Die meisten Wörter der deutschen Sprache gehören zu folgenden Hauptwortarten: Nomen/Substantiv, Verb, Adjektiv.

1. Nomen/Substantiv (S. 81)
   Nomen/Substantive haben ein grammatisches Geschlecht (Genus). Man findet es heraus, wenn man den bestimmten oder unbestimmten Artikel (Geschlechtswort) davorsetzt oder das Nomen durch das Personalpronomen ersetzt:
   der (ein) Löffel – er (Maskulinum)
   die (eine) Tasche – sie (Femininum)
   das (ein) Buch – es (Neutrum)
   Nomen können in unterschiedlicher Anzahlform (Numerus) gebraucht werden:
   der Hund – Singular
   die Hunde – Plural
   Nomen kann man deklinieren oder beugen; das heißt, sie können im Satz in unterschiedlichen Fällen auftreten. Dabei werden auch die bestimmten und unbestimmten Artikel in den jeweiligen Fällen gebeugt:
   der (ein) Hund – 1. Fall (Nominativ)
   des (eines) Hundes – 2. Fall (Genitiv)
   dem (einem) Hund – 3. Fall (Dativ)
   den (einen) Hund – 4. Fall (Akkusativ)
   Manche Nomen benennen etwas ganz Konkretes, das man anfassen oder malen kann (Konkreta) wie zum Beispiel: Buch, Tisch, Hand...
   Andere Nomen bezeichnen Vorstellungen, Gefühle und Zustände (Abstrakta) wie zum Beispiel: Freude, Durst...

2. Verb (S. 87)
   In Sätzen der deutschen Sprache spielt das Verb eine zentrale Rolle. Verben können im Satz konjugiert (gebeugt) werden. Diese Personalform des Verbs richtet sich nach dem Subjekt des Satzes:

   Tina lernt das Gedicht.

   Alle Freundinnen und Freunde kamen zur Party.

   Verwendet man das Verb so, daß es sich nicht auf eine Person bezieht, spricht man von Infinitiv (Grundform).
   Beispiele: essen, laufen

Das Wasser kocht.

Svenja schenkt ihrer Freundin ein Buch.

Mit dem Verb und seinen Tempusformen kann sich ein Sprecher/Schreiber auf unterschiedliche Zeiten beziehen. Darauf weist auch die deutsche Bezeichnung Zeitwort hin.
Man unterscheidet zum Beispiel die Tempusformen:

Präsens (Gegenwartsform)

Zeitbezug: Gegenwart und Zukunft
Beispiele: Ich liege im Bett.
Morgen gehe ich zu Petra.

Präteritum (Vergangenheitsform):

Bezug auf das, was vergangen ist und keinen direkten Bezug mehr zur Gegenwart hat.
Beispiel: Im Lande Nirgendwo lebte einmal eine schöne Prinzessin.

Futur (Zukunftsform):

Bezug auf das, was sein wird.
Beispiel: Du wirst mich morgen begleiten.

3. Adjektiv (S. 90)

Adjektive kennzeichnen ein Ding, ein Lebewesen oder einen Vorgang genauer (ein schönes Buch, ein schnelles Rennen).
Im Satz können Adjektive zusammen mit dem Nomen flektiert (gebeugt) werden: (groß) Er erhielt einen großen Ball.
Adjektive können gesteigert werden; dabei unterscheidet man:
Grundstufe (Positiv): groß
Vergleichsstufe (Komparativ): größer
Höchststufe (Superlativ): am größten, der größte...

4. Pronomen (S. 96)

Wie die deutsche Bezeichnung Fürwort bereits sagt, können diese Wörter häufig ein Nomen/Substantiv oder eine Wortgruppe mit Nomen/Substantiven vertreten.

Meine beste Freundin kommt mit.
Sie kommt mit.

Manchmal begleiten Pronomen auch Nomen:
Dieses Buch gefällt mir.
Ich erzähle es meinem Bruder.

Die Pronomen bilden eine große Familie. Man unterscheidet zum Beispiel:

- Personalpronomen (er, sie, es...),
- Possessivpronomen (mein Vater, dein...),
- Anredepronomen, die in Briefen immer groß geschrieben werden. (Du, Ihr...)

Pronomen können im Satz flektiert (gebeugt) werden:
Das Auto meines Vaters...
Sie gibt ihm...

5. Präpositionen (S. 92)
   Präpositionen geben an, welche Beziehungen oder Verhältnisse (z.B. der Zeit, des Raumes, des Grundes) zwischen Wörtern oder Wortgruppen bestehen. Sie können vor Nomen oder Pronomen stehen und bestimmen den Kasus:
   Sie steht vor ihm.
   Er geht an die Tafel.

6. Wortarten – Zusammenfassung
   Man unterscheidet insgesamt zehn Wortarten. Diese haben im Satz bestimmte Aufgaben. Manche Wortarten können beim Gebrauch im Satz ihre Form verändern, sie werden flektiert (gebeugt); manche können nicht flektiert werden.
   Dies verdeutlicht auch der folgende Überblick:

Lateinische Bezeichnung	Deutsche Bezeichnung	Beispiel		
Verb	Tätigkeitswort/ Zeitwort	essen sein blühen	konjugierbar	
Nomen/ Substantiv	Namenwort/ Hauptwort	Buch, Mann, Kuh, Lars		im Satz flektierbar (veränbar)
Artikel	Geschlechtswort/ Begleiter und Stellvertreter des Substantivs	der, die, das, ein, eine		
Pronomen	Fürwort	er, sie mein, der, welcher, man, wer	deklinierbar	
Adjektiv	Eigenschaftswort	freundlich, blau, klein, empfindsam		
Numeral	Zahlwort	zwei, vier, manche, viel		

Präposition	Verhältniswort	an, auf, hinter, neben	nicht veränderbar
Konjunktion	Bindewort	und, oder, als, da, damit, obgleich . . .	
Adverb	Umstandswort	heute, bald, gern, deshalb	
Interjektion	Empfindungswort/ Ausrufewort	au! ach! oh!	

2. Zum Satz

1. Satzarten (S. 163)
   Sätze lassen sich nach der Absicht kennzeichnen, die der Sprecher mit ihnen verfolgt (vergleiche S. 287, Punkt **4**).
   Man unterscheidet:

Aussagesatz (schließt mit einem Punkt)		Mit dieser Satzart kann der Sprecher etwas aussagen, mitteilen, feststellen. Die Stunde beginnt um 9.30 Uhr.
Fragesatz (schließt mit einem Fragezeichen)		Man unterscheidet a) Entscheidungsfragen: Kommst du heute? b) W-Fragen oder Ergänzungsfragen: Wann müssen wir zurück sein?
Aufforderungssatz	(schließt mit einem Ausrufezeichen)	Komm doch bitte mit!
Befehlssatz		Los, komm sofort her!
Ausrufesatz		Das ist ja klasse!

2. Satzglieder (S. 111)
   Ein Satz ist gegliedert, <u>Bausteine</u> <u>im</u> <u>Satz</u> sind die <u>Satzglieder</u>. Satzglieder können aus einem Wort oder aus Wortgruppen bestehen:

   | Lucki und Trixi | | üben | | heute | | für die Arbeit |.

Mit Hilfe der Umstellprobe kann man die Satzglieder herausfinden. Die Wörter, die bei der Umstellung zusammenbleiben, bilden ein Satzglied.

Für die Arbeit	üben	Lucki und Trixi	heute	.

Heute	üben	Lucki und Trixi	für die Arbeit	.

Dies geht nicht:
Für und Arbeit üben die Lucki Trixi heute.
Im Aussagesatz steht das Verb immer an zweiter Stelle der Satzglieder-Reihenfolge.
Mit der Ersatzprobe kann man feststellen, welche Teile eines Satzes durch andere Wörter ersetzbar sind.
Beispiel: Die Kinder übergeben das Buch dem Lehrer.
Sie übergeben es ihm.

3. Satzglieder und ihre Aufgaben oder Rollen im Satz (S. 114)
Satzglieder übernehmen im Satz bestimmte Aufgaben.
Das Satzglied Subjekt bezeichnet im Satz den Täter/Verursacher/Gegenstand des Satzes. Nach dem Subjekt fragt man Wer?/ Was?.
Beispiel: Wer? = Subjekt
Der Satzbaumeister kontrolliert die Satzmaschine.

Das Satzglied Prädikat ist der Teil des Satzes, der über das Subjekt etwas aussagt. Es gibt an, was geschieht oder was jemand tut.
Beispiel: Was tut...? = Prädikat

Der Mechaniker	repariert	die Maschine.

Subjekt und Prädikat sind die Grundbestandteile aller grammatisch vollständigen Sätze:

Trixi	liest	.

Lucki	malt	gerade ein schönes Bild.

Viele Prädikate erfordern im Satz eine Ergänzung. Die Rolle, die diese Satzglieder im Satz spielen, heißen Objekte.
Beispiel:

Der Vater	schenkt	seiner Tochter	ein Buch	.

Satzglieder in der Rolle des Objekts kann man durch bestimmte Fragen ermitteln:
- Objekt im zweiten Fall (Wessen?)
- Objekt im dritten Fall (Wem?)
- Objekt im vierten Fall (Wen/Was?)
- Präpositionales Objekt (Auf wen?/Auf was?)

Beispiele: Wem? = Dativobjekt; Wen?/Was? = Akkusativobjekt

Er | schenkt | seiner Tochter | einen neuen Tennisschläger |.

Auf was? = Präp. Objekt

Er | achtet | auf den Verkehr |.

Fachbegriffe für die Bearbeitung von Gedichten

Lyrischer Sprecher: Der Sprecher im Gedicht, aus dessen Sicht die Leser Eindrücke, Empfindungen und Vorstellungen erfahren. Man spricht auch vom „Lyrischen Ich".

Paarreim: Die Reimwörter am Ende der Zeile einer Strophe reimen sich nach dem Muster „aabb".
Beispiel:
„das Gräserkühle, das Nesselheiße
das Hasenbraune, das Schwanenweiße
und schlendert die Jahre hinauf und hinunter:
je schlichter, je lieber, je schöner, je bunter.
(Busta, S. 153)

Kreuzreim: Die Reimwörter am Ende der Zeile einer Strophe reimen sich nach dem Muster „abab"
Beispiel: „Es ist nun der Herbst gekommen
hat das schöne Sommerkleid
von den Feldern weggenommen
und die Blätter ausgestreut."
(Eichendorff, S. 145)

Umschließender Reim: Die Reimwörter am Ende der Zeile einer Strophe reimen sich nach dem Muster „abba".

Metrum (Versmaß): Die regelmäßige Tonfolge, das heißt die Anzahl und die Folgen unbetonter und betonter Silben.

Alliteration: Wörter, die den gleichen Anlaut aufweisen, folgen kurz aufeinander.
Beispiel: „Im Nebel ruhet noch die Welt,
noch träumen Wald und Wiesen;"...
(Mörike, S. 145)

Sprachliche Bilder: Beispiel: „Jetzt hat der rote Briefkasten
eine weiße Mütze auf,"...
(Borchert, S. 148)

Vermenschlichung: Gegenständen, Pflanzen oder Tieren werden Eigenschaften und Verhaltensweisen von Menschen zugeschrieben.
Beispiel: „Es rufen die Uhren die Stunde
durchs schlafende Sommerhaus."
(Krolow, S. 152)

Verzeichnis der Textarten

Stichwortverzeichnis

Textquellenverzeichnis

Bichsel, Peter: Erklärung. Aus: Eigentlich möchte Frau Blum den Milchmann kennenlernen, Walter Verlag, Olten/Freiburg 1964 148
Biermann, Wolf: Das Märchen vom kleinen Herrn Moritz. Aus: Middelhauve, Gertrud (Hg.): Dichter erzählen Kindern, Middelhauve Verlag, Köln 1966, S. 230–232 . . . . 51, 222–224
Boie, Kirsten: Hänsel und Lisa. Aus: Dies.: Jenny ist meistens schön friedlich, Oetinger Verlag, Hamburg 1988, S. 108–112. 24–26
Bolliger, Max: Hereinspaziert! Aus: Gelberg, Hans-Joachim (Hg.): Die Stadt der Kinder, Georg Bitter Verlag, Recklinghausen 1969, S. 85. 102
Bolliger Max: Eine Hirtenlegende. Aus: Weißt du, warum wir lachen und weinen? Viermal dreizehn Geschichten und Gedichte durch das Jahr mit Bildern von Beatrix Schären, Kaufmann Verlag, Lahr 1977, S. 34 127
Borchert, Wolfgang: Winter. Aus: Aus dem Nachlaß, Rowohlt Verlag, Reinbeck o.J. 148
Bote, Hermann: Die dritte und vierte Historie. Aus: Ein kurzweiliges Buch von Till Eulenspiegel aus dem Lande Braunschweig. Hg., in die Sprache unserer Zeit übertragen und mit Anmerkungen versehen von S. H. Sichtermann, Insel Verlag, Frankfurt/M. 1978, S. 32ff.. 40–42
Brecht, Bertolt: Über die Berge. Aus: Gesammelte Gedichte, Band 3, Suhrkamp Verlag, Frankfurt/M. 1976, S. 972–973 230
Brudler, Heinz/Kettler, Leo: Schüttelreime. Aus: Christen, Victor/Wulff, Jürgen: Schnick, Schnack, Schabernack, Gerhard Stalling Verlag, Oldenburg 1973. 137
Bürger, Gottfried August: ohne Titel. Aus: Wunderbare Reisen zu Wasser und Lande, Feldzüge und lustige Abenteuer des Freiherrn von Münchhausen, wie er dieselben bei der Flasche im Zirkel seiner Freunde selbst zu erzählen pflegte, Carlsen Verlag, Reinbek 1974. 35–37
Buresch, U. und W.: Ein Todesfall. Aus: Das Maxi+Mini-Buch, Deutsche Verlagsanstalt, Stuttgart 1975, S. 56–60 204–205
Busch, Wilhelm: Der Esel ist ... Aus: Bohne, F. (Hg.): Wilhelm-Busch-Gesamtausgabe, Vollmer Verlag, Wiesbaden o.J. 70
Busta, Christine: Wo holt sich die Erde ... Aus: Die Sternenmühle, Otto Müller Verlag, Salzburg 1959. 153

Computer – wozu? Nach: Korndörfer, Volker/Scharff, Robert: Computer und Roboter, Tessloff Verlag, Hamburg 1983 279

Das hungernde Kind. Aus: Balladen für Kinder. Rezitation und Musik von Lutz Görner und Ulrich Türk, Verlag Theater Forum, Köln o.J.. 228–229
Das Mißverständnis: Nach: Zabel, Bernd-R.: Diktat Plus, Verlag Ferdinand Schöningh, Paderborn 1987, S. 121 258
Das Todesanzeichen: Aus: Straub, W. (Hg.): Sagen des Schwarzwalds, Bühl 1963, S. 75 29–30
Dengg, Felix: Absage. Aus: Klemm, Michael/Hebeler, Gerlinde/Häcker, Werner (Hg.): Tränen im Regenbogen, Attempto Verlag, Tübingen 1989, S. 161–165 232
Dengg, Felix: Träume. Aus: a.a.O., S. 161–165 233
Der Braunbär. Aus: Dolder, W. u. U.: Wunderland Zoo, Deutsche Verlagsanstalt, Stuttgart 1978, S. 223. 244
Der Löwendompteur. Aus: Kahlert, Elke/Kohlsaat, Friedrich: Witzekiste, Rowohl Verlag, Reinbek 1980, S. 10 110
Der Papalagi. Aus: Scheurmann, E.: Der Papalagi – Die Reden des Südsee-Häuptlings Tuiavii aus Tiavea, Verlag Tanner & Staehlin, Zürich 1988. 175–176
Der Rechner führt Berechnungen durch. Nach: Korndörfer, Volker/Scharff, Robert: Computer und Roboter, Tessloff Verlag, Hamburg 1983 280
Der Rotmilan. Aus: Dröscher, Vitus B.: Tiere in ihrem Lebensraum, Otto Maier Verlag, Ravensburg 1988, S. 97. 265
Die beiden Schnecken. Aus: Kahlert, Elke/Kohlsaat, Friedrich, a.a.O., S. 98. 82
Die beiden Traumdeuter. Aus: Fehse, Willi (Hg.): Heitere Märchen aus aller Welt, Boje Verlag, Stuttgart 1968 276–277
Die Eggester Steine. Aus: Westfälische Sagen, gesammelt und herausgegeben von H. Rölleke, Eugen Diederichs Verlag, Düsseldorf 1981, S. 33f. 27–28
Die Geburt Jesu, Lukas-Evangelium. Aus: Einheitsübersetzung der Heiligen Schrift. Das Neue Testament, Katholische Bibelanstalt, Stuttgart 1979, S. 146 124

Eichendorff, Joseph von: Es ist nun der Herbst gekommen. Aus: Baumann, G. (Hg.): Werke, J.G. Cotta'sche Buchhandlung, Stuttgart 1953. 145
Eichendorff, Joseph von: Weihnachten. Aus: a.a.O. 128

Singer, Isaac Bashevis: Menasehs Traum. Aus: Als Schlemihl nach Warschau ging, Verlag Sauerländer, Aarau/Frankfurt/M. 1970, S. 89–103 216–221
Spengler, Rudolf: Buchstabengeschichte. Aus: Wiemer, Rudolf Otto (Hg.): bundesdeutsch. Lyrik zur sache grammatik, Hammer Verlag, Wuppertal 1974, S. 185 139
Spohn, Jürgen: Ein Schauder. Aus: Fuhrmann, Joachim: Gedichte für Anfänger, Rowohlt Verlag, Reinbek 1980 136
Stede, Clark: Hamdah, das Nomadenmädchen. Aus: TREFF-Schülermagazin, 4/1990, S. 10–12 201–203
Storm, Theodor: Inserat. Aus: Sämtliche Werke, Band 1, Aufbau Verlag, Weimar 1972 147
Süßmann, Christel: Sommerhitze. Aus: Sonniges Jugendland, Zickfeldt Verlag, Hannover 1979, S. 194 152

Tanaka, Beatrice: Von Schiffen und Bäumen. Aus: Krahé, A. (Hg.): Eulen mit Familienanschluß, Reh Verlag, München 1977, S. 114. 276
Teure Busfahrt. Nach: Kahlert, Elke/Kohlsaat, Friedrich, a.a.O., S. 50 110
Thoma, Ludwig: Heilige Nacht. Aus: Gesammelte Werke, Band 6, Piper Verlag, München 1968, S. 509–510. 125
Tolstoj, Leo N.: Die drei Söhne. Aus: Alle sind Brüder, Friedrich Velmede Verlag, Hamburg 1953 208–209
Twain, Mark: Im Deutschen... Aus: Ders.: Zu Fuß durch Europa, Vandenhoeck & Ruprecht, Göttingen 1967, S. 458 83

Ulrichs, Timm: ordnung-unordnung. Aus: Gomringer, Eugen (Hg.): Konkrete Poesie, Reclam Verlag, Stuttgart 1972, S. 142 140

Valentin, Karl: Lieber Geliebter... Aus: Das große Karl Valentin Buch, Piper Verlag, München 1984 97
Velthuijs, Max: A ist der Affe. Aus: A ist der Affe, Otto Maier Verlag, Ravensburg 1966 70
Verhör in Wildwest (nach Martin Mulow). Aus: Vlatten, Jupp (Hg.): Spielbare Kurzgeschichten, Band 3, Don Bosco Verlag, München 1965, S. 30f.. 179

Wader, Hannes: Traum vom Frieden. Aus: Liederbuch, Verlag „pläne“, Dortmund; (c) ESSEX Musikvertrieb GmbH, Bergisch-Gladbach 230
Warum bemalten sich die Indianer? Nach: Breu, Wolfgang: Verblüffende Rekorde der Indianer, Franz Schneider Verlag, München/Wien 1977. 186
Was alles in den Dingen steckt. Aus: Fühmann, Franz, a.a.O. 73
Was tun? Nach: Podloucky, Richard, a.a.O.. 280
Welsh, Renate: Löwenzahnsamen. Aus: Das Sprachbastelbuch, a.a.O. 282
Wer hat recht? Nach: Kirsten, Rudolf: Hundertfünf Fabeln, Logos Verlag, Zürich 1960 62
Wie ein Computer arbeitet. Nach: Korndörfer, Volker/Scharff, Robert, a.a.O. 279
Wie ein Computer aufgebaut ist. Nach: Korndörfer, Volker/Scharff, Robert, a.a.O. 279
Wie sich die Indianer verständigten. Aus: Breu, Wolfgang, a.a.O. S. 23–25. 177–178
Williams, Jay: Petronella. Aus: Tomi Ungerers Märchenbuch, Diogenes Verlag, Zürich 1975 17–23
Wölfel, Ursula: Das Balg. Aus: Die grauen und die grünen Felder, Anrich Verlag, Mülheim an der Ruhr 1970, S. 33–37 197–199
Woher stammen die Mustangs? Nach: Breu, Wolfgang, a.a.O. 186
Wörterbuchauszug. Aus: Schülerduden. Rechtschreibung und Wortkunde, Dudenverlag, Mannheim/Leipzig/Wien/Zürich 1992. S. 217–218 71

Zwei Glühwürmchen. Aus: Kahlert, Elke/Kohlsaat, Friedrich, a.a.O., S. 194 62

Bildquellenverzeichnis

© by Thienemanns Verlag, Stuttgart/Wien (S. 9) – Stern TV vom 7.3.91 (S. 11) – G. Fricke/M. Schreiber: Geschichte der deutschen Literatur, Schöningh Verlag, Paderborn 1988, S. 164 (S. 12) – R. Rilz (Hg.): Märchenschatz der Brüder Grimm, Loewes Verlag, Bayreuth 1978, S. 39, 54, 110 (S. 12, 13) – Tomi Ungerers Märchenbuch, © 1975 by Diogenes Verlag AG Zürich (S. 20) – © RV-Verlag München/Stuttgart (S. 28) – Das große Duden-Schülerlexikon, Bibliographisches Institut, Mannheim (S. 32) – Eberhard Binder-Staßfurt (S. 33) – © 1985 Patrick Benson. Permission granted by Walker Books Ltd. (S. 34) – W. Wunderlich (Hg.): Dyl Ulenspiegel, Verlag Kümmerle, Göppingen 1982 (S. 38) – F. v. Zobeltitz (Hg.): Ein kurzweilig Lesen von Till Eulenspiegel, Alster Verlag, Hamburg 1924 (S. 42) – Sempé: Wie sag ich's meinen Kindern? Ein Buch über den Umgang mit Kindern © 1971 by Diogenes Verlag AG Zürich (S. 52) – Sempé's Volltreffer. Geschichten, die das Leben schreibt. Cartoons © 1975 by Diogenes Verlag AG Zürich (S. 56, 58) – e.o. plauen: Vater und Sohn, Gesamtausgabe, © Südverlag GmbH, Konstanz 1982. Mit Genehmigung der Gesellschaft für Verlagswerte GmbH, Kreuzlingen/Schweiz (S. 57) – Loriots Großer Ratgeber, © 1986 by Diogenes Verlag AG Zürich (S. 58) – S. Kellogg: Malwine in der Badewanne, Verlag F. Oetinger, Hamburg 1979 (S. 58) – Geh und spiel mit dem Riesen, Beltz Verlag, Weinheim/Basel 1971, S. 89 (S. 94, 95) – © 1992 KFS/Distr. BULLS (S. 98) – E. Ballinger: ABC für Mini-Detektive, Überreuther Verlag, Wien 1976 (S. 119) – K. Gerth (Hg.): Bildergeschichten, Schroedel Schulbuchverlag, Hannover 1972 (S. 120, 121) – J. Diekhans (S. 123) – A. Lindgren: Pelle zieht aus, © Verlag F. Oetinger, Hamburg 1985 (S. 125) – Das Ludwig-Richter-Album, 1. Bd., Verlag Rogner & Bernhard, Hamburg 1989, S. 207 (S. 126) – Ken Heyman, New York (S. 157) – amw, München (S. 132) – Jahreszeiten Verlag, Hamburg (S. 133) – Menne/Present (S. 144) – ZEFA picture library (S. 144) – GELPKE/Present (S. 144) – Peter-T. Schulz (S. 148, 153) Constanze Fischer (S. 151, 231) – Keystone (S. 154) – Freilichtbühne Bad Segeberg (S. 158) – Freilichtbühne Elspe (S. 159, 165) – Hartmut Rekort (S. 161, 168) – foto present (S. 161, 168) – Keystone (S. 161) – Karl May Verlag, Bamberg (S. 168) – Archiv Dr. Klaus Hoffmann, Radebul (S. 169, 170) – Wolfgang Breu (S. 178) – G. Hennekemper: Unvergeßliche Kinderfeste, Falken Verlag, Niederhausen 1989, S. 157 (S. 178) – P. Kohrs (S. 194) – Rowohlt Taschenbuch Verlag, Reinbek 1977 (S. 195) – IFA-Bilderteam (S. 200) – Clark Stede (S. 201, 202, 203) – Tony Stone Worldwide (S. 208) – SOS-Kinderdorf-Verlag, Innsbruck (S. 209, 210) – Achim Kuhn-Osius (S. 212) – J. Streit: Schwälbchen Gabelschwanz, Werkgem. Kunst und Heilpädagogik, Weissenseifen (S. 216) – © Verlag F. Oetinger, Hamburg 1984 (S. 222) – Beltz Verlag, Weinheim/Basel 1972 (S. 224, 225, 226) – June Myers, Whitton (S. 229) – Georg Fischer (S. 229) – Tränen im Regenbogen, Attempto Verlag, Tübingen 1989 (S. 232) – U. Schürer: Rundgang durch den Zoologischen Garten der Stadt Wuppertal, Wuppertal 1990, S. 58, 59 (S. 241) – Okapia (S. 242) – Bären und andere Raubtiere, Christian Verlag, München 1980 (S. 243) – M. Fuchs (S. 243) Russ Kinne, Photo Researches (S. 243) – Ehrhardt, Bavaria (S. 245) – Archiv für Kunst und Geschichte, Berlin (S. 267) – H. Kleinschmid: Die DDR entdecken, Verlag Wissenschaft und Politik, Köln 1989, S. 21 (S. 268) – Samy Molcho, KÖRPERSPRACHE/Mosaik Verlag (S. 270) – Stuttgarter Zeitung vom 15.11.1969 (S. 271) – Kindergesundheit 6/1985, Schmidt-Römhild Verlag (S. 278)